키 중학
영단어

2권

───

중학 3학년
예비 고등

교육 R&D에 앞서가는
Key 키출판사

« 키 중학 영단어, 이런 책입니다 »

**주제별로
모아**

**쉽게
이해하는
영단어!**

- 중학교 영어 교과서 39종, 고등학교 1학년 영어 교과서 11종, 5개년(2017 ~ 2021년) 고1 학력 평가를 완벽히 분석하여, **중학교 3학년과 예비 고등학생을 위한 1,080개의 영단어**를 엄선해 주제별로 담았습니다.

- '세계 문화', '환경 문제', '사회 문제' 등 교과서와 학력 평가에 자주 **등장하는 36개의 주제를 선정**해 주제와 밀접한 단어 30개씩을 한 묶음이 되도록 구성했습니다.

- 익숙한 주제 안에 서로 의미가 가까운 단어들끼리 모여 있어, **여러 개의 단어를 쉽게 연결해 이해**할 수 있습니다.

스토리로 익혀

오래오래 기억하는 영단어!

- 중학교 교육과정에 등장하는 언어 형식과 '편지글', '도표'와 같이 학력 평가에 항상 등장하는 글의 형식으로, **1,080개의 영단어를 107개의 짧은 스토리로 구성했습니다.**

- 어렵고 복잡한 예문 안에서 배우지 않은 단어의 뜻을 찾아 헤매지 마세요. 교과서와 학력 평가에서 만날 법한 **짧은 예문과 이야기 속에서, 공부한 단어들의 의미를 쉽게 점검하세요.**

- 단어들을 하나의 스토리로 묶어 익히면, 서로 관련이 있는 단어들을 한꺼번에 기억할 수 있어요. **'공부한 단어가 모두 들어있는 스토리'로 단어를 문맥 속에서 학습해 보세요.** 다른 곳에서 그 단어를 만나도 스토리로 연상해 오래오래 그 의미를 떠올릴 수 있습니다.

« 키 중학 영단어, 이렇게 공부해요 »

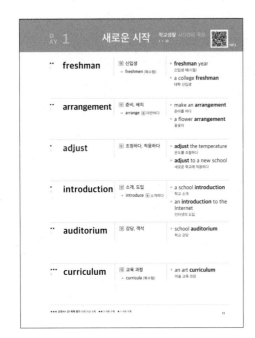

단어 학습

주제별 학습 영단어를 주제별로 묶어 학습해요.

예문 쉽고 짧은 교과서·학력 평가 예문으로
단어의 의미를 이해해요.

스토리 이야기 속에서 학습한 단어의 의미를 확인해요.

* MP3 음원으로 단어와 예문의 발음을 확인해요.
  (두 가지 발음을 가진 단어도 있어요.)

* 단어의 품사와 관련 어휘를 참고하며 학습해요.

단어 확인

[단어-뜻] [뜻-단어]

간단한 확인 문제로
영단어와 우리말 뜻을 점검해요.

실전 문제

중학 내신 대비

학습한 단어들로 중학교 내신 시험
유형의 문제들을 풀어봐요.

쓰면서 익히는
워크북

스토리를 듣고, 받아쓰면서
영단어를 문맥 속에서
다시 한번 익혀요.

모바일
단어테스트

학습한 단어들을 모바일에서
[뜻 고르기], [빈칸 채우기] 유형의
랜덤 단어 테스트로 한 번 더 점검해요.

모바일 테스트

« 차례 »

« 학습 계획표 »

* 고등학교 1학년 학력 평가 반영

시작!

과거형 동사의 불규칙 변화가 나타나는 경우, 변화형을 명시했습니다.

동 동사 명 명사 형 형용사 부 부사 전 전치사 접 접속사 감 감탄사

= 동의어, 유의어 ↔ 반의어 → 다른 품사형, 명사의 불규칙 복수형

DAY
1 ᐳ 9

1 ★★ freshman
图 신입생
→ freshmen (복수형)

▶ **freshman** year
신입생 때(시절)

▶ a college **freshman**
대학 신입생

2 ★★ arrangement
图 준비, 배치
→ arrange 图 마련하다

▶ make an **arrangement**
준비를 하다

▶ a flower **arrangement**
꽃꽂이

3 ★ adjust
图 조정하다, 적응하다

▶ **adjust** the temperature
온도를 조절하다

▶ **adjust** to a new school
새로운 학교에 적응하다

4 ★ introduction
图 소개, 도입
→ introduce 图 소개하다

▶ a school **introduction**
학교 소개

▶ an **introduction** to the Internet
인터넷의 도입

5 ★★ auditorium
图 강당, 객석

▶ school **auditorium**
학교 강당

6 ★★★ curriculum
图 교육 과정
→ curricula (복수형)

▶ an art **curriculum**
미술 교육 과정

★★★ 교과서 + 고1 학력 평가 10회 이상 수록   ★★ 5~9회 수록   ★ 1~4회 수록

** 7	**regulation**	명 규칙, 법규	▶ school **regulations** 학교 규칙(교칙) ▶ traffic **regulations** 교통 법규
*** 8	**senior**	형 선배의, 상급의 명 연장자, 상급자	▶ a **senior** manager 상급 관리자 ▶ **senior** students 선배 학생들
*** 9	**promote**	동 홍보하다, 승진시키다	▶ **promote** a product 상품을 홍보하다 ▶ She has been **promoted**. 그녀는 승진했다.
*** 10	**look forward to**	~을 기대하다[고대하다]	▶ **look forward to** receiving a reply 답장 받기를 기대하다

1 > 10

[스토리] 공부한 단어들을 하나의 스토리 안에서 확인해 보세요.

▶ I'm a **freshman** in high school. ▶ I need to make **arrangements** to **adjust** to my new school life. ▶ There will be a school **introduction** held in the **auditorium**. ▶ The school **curriculum** and **regulations** will be announced. ▶ **Senior** students will **promote** school clubs. ▶ I'm **looking forward to** it.

▶ 나는 고등학교 신입생이다. ▶ 나는 나의 새로운 학교생활에 적응하기 위해 준비를 해야 한다. ▶ 강당에서 열리는 학교 소개가 있을 것이다. ▶ 학교 교육 과정과 규칙이 안내될 것이다. ▶ 선배들이 학교 동아리를 홍보할 것이다. ▶ 나는 그것을 기대하고 있다.

MP3

★★★
11 **management**

명 관리, 경영

→ **manage** 동 관리하다

▶ time **management**
시간 관리

★★★
12 **limited**

형 제한된, 한정된

→ **limit** 동 제한하다

▶ a **limited** edition
한정판

▶ a **limited** budget
한정된 예산

★★
13 **categorize**

동 분류하다

▶ **categorize** people into two groups
사람들을 두 그룹으로 분류하다

★★★
14 **task**

명 일, 과제

▶ an easy **task**
쉬운 과제

▶ carry out a **task**
과제를 수행하다

★
15 **urgency**

명 긴급함, 촉박함

▶ a matter of **urgency**
긴급한 문제

★★★
16 **importance**

명 중요성

→ **important** 형 중요한

▶ the **importance** of time management
시간 관리의 중요성

★★★ 교과서+고1 학력 평가 10회 이상 수록   ★★ 5~9회 수록   ★ 1~4회 수록

** 17	**devote**	동 (시간을) 쏟다, 전념하다	▶ **devote** oneself to studying 공부에 전념하다
*** 18	**majority**	명 가장 많은 수[다수], 대부분	▶ a **majority** of my time 내 시간 중 대부분 ▶ the **majority** of people 대다수의 사람들
*** 19	**ignore**	동 무시하다, 못 본 척하다	▶ **ignore** a call 전화를 무시하다
*** 20	**productive**	형 생산적인, 효율적인	▶ a **productive** way 생산적인 방법

11 > 20

[스토리] 공부한 단어들을 하나의 스토리 안에서 확인해 보세요.

▶ Time **management** is important in school life. ▶ Time is **limited**, so you should **categorize** your **tasks** based on their **urgency** and **importance**. ▶ Then, **devote** a **majority** of your time to the most important task. ▶ **Ignore** less important things. ▶ This will be a **productive** way of managing your time.

▶ 학교생활에서 시간 관리는 중요합니다. ▶ 시간은 한정적이어서 여러분은 여러분의 일들을 긴급함과 중요성에 따라 분류해야 합니다. ▶ 그런 다음, 여러분의 시간 중 대부분을 가장 중요한 일에 쏟으세요. ▶ 덜 중요한 일은 무시하세요. ▶ 이렇게 하는 것이 여러분의 시간을 관리하는 생산적인 방법이 될 것입니다.

MP3

| ★ 21 | **resolution** | 명 다짐, 결심, 결의안 | ▸ make a **resolution** 결심하다 |
| | | | ▸ a New Year's **resolution** 새해의 다짐 |

| ★ 22 | **scholarship** | 명 장학금, 학문 | ▸ get a **scholarship** 장학금을 받다 |

| ★ 23 | **independent** | 형 독립적인, 자립심이 강한, 독립심이 있는 | ▸ an **independent** country 독립 국가 |
| | | | ▸ become **independent** 자립심이 강해지다 |

| ★ 24 | **mature** | 형 어른스러운, 성숙한 동 성숙해지다 ↔ immature | ▸ a **mature** attitude 성숙한 태도 |

| ★★★ 25 | **general** | 형 보통의, 일반적인 명 장군 | ▸ a **general** idea 일반적인 생각 |
| | | | ▸ a three-star **general** 3성 장군 |

| ★★★ 26 | **accomplish** | 동 성취하다, 해내다 = achieve | ▸ **accomplish** a goal 목표를 성취하다 |

★★★ 27	**specific**	형 구체적인, 특정한 ↔ **general** 형 일반적인	▶ a **specific** plan 구체적인 계획
★★★ 28	**motivate**	동 동기를 부여하다	▶ **motivate** others 다른 사람들에게 동기를 부여하다
★★★ 29	**toward**	전 ~쪽으로, ~을 향해, ~가까이[무렵] = towards	▶ **toward** a goal 목표를 향해 ▶ **toward** midnight 자정 무렵
★★ 30	**aim to**	~하는 것을 목표로 하다	▶ **aim to** win a medal 메달을 따는 것을 목표로 하다

21 > 30

[**스토리**] 공부한 단어들을 하나의 스토리 안에서 확인해 보세요.

▶ What's your **resolution** for this year? ▶ Some people might say getting a **scholarship** is their goal for the year. ▶ Some might **aim to** be more **independent** and **mature**. ▶ However, these are **general** resolutions. ▶ To **accomplish** a goal, make **specific** plans. ▶ This will **motivate** you to move **toward** your goal.

▶ 여러분의 올해 다짐은 무엇인가요? ▶ 어떤 사람들은 장학금을 받는 것이 그들의 올해 목표라고 말할 것입니다. ▶ 몇몇은 더 독립심을 가지고 성숙해지는 것을 목표로 할 것입니다. ▶ 하지만, 이것들은 일반적인 결심입니다. ▶ 목표를 성취하기 위해서는 구체적인 계획을 세우세요. ▶ 그렇게 하는 것이 여러분에게 여러분의 목표를 향해 움직이도록 동기를 부여할 것입니다.

1. freshman ....
2. arrangement
3. adjust
4. introduction ....
5. auditorium ....

6. curriculum ....
7. regulation
8. senior
9. promote
10. look forward to ....

11. management ....
12. limited
13. categorize ....
14. task
15. urgency ....

16. importance
17. devote
18. majority
19. ignore
20. productive

21. resolution
22. scholarship ....
23. independent ....
24. mature
25. general ....

26. accomplish
27. specific
28. motivate
29. toward
30. aim to

1. 신입생 ....
2. 준비, 배치 ....
3. 조정하다, 적응하다 ....
4. 소개 ....
5. 강당 ....

6. 교육 과정 ....
7. 규칙, 법규 ....
8. 선배의, 연장자 ....
9. 홍보하다, 승진시키다 ....
10. ~을 기대하다 ....

11. 관리, 경영 ....
12. 제한된, 한정된 ....
13. 분류하다 ....
14. 일, 과제 ....
15. 긴급함 ....

16. 중요성 ....
17. (시간을) 쏟다 ....
18. 가장 많은 수, 대부분 ....
19. 무시하다 ....
20. 생산적인 ....

21. 다짐, 결심 ....
22. 장학금 ....
23. 독립적인 ....
24. 성숙한 ....
25. 일반적인, 장군 ....

26. 성취하다 ....
27. 구체적인 ....
28. 동기를 부여하다 ....
29. ~을 향해 ....
30. ~하는 것을 목표로 하다 ....

31 ★	**sibling**	명 형제자매	▶ a younger **sibling** 동생
32 ★★	**resemble**	동 닮다, ~와 비슷하다	▶ **resemble** one another 서로를 닮다
33 ★	**puberty**	명 사춘기	▶ hit **puberty** 사춘기가 되다
34 ★★★	**argue**	동 다투다[언쟁하다], 주장하다	▶ **argue** over money 돈 문제로 다투다 ▶ **argue** with each other 서로 언쟁하다
35 ★★★	**annoy**	동 짜증나게 하다, 귀찮게 하다	▶ Stop **annoying** me. 짜증나게 하지 마.
36 ★★★	**adult**	명 성인, 어른 형 다 자란, 어른다운	▶ young **adult** 청년 ▶ an **adult** conversation 어른다운 대화

*** 37	**mentor**	명 멘토, 조언자	▶ a great **mentor** 훌륭한 멘토
* 38	**considerate**	형 사려 깊은, 배려심이 많은	▶ a **considerate** neighbor 사려 깊은 이웃
* 39	**adolescence**	명 청소년기	▶ enter **adolescence** 청소년기에 들어서다
* 40	**lean on**	~에 기대다[의지하다]	▶ **Lean on** me. 나에게 기대. ▶ **lean on** a cane 지팡이에 의지하다

31 > 40

[**스토리**] 공부한 단어들을 하나의 스토리 안에서 확인해 보세요.

▶ Do you have **siblings**? ▶ I have an older brother, but we don't **resemble** each other. ▶ When he hit **puberty**, we **argued** a lot. ▶ He often **annoyed** me. ▶ But now, he's a mature **adult** and a **considerate mentor** to me. ▶ I've entered **adolescence**, and my brother has become the person I **lean on** the most.

▶ 당신은 형제자매가 있나요? ▶ 저는 오빠가[형이] 있는데, 우리는 서로 안 닮았어요. ▶ 그가 사춘기가 됐을 때, 우리는 많이 다퉜어요. ▶ 그는 종종 나를 짜증나게 했어요. ▶ 하지만 이제 그는 성숙한 어른이고, 저에게 있어 사려 깊은 조언자예요. ▶ 저는 청소년기에 접어들었고, 오빠는[형은] 제가 가장 의지하는 사람이 되었어요.

★ 41	**pregnant**	형 임신한	▶ a **pregnant** woman 임산부
★ 42	**niece**	명 (여자) 조카	▶ my baby **niece** 나의 아기 (여자) 조카
★ 43	**nephew**	명 (남자) 조카	▶ my only **nephew** 나의 하나뿐인 (남자) 조카
★ 44	**identical**	형 똑같은, 동일한 ↔ different 형 다른	▶ **identical** twins 일란성 쌍둥이 ▶ an **identical** answer 똑같은 답변
★★★ 45	**entire**	형 전체의, 온 = whole	▶ the **entire** family 온 가족 ▶ an **entire** weekend 주말 내내
★★ 46	**newborn**	형 갓난, 막 태어난	▶ a **newborn** baby 갓난아기(신생아)

| ** 47 | **admire** | 동 존경하다, 감탄하다 | ▶ **admire** my mother
우리 엄마를 존경하다
▶ **admire** the scenery
풍경에 감탄하다 |

| ** 48 | **sacrifice** | 동 희생하다, 희생시키다
명 희생 | ▶ **sacrifice** oneself
스스로를 희생하다
▶ self-**sacrifice**
자기 희생 |

| ** 49 | **infant** | 명 유아, 아기
형 유아용의, 초기의 | ▶ care for an **infant**
아기를 돌보다(육아하다) |

| * 50 | **give birth** | 출산하다 | ▶ **give birth** to twins
쌍둥이를 출산하다 |

41 > 50

[**스토리**] 공부한 단어들을 하나의 스토리 안에서 확인해 보세요.

▶ When I heard my older sister had become **pregnant**, I was excited to have a **niece** or **nephew**. ▶ A couple of months later, we found out that she was having **identical** twins. ▶ On the day my sister **gave birth**, the **entire** family gathered to meet the **newborn** babies. ▶ I **admired** my sister and thought of my mom's **sacrifice**. ▶ My nieces are **infants** now, and I look forward to watching them grow up.

▶ 우리 언니[누나]가 임신했다는 소식을 들었을 때, 나는 여자 조카나 남자 조카가 생기는 것에 신이 났었다. ▶ 몇 달 후에 우리는 그녀가 일란성 쌍둥이를 가졌다는 것을 알게 됐다. ▶ 언니[누나]가 출산하던 날, 온 가족이 갓난아기들을 만나려고 모였다. ▶ 나는 우리 언니[누나]가 존경스러웠고, 우리 엄마의 희생에 대해 생각했다. ▶ 나의 조카들은 이제 유아이고, 나는 그들이 자라는 것을 지켜보는 것을 기대한다.

51	**divorce**	명 이혼, 분리 동 이혼시키다, 분리하다	▶ the **divorce** rate 이혼율 ▶ get **divorced** 이혼하다
52 ★	**abandoned**	형 버려진, 유기된 → abandon 동 버리다	▶ an **abandoned** building 버려진 건물
53 ★	**isolated**	형 고립된, 외딴 → isolate 동 고립시키다	▶ feel **isolated** 고립된 기분이다 ▶ an **isolated** area 외딴 지역
54 ★	**togetherness**	명 유대, 단란함	▶ the feeling of **togetherness** 유대감
55 ★★	**anniversary**	명 기념일	▶ 10th wedding **anniversary** 10번째 결혼기념일
56 ★★★	**harsh**	형 가혹한, 냉혹한, 심한	▶ **harsh** words 심한(상처를 주는) 말 ▶ **harsh** reality 냉혹한 현실

57 ★	**breakup**	명 이별, 붕괴, 파괴	▶ a **breakup** song 이별 노래 ▶ go through a **breakup** 이별을 겪다
58 ★	**insecure**	형 불안정한, 안전하지 못한 ↔ secure	▶ feel **insecure** 불안하다 ▶ **insecure** windows 안전하지 못한 창문
59 ★★★	**honor**	명 존경, 공경, 영광 동 존경하다, 수여하다 = respect	▶ **honor** my parents 우리 부모님을 존경하다 ▶ It's an **honor**. 영광입니다.
60 ★	**be dependent on**	~에 의지하다[의존하다]	▶ **be dependent on** a smartphone 스마트폰에 의존하다

51 > 60

[**스토리**] 공부한 단어들을 하나의 스토리 안에서 확인해 보세요.

▶ When my parents got **divorced**, I felt **abandoned** and **isolated**. ▶ I thought that my family had lost its **togetherness**. ▶ And I thought we wouldn't be able to celebrate family **anniversaries** together anymore. ▶ I had to face the **harsh** reality of accepting the **breakup** of my family. ▶ However, my parents tried their best not to make me feel **insecure**. ▶ I **honor** my parents, and they are the ones I **am** most **dependent on**.

▶ 우리 부모님이 이혼하셨을 때, 나는 버려지고 고립된 느낌이 들었다. ▶ 나는 우리 가족이 유대를 잃었다고 생각했다. ▶ 그리고 우리가 가족 기념일을 더 이상 함께 기념할 수 없을 거라고 생각했다. ▶ 나는 가족의 이별을 받아들여야 하는 냉혹한 현실을 맞닥뜨려야만 했다. ▶ 그러나 우리 부모님은 내가 불안함을 느끼지 않게 하기 위해 최선을 다하셨다. ▶ 나는 우리 부모님을 존경하고, 그들은 내가 가장 의지하는 분들이다.

[단어]-[뜻] 확인하기
다음 영어 단어에 맞는 우리말 뜻을 써 보세요.

1. sibling ....

2. resemble ....

3. puberty ....

4. argue ....

5. annoy ....

6. adult ....

7. mentor ....

8. considerate ....

9. adolescence ....

10. lean on ....

11. pregnant ....

12. niece ....

13. nephew ....

14. identical ....

15. entire ....

16. newborn ....

17. admire ....

18. sacrifice ....

19. infant ....

20. give birth ....

21. divorce ....

22. abandoned ....

23. isolated ....

24. togetherness ....

25. anniversary ....

26. harsh ....

27. breakup ....

28. insecure ....

29. honor ....

30. be dependent on ....

1. 형제자매 ....

2. 닮다, ~와 비슷하다 ....

3. 사춘기 ....

4. 다투다, 주장하다 ....

5. 짜증나게 하다 ....

6. 성인, 어른다운 ....

7. 멘토, 조언자 ....

8. 사려 깊은 ....

9. 청소년기 ....

10. ~에 기대다[의지하다] ....

11. 임신한 ....

12. (여자) 조카 ....

13. (남자) 조카 ....

14. 똑같은, 동일한 ....

15. 전체의 ....

16. 갓난, 막 태어난 ....

17. 존경하다, 감탄하다 ....

18. 희생하다, 희생 ....

19. 유아, 유아용의 ....

20. 출산하다 ....

21. 이혼, 이혼시키다 ....

22. 버려진 ....

23. 고립된 ....

24. 유대, 단란함 ....

25. 기념일 ....

26. 냉혹한, 심한 ....

27. 이별, 붕괴 ....

28. 불안정한 ....

29. 존경, 존경하다 ....

30. ~에 의지하다 ....

| ★★ 61 | **facility** | 몡 시설 | ▶ sports **facilities**
스포츠 시설 |

| 62 | **trim** | 통 다듬다, 손질하다
몡 다듬기, 테두리 장식
형 잘 가꾼, 깔끔한 | ▶ **trim** one's hair
머리를 다듬다
▶ lace **trim** on a dress
드레스 끝단의 레이스 장식 |

| ★★★ 63 | **professional** | 형 전문적인, 능숙한
몡 전문가 | ▶ a **professional** hairdresser
전문 미용사 |

| ★ 64 | **curly** | 형 곱슬곱슬한
↔ straight 형 곧은 | ▶ **curly** hair
곱슬머리 |

| ★ 65 | **bleach** | 몡 표백제
통 표백하다, 탈색하다 | ▶ add some **bleach**
표백제를 넣다
▶ **bleached** hair
탈색 머리 |

| ★ 66 | **trendy** | 형 최신 유행의 | ▶ a **trendy** hairstyle
최신 유행하는 머리 스타일 |

★★★ 교과서 + 고1 학력 평가 10회 이상 수록 ★★ 5~9회 수록 ★ 1~4회 수록

| ***
67 | **layer** | 명 층, 겹
동 층을 내다,
겹겹이 놓다 | ▶ a thin **layer**
얇은 층
▶ **layer** one's hair
머리에 층을 내다 |

| *
68 | **fringe** | 명 앞머리, (장식) 술,
가장자리 | ▶ cut one's **fringe**
앞머리를 자르다 |

| *
69 | **blow-dry** | 동 (머리를) 드라이하다
명 드라이 | ▶ **blow-dry** one's hair
머리를 드라이하다 |

| *
70 | **be willing to** | ~할 의향이 있다,
기꺼이 ~하다 | ▶ **be willing to** take risks
기꺼이 위험을 감수하다 |

61 > 70

[**스토리**] 공부한 단어들을 하나의 스토리 안에서 확인해 보세요.

▶ I went to a newly opened hair salon to **trim** my hair. ▶ The **facility** was clean, and they had a team of **professional** hairdressers. ▶ The one who cut my hair had **bleached curly** hair, and I thought it was **trendy**. ▶ He **layered** my hair, cut my **fringe**, and **blow-dried** my hair to make it wavy. ▶ It was a pleasant experience, and I **am willing to** visit the salon again.

▶ 나는 머리를 다듬기 위해 새로 문을 연 미용실에 갔다. ▶ 시설은 깨끗했고, 전문 미용사 팀을 갖추고 있었다. ▶ 내 머리를 자른 사람은 탈색한 곱슬머리였는데, 나는 그것이 유행이라고 생각했다. ▶ 그는 내 머리에 층을 냈고, 앞머리를 잘라주었으며, 내 머리에 웨이브를 만들기 위해 드라이했다. ▶ 그것은 기분 좋은 경험이었고, 나는 다시 그 미용실에 방문할 의향이 있다.

71 ★★

spill
spilt (spilled) - spilt (spilled)

동 쏟다, 흘리다
명 (쏟은) 액체, 유출

▶ **spill** a drink
음료를 쏟다

▶ an oil **spill**
기름 유출

---

72 ★

stain

명 얼룩
동 얼룩지다,
얼룩지게 하다

▶ a coffee **stain**
커피 얼룩

▶ remove a **stain**
얼룩을 지우다

---

73 ★

fabric

명 옷감, 직물, 천

▶ soft **fabric**
부드러운 옷감

▶ **fabric** conditioner
섬유 유연제

---

74 ★★

repair

동 수리하다, 수선하다
명 수리, 수선

▶ **repair** a car
차를 수리하다

▶ a shoe **repair** shop
구두 수선소

---

75 ★★★

sew
sewed - sewn (sewed)

동 바느질하다, 꿰매다

▶ **sew** a button
단추를 꿰매다

▶ a **sewing** machine
재봉틀

---

76 ★

weave
wove - woven

동 짜다, 엮다

▶ **weave** a web
거미줄을 짜다

▶ **weave** a basket
바구니를 엮다

★★★ 교과서＋고1 학력 평가 10회 이상 수록   ★★ 5~9회 수록   ★ 1~4회 수록

★ 77	**thread**	명 실 동 (실을) 꿰다	▶ **thread** beads 구슬을 실로 꿰다
★ 78	**stitch**	명 바늘땀, 바느질 동 꿰매다, 봉합하다	▶ neat **stitches** 깔끔한 바느질 ▶ **stitch** up a wound 상처를 꿰매다
★ 79	**spotless**	형 티[오염] 없는, 완전히 깨끗한	▶ a **spotless** shirt 완전히 깨끗한 셔츠
★★ 80	**dirt**	명 먼지, 때, 흙	▶ rub off **dirt** 때를 문질러 닦다

71 > 80

[**스토리**] 공부한 단어들을 하나의 스토리 안에서 확인해 보세요.

▶ I **spilled** coffee on my shirt. ▶ I tried to remove the **stain**, but I ended up damaging the **fabric**. ▶ I took my shirt to the laundry, and the laundry worker **repaired** my clothes. ▶ He had great **sewing** skills. ▶ He **wove** a tiny cloth with **thread**, and then **stitched** it onto the damaged fabric. ▶ Now my shirt is **spotless** and has no **dirt** or stains.

▶ 나는 나의 셔츠에 커피를 쏟았다. ▶ 나는 얼룩을 없애려고 노력했지만, 결국 옷감을 상하게 했다. ▶ 나는 셔츠를 세탁소에 가져갔고, 세탁소 직원은 내 옷을 수선했다. ▶ 그는 훌륭한 바느질 기술을 가졌다. ▶ 그는 실로 작은 천을 짜서 상한 옷감 위에 꿰맸다. ▶ 이제 내 셔츠는 완전히 깨끗하고, 때나 얼룩도 없다.

편의 시설

미용실 세탁소 **슈퍼마켓**
81 > 90

MP3

★★★
81
grocery

명 식료품, 잡화

▸ a **grocery** store
식료품점

▸ go **grocery** shopping
장을 보러 가다

★★★
82
nearby

형 근처의
부 근처에, 가까운 곳에

▸ a **nearby** supermarket
근처 슈퍼마켓

▸ live **nearby**
근처에 살다

★
83
retail

동 (소비자에게) 직접
팔다[소매하다]
명 소매

▸ **retail** store
소매 상점

▸ **retail** price
소매 가격

★
84
wholesale

형 도매의, 대량의

▸ a **wholesale** market
도매 시장

★★★
85
various

형 다양한, 여러 가지의

▸ **various** items
다양한 상품들

▸ **various** problems
여러 가지 문제들

★
86
dairy

형 유제품의, 낙농업의
명 유제품 회사, 낙농장

▸ **dairy** products
유제품

★★ 87	**reasonable**	형 합리적인, 타당한, 합당한	▶ a **reasonable** price 합리적인 가격 ▶ **reasonable** choices 타당한 선택
★★ 88	**utensil**	명 (가정용) 도구, 식기	▶ kitchen **utensils** 주방 도구
★ 89	**appliance**	명 (가정용) 기기, 전기 제품	▶ home **appliances** 가전제품 ▶ a beauty **appliance** 미용 기기
90	**apparel**	명 의류, 의복	▶ children's **apparel** 아동복

81 > 90

[**스토리**] 공부한 단어들을 하나의 스토리 안에서 확인해 보세요.

▶ My family often goes **grocery** shopping at a **nearby** supermarket. ▶ It's the largest **retail** store in our town, and it's as big as a **wholesale** market. ▶ The store sells **various** food products, from **dairy** to fresh produce. ▶ It also sells non-food goods at a **reasonable** price. ▶ It has a great selection of **utensils**, home **appliances**, and **apparel**.

▶ 우리 가족은 종종 근처 슈퍼마켓에 장을 보러 간다. ▶ 그곳은 우리 동네에서 가장 큰 소매 상점이고, 도매 시장만큼 크다. ▶ 상점은 유제품부터 신선 제품까지 다양한 식품을 판다. ▶ 그곳은 또한 음식이 아닌 상품들도 합리적인 가격에 판매한다. ▶ 그곳에는 다양한 종류의 식기, 가전제품, 의류가 있다.

1. facility ....
2. trim ....
3. professional ....
4. curly ....
5. bleach ....

6. trendy ....
7. layer ....
8. fringe ....
9. blow-dry ....
10. be willing to ....

11. spill ....
12. stain ....
13. fabric ....
14. repair ....
15. sew ....

16. weave ....
17. thread ....
18. stitch ....
19. spotless ....
20. dirt ....

21. grocery ....
22. nearby ....
23. retail ....
24. wholesale ....
25. various ....

26. dairy ....
27. reasonable ....
28. utensil ....
29. appliance ....
30. apparel ....

1. 시설 ....

2. 다듬다, 테두리 장식 ....

3. 전문적인, 전문가 ....

4. 곱슬곱슬한 ....

5. 표백제, 탈색하다 ....

6. 최신 유행의 ....

7. 층, 층을 내다 ....

8. 앞머리 ....

9. 드라이하다 ....

10. ~할 의향이 있다 ....

11. 쏟다, 흘리다 ....

12. 얼룩, 얼룩지다 ....

13. 옷감 ....

14. 수리하다, 수선 ....

15. 바느질하다 ....

16. 짜다, 엮다 ....

17. 실, (실을) 꿰다 ....

18. 바늘땀, 꿰매다 ....

19. 티 없는, 완전히 깨끗한 ....

20. 먼지, 때 ....

21. 식료품, 잡화 ....

22. 근처의, 가까운 곳에 ....

23. 소매하다, 소매 ....

24. 도매의, 대량의 ....

25. 다양한 ....

26. 유제품의 ....

27. 합리적인, 타당한 ....

28. (가정용) 도구 ....

29. 전기 제품 ....

30. 의류, 의복 ....

★★★ 91	**stadium**	명 경기장, 스타디움	▶ a baseball **stadium** 야구 경기장
★★ 92	**league**	명 (스포츠 경기의) 리그, 연맹	▶ a football **league** 축구 연맹 ▶ a Major **League** team 메이저 리그 팀
★ 93	**pitcher**	명 (야구) 투수, 주전자 → pitch 동 투구하다	▶ send a signal to the **pitcher** 투수에게 신호를 보내다 ▶ a **pitcher** of water 물 한 주전자
★★ 94	**batter**	명 (야구) 타자, 반죽 → bat 동 (방망이로) 공을 치다	▶ the fourth **batter** 4번 타자 ▶ mix the **batter** 반죽을 섞다
★ 95	**assist**	동 돕다, 도움이 되다	▶ **assist** my friend 내 친구를 돕다
★★★ 96	**final**	형 마지막의, 최종적인 명 결승전, 기말 시험	▶ the **final** match 결승 경기 ▶ the **final** exam 기말 시험

** 97	**farther**	형 더 먼 부 더 멀리 → **far** 형 먼 부 멀리	▶ hit the ball **farther** 공을 더 멀리 치다
*** 98	**contribute**	동 기부하다, 기여하다	▶ **contribute** $500 500달러를 기부하다 ▶ **contribute** to the result 결과에 기여하다
** 99	**dramatic**	형 극적인	▶ a **dramatic** victory 극적인 승리
100	**root for**	~을 응원하다	▶ **root for** a team 팀을 응원하다 ▶ I'm **rooting for** you. 나는 너를 응원해.

91 > 100

[**스토리**] 공부한 단어들을 하나의 스토리 안에서 확인해 보세요.

▶ My family often goes to the baseball **stadium**. ▶ We are huge fans of a Major **League** team. ▶ The team has great **pitchers** and **batters**. ▶ All the players always show great teamwork, **assisting** each other during play. ▶ We've never missed their **final** match. ▶ In the latest match, the player I'm **rooting for** hit the ball **farther** than ever. ▶ It was a home run, and it **contributed** to a **dramatic** victory.

▶ 우리 가족은 종종 야구 경기장에 간다. ▶ 우리는 한 메이저 리그 팀의 엄청난 팬이다. ▶ 그 팀에는 훌륭한 투수와 타자가 있다. ▶ 모든 선수들은 경기 중에 서로를 도우며, 항상 훌륭한 팀워크를 보여준다. ▶ 우리는 한 번도 그들의 결승 경기를 놓친 적이 없다. ▶ 가장 최근 경기에서 내가 응원하는 선수가 그 어느 때보다도 멀리 공을 쳤다. ▶ 그것은 홈런이었고, 극적인 승리에 기여했다.

★ 101 **accessible** | 형 접근[이용] 가능한, 이해하기 쉬운 | ▶ **accessible** to the public
대중이 이용 가능한

★★ 102 **pace** | 명 속도, 걸음
동 속도를 유지하다 | ▶ a fast-**paced** sport
속도가 빠른 스포츠
▶ control the **pace**
속도를 조절하다

★★★ 103 **period** | 명 기간, 시대, 마침표(.) | ▶ holiday **period**
휴가 기간
▶ a long **period** of time
오랜 기간

★★ 104 **defense** | 명 방어, 수비, 변호
(= defence) | ▶ self-**defense**
자기 방어(호신술)

105 **offense** | 명 공격, 공격 방법
(= offence) | ▶ No **offense**.
공격하려는 의도는 없어.
(기분 나쁘게 듣지 마.)

★★★ 106 **shot** | 명 (스포츠에서) 슛, 발사, 주사 한 대 | ▶ a three-point **shot**
3점 슛
▶ give a **shot**
주사를 한 대 놓다

★ 107	**defensive**	형 수비의, 방어적인 → defense 명 방어 ↔ offensive	▶ a **defensive** reaction 방어적인 반응
★★★ 108	**handle**	동 다루다, 취급하다 명 손잡이	▶ **handle** a ball 공을 다루다 ▶ I can **handle** it. 내가 처리할게.
★★ 109	**teamwork**	명 협동 작업, 팀워크	▶ the best **teamwork** 최고의 팀워크
★★ 110	**opponent**	명 (게임 등의) 상대, 반대자	▶ a powerful **opponent** 강력한 상대

101 > 110

[**스토리**] 공부한 단어들을 하나의 스토리 안에서 확인해 보세요.

▶ Basketball is an **accessible** and very fast-**paced** sport. ▶ A basketball game is made up of four 12-minute **periods**. ▶ Each team has players for **defense** and **offense**. ▶ Any player can take a **shot** at the basket, and **defensive** players can steal the ball. ▶ **Handling** the ball well and showing great **teamwork** are key basketball skills. ▶ The team that scores more than the **opponent** wins the game.

▶ 농구는 접하기 쉽고, 속도가 매우 빠른 스포츠이다. ▶ 농구 경기는 네 번의 12분짜리 경기 시간으로 구성된다. ▶ 각 팀에는 수비와 공격을 위한 선수들이 있다. ▶ 어떤 선수든지 골대에 슛을 쏠 수 있으며, 수비수는 공을 가로챌 수 있다. ▶ 공을 잘 다루고 좋은 팀워크를 보여주는 것이 농구의 핵심 기술이다. ▶ 상대보다 더 많이 득점한 팀이 경기에서 승리한다.

| ★★★ 111 | **field** | 명 경기장, 들판, 분야, 현장 | ▶ a football **field** 축구 경기장
 ▶ a **field** trip 현장 학습 |

| ★★ 112 | **section** | 명 부분, 부서, 구역
 동 부분으로 나누다 | ▶ the comics **section** (서점의) 만화책 구역 |

| ★ 113 | **offensive** | 형 공격적인, (냄새가) 불쾌한
 → offense 명 공격 | ▶ **offensive** players 공격적인 선수(공격수)들 |

| ★★ 114 | **defender** | 명 수비 선수, 옹호자, 변호인
 → defend 동 방어하다 | ▶ a central **defender** 중앙 수비수
 ▶ a public **defender** 국선 변호인 |

| ★★★ 115 | **locate** | 동 (특정 위치에) 두다, (위치를) 찾아내다 | ▶ **locate** a fault 결함을 찾아내다
 ▶ be **located** in the back 뒤쪽에 위치하다 |

| ★ 116 | **toss** | 동 던지다, 뒤집다
 명 던지기 | ▶ **toss** a coin 동전을 던지다 |

117 ★★ **competitive**	형 경쟁하는, 치열한, 경쟁력 있는 → compete 동 경쟁하다	▶ a **competitive** game 치열한 경기
118 ★ **foul**	명 파울, 반칙 형 (냄새·맛이) 아주 안 좋은 동 반칙을 범하다	▶ call a **foul** 반칙을 선언하다 ▶ **foul** flavor 아주 안 좋은 맛
119 ★ **penalty**	명 처벌, 불이익, 벌금, (축구) 페널티 킥	▶ receive a **penalty** 처벌을 받다 ▶ score a **penalty** 페널티 킥으로 골을 넣다
120 ★★ **engage in**	~에 참여하다	▶ **engage in** a game 경기에 참여하다

111 > 120

[스토리] 공부한 단어들을 하나의 스토리 안에서 확인해 보세요.

▶ Eleven players from each football team are on the **field**. ▶ In the front **section**, the **offensive** players are getting ready. ▶ The **defenders** and the goalkeeper are **located** in the back. ▶ Before starting a match, a referee **tosses** a coin to decide which team gets the ball first. ▶ Then the teams **engage in** a **competitive** game for ninety minutes. ▶ Sometimes, the referee calls **fouls** and gives **penalties**.

▶ 각 축구팀의 11명의 선수가 경기장에 있습니다. ▶ 앞쪽 구역에는 공격수가 준비하고 있습니다. ▶ 수비수들과 골키퍼는 뒤쪽에 위치합니다. ▶ 경기를 시작하기 전에, 심판은 어떤 팀이 공을 먼저 가질 것인지 결정하기 위해 동전을 던집니다. ▶ 그리고 두 팀은 90분 동안 치열한 경기에 참여합니다. ▶ 때때로, 심판은 반칙을 선언하고 페널티 킥을 줍니다.

1. stadium ....
2. league ....
3. pitcher ....
4. batter ....
5. assist ....

6. final ....
7. farther ....
8. contribute ....
9. dramatic ....
10. root for ....

11. accessible ....
12. pace ....
13. period ....
14. defense ....
15. offense ....

16. shot ....
17. defensive ....
18. handle ....
19. teamwork ....
20. opponent ....

21. field ....
22. section ....
23. offensive ....
24. defender ....
25. locate ....

26. toss ....
27. competitive ....
28. foul ....
29. penalty ....
30. engage in ....

1. 경기장, 스타디움 ....

2. (스포츠 경기의) 리그 ....

3. (야구) 투수 ....

4. (야구) 타자 ....

5. 돕다 ....

6. 마지막의, 기말 시험 ....

7. 더 먼, 더 멀리 ....

8. 기부하다, 기여하다 ....

9. 극적인 ....

10. ~을 응원하다 ....

11. 접근[이용] 가능한 ....

12. 속도 ....

13. 기간, 시대 ....

14. 방어, 수비 ....

15. 공격 ....

16. (스포츠에서) 슛, 발사 ....

17. 수비의, 방어적인 ....

18. 다루다, 손잡이 ....

19. 협동 작업, 팀워크 ....

20. (게임 등의) 상대 ....

21. 경기장, 들판 ....

22. 부분, 구역 ....

23. 공격적인 ....

24. 수비 선수 ....

25. (특정 위치에) 두다 ....

26. 던지다, 뒤집다 ....

27. 경쟁하는, 치열한 ....

28. 파울 ....

29. 처벌, (축구) 페널티 킥 ....

30. ~에 참여하다 ....

★ 121	**overnight**	형 하룻밤 동안의 부 하룻밤 사이에, 하룻밤 동안	▶ stay **overnight** 하룻밤 동안 지내다
★★ 122	**highway**	명 고속 도로	▶ drive on the **highway** 고속 도로를 운전하다
★★★ 123	**trail**	명 산길, 자국, (특정 목적을 위한) 길 동 (땅에) 끌다, 끌리다, 추적하다	▶ follow a **trail** 길을 따라가다 ▶ **trail** a suspect 용의자를 추적하다
★ 124	**winding**	형 구불구불한	▶ a **winding** trail 구불구불한 산길
★★★ 125	**site**	명 위치, 장소, 현장	▶ a tourist **site** 관광지 ▶ a camping **site** 캠핑 장소
★ 126	**shore**	명 해변, 해안, 호숫가	▶ a sandy **shore** 모래 해변

★ 127	**campfire**	몡 모닥불, 캠프파이어	▶ light a **campfire** 모닥불을 지피다
★★ 128	**container**	몡 용기, 컨테이너	▶ a food **container** 음식 용기 ▶ a shipping **container** 화물 컨테이너
★ 129	**sunset**	몡 일몰, 해 질 녘 ↔ sunrise 몡 일출	▶ watch the **sunset** 일몰을 보다
★★★ 130	**set up**	~을 설치하다, 준비하다, (설립해) 시작하다	▶ **set up** a tent 텐트를 설치하다 ▶ **set up** a new business 새로운 사업을 시작하다

121 > 130

[**스토리**] 공부한 단어들을 하나의 스토리 안에서 확인해 보세요.

▶ I went camping with my family and stayed **overnight**. ▶ We drove on the **highway** and passed several **winding trails**. ▶ When we arrived at the camping **site**, it was late in the evening. ▶ We **set up** a tent next to the **shore** and lit a **campfire**. ▶ Then we opened a food **container** and warmed the food over the fire. ▶ We enjoyed our meal while watching the **sunset**.

▶ 나는 가족과 함께 캠핑을 가서 하룻밤 동안 머물렀다. ▶ 우리는 고속 도로 위를 달렸고, 구불구불한 산길을 여러 개 지났다. ▶ 우리가 캠핑 장소에 도착했을 때는 늦은 저녁이었다. ▶ 우리는 해변 옆에 텐트를 설치하고 모닥불을 지폈다. ▶ 그런 다음, 우리는 음식 용기를 열어 음식을 불에 데웠다. ▶ 일몰을 바라보며 우리는 식사를 즐겼다.

---

131 ★
resort

명 휴양지, 리조트

▶ a **resort** town
휴양 도시

▶ a ski **resort**
스키 리조트(스키장)

---

132 ★★★
ideal

형 이상적인
명 이상, 이상형

▶ an **ideal** vacation
이상적인 휴가

▶ my **ideal** type
나의 이상형

---

133 ★
coastline

명 해안 지대

▶ a long **coastline**
긴 해안 지대

---

134 ★
dawn

명 새벽, 동틀 무렵

▶ wake up at **dawn**
새벽에 일어나다

---

135 ★
horizon

명 수평선, 지평선,
(지식 범위에서의) 시야

▶ above the **horizon**
수평선 위로

▶ expand my **horizons**
내 시야를 넓히다

---

136 ★
speechless

형 (너무 놀라) 말을
못하는

▶ I was **speechless**.
나는 너무 놀라 말을 못했어.

| ★★★ 137 | **reserve** | 동 예약하다, 비축하다
명 비축물

= book 동 예약하다 | ▶ **reserve** a ticket
표를 예약하다
▶ a **reserved** seat
예약된 좌석 |

| ★★ 138 | **souvenir** | 명 기념품 | ▶ buy a **souvenir**
기념품을 사다 |

| ★ 139 | **terminal** | 명 역[터미널]
형 말기의,
불치병에 걸린 | ▶ a bus **terminal**
버스 터미널
▶ a **terminal** illness
불치병 |

| ★★ 140 | **arrival** | 명 도착

→ arrive 동 도착하다 | ▶ upon **arrival**
도착 시에
▶ an **arrival** gate
도착하는 곳(도착 게이트) |

131 > 140

[**스토리**] 공부한 단어들을 하나의 스토리 안에서 확인해 보세요.

▶ Why not spend your vacation at our **resort**? ▶ We offer **ideal** vacations. ▶ Jog along the **coastline** and breathe in the fresh air at **dawn**. ▶ Enjoy a peaceful morning, watching the sun rise above the **horizon**. ▶ The amazing views of nature will leave you **speechless**. ▶ **Reserve** a room now and receive a free **souvenir**. ▶ **Terminal** pick-up service upon your **arrival** is included.

▶ 저희 리조트에서 휴가를 보내는 건 어떠세요? ▶ 저희는 이상적인 휴가를 제공합니다. ▶ 새벽에 해안 지대를 따라 조깅하고, 신선한 공기를 마셔 보세요. ▶ 해가 수평선 위로 떠오르는 것을 보며 평화로운 아침을 만끽하세요. ▶ 자연의 놀라운 경치는 여러분을 말문이 막히게 할 것입니다. ▶ 지금 방을 예약하고 무료 기념품을 받으세요. ▶ 도착 시 터미널 마중 서비스가 포함되어 있습니다.

141 ★ **overseas**
- 형 해외의, 외국의
- 부 해외로, 외국에서
  = **abroad** 부 해외로
- ▶ an **overseas** trip
  해외여행
- ▶ work **overseas**
  해외에서 일하다

142 ★★ **requirement**
- 명 필요한 것, 필요조건
  → **require** 동 필요로 하다
- ▶ meet the **requirements**
  필요조건을 충족하다

143 ★ **departure**
- 명 출발, 떠남
  ↔ **arrival** 명 도착
- ▶ **departure** time
  출발 시간
- ▶ a flight **departure**
  비행기 출발

144 ★★ **document**
- 명 서류, 문서
- 동 (서류에) 기록하다, (서류로) 입증하다
- ▶ sign a **document**
  문서에 서명하다
- ▶ **documented** evidence
  문서화된 증거

145 ★ **valid**
- 형 유효한, 타당한
- ▶ a **valid** passport
  유효한 여권

146 ★ **insurance**
- 명 보험, 보험료
- ▶ travel **insurance**
  여행 보험
- ▶ pay **insurance**
  보험료를 내다

★★★ **교과서＋고1 학력 평가** 10회 이상 수록 ★★ 5~9회 수록 ★ 1~4회 수록

★ 147	**identification**	몡 신원 확인, 신분증 → identify 용 (신원을) 확인하다	▸ make a copy of one's **identification** 신분증 사본을 만들다
148	**currency**	몡 통화, 화폐	▸ foreign **currency** 외화
★★★ 149	**local**	혱 현지의, 지역의 몡 주민, 현지인	▸ **local** currency 현지 통화 ▸ a **local** market 현지 시장
150	**just in case**	만약을 대비해서	▸ Take a jacket, **just in case**. 만약을 대비해 외투를 챙겨라.

141 > 150

[**스토리**] 공부한 단어들을 하나의 스토리 안에서 확인해 보세요.

▸ Are you planning an **overseas** trip? ▸ Then, you must prepare the **requirements** before your **departure**. ▸ Passports and **valid** travel **documents** are necessary. ▸ Buying travel **insurance** and making a copy of your **identification** is helpful for safe travel. ▸ Remember to take a small amount of money in **local currency** as well, **just in case**.

▸ 당신은 해외여행을 계획하고 있나요? ▸ 그렇다면, 출발하기 전에 필요한 것들을 준비해야 합니다. ▸ 여권과 유효한 여행 서류들이 필요합니다. ▸ 여행 보험을 드는 것과 신분증 사본을 만드는 것은 안전한 여행에 도움이 됩니다. ▸ 만약을 대비해 현지 통화로 소액의 돈을 가져가는 것도 잊지 마세요.

1. overnight ....

2. highway ....

3. trail ....

4. winding ....

5. site ....

6. shore ....

7. campfire ....

8. container ....

9. sunset ....

10. set up ....

11. resort ....

12. ideal ....

13. coastline ....

14. dawn ....

15. horizon ....

16. speechless ....

17. reserve ....

18. souvenir ....

19. terminal ....

20. arrival ....

21. overseas ....

22. requirement ....

23. departure ....

24. document ....

25. valid ....

26. insurance ....

27. identification ....

28. currency ....

29. local ....

30. just in case ....

[뜻]-[단어] 확인하기
다음 우리말 뜻에 맞는 영어 단어를 써 보세요.

1. 하룻밤 동안 ....
2. 고속 도로 ....
3. 산길, 추적하다 ....
4. 구불구불한 ....
5. 위치, 장소 ....

6. 해변, 해안 ....
7. 모닥불 ....
8. 용기, 컨테이너 ....
9. 일몰, 해 질 녘 ....
10. ~을 설치하다 ....

11. 휴양지, 리조트 ....
12. 이상적인, 이상형 ....
13. 해안 지대 ....
14. 새벽 ....
15. 수평선, 시야 ....

16. (너무 놀라) 말을 못하는 ....
17. 예약하다, 비축하다 ....
18. 기념품 ....
19. 역[터미널], 말기의 ....
20. 도착 ....

21. 해외의, 해외로 ....
22. 필요한 것, 필요조건 ....
23. 출발 ....
24. 서류, 문서 ....
25. 유효한 ....

26. 보험 ....
27. 신분증 ....
28. 통화, 화폐 ....
29. 현지의, 현지인 ....
30. 만약을 대비해서 ....

| ★
151 | **convenience** | 명 편의, 편리함
→ convenient 형 편리한 | ▶ a **convenience** store
편의점 |

| ★★★
152 | **access** | 동 접근하다, (컴퓨터에)
접속하다
명 접근 | ▶ **access** a website
웹 사이트에 접속하다
▶ allow **access**
접근을 허용하다 |

| ★★★
153 | **directly** | 부 즉시, 곧장,
(위치상) 바로 ~에 | ▶ leave **directly**
즉시 떠나다
▶ **directly** behind me
내 바로 뒤에 |

| ★★★
154 | **purchase** | 명 구입, 구매
동 구매하다 | ▶ make a **purchase**
구매하다
▶ **purchase** goods
상품을 구매하다 |

| ★★★
155 | **seller** | 명 판매자, 판매되는 상품 | ▶ a ticket **seller**
표 판매원
▶ a best **seller**
가장 잘 팔리는 상품 |

| ★
156 | **retailer** | 명 소매업자, 소매상
→ retail 동 (소비자에게)
직접 팔다 | ▶ an online **retailer**
온라인 소매상 |

*** 157	**diverse**	형 다양한 = various	▶ **diverse** items 다양한 상품
*** 158	**advantage**	명 유리한 점, 장점	▶ a competitive **advantage** 경쟁력 있는 장점
*** 159	**deal** dealt - dealt	명 거래, 카드 돌리기 동 거래하다, 카드를 나누어 주다	▶ get a good **deal** 좋은 거래를 하다(싸게 사다) ▶ **Deal** the cards. 카드를 나눠 주세요.
** 160	**comparison**	명 비교 → compare 동 비교하다	▶ price **comparison** 가격 비교

151 > 160

[**스토리**] 공부한 단어들을 하나의 스토리 안에서 확인해 보세요.

▶ Many people enjoy the **convenience** of online shopping. ▶ It's easy to **access** an online store, and customers can **purchase** goods **directly** from **sellers**. ▶ They can also search for items from **diverse retailers**. ▶ Another great **advantage** is that customers can get a better **deal** through price **comparison**.

▶ 많은 사람들이 온라인 쇼핑의 편리함을 즐깁니다. ▶ 온라인 상점에 접속하는 것은 쉽고, 소비자들은 판매자로부터 바로 상품을 구매할 수 있습니다. ▶ 그들은 또한 다양한 소매상들의 상품을 검색할 수 있습니다. ▶ 또 다른 큰 장점은 소비자들이 가격 비교를 통해 더 좋은 거래를 할 수 있다는 것입니다.

---

161 ★

shipment

명 운송, 배송

→ ship 동 운송하다

▶ **shipment** status
배송 상태

---

162 ★

trace

동 추적하다,
(선을) 그리다

명 기록, 자취

▶ **trace** a line
선을 그리다

▶ **trace** a shipment
배송을 추적하다

---

163 ★

parcel

명 소포, 꾸러미

동 소포를 싸다

▶ send a **parcel**
소포를 보내다

---

164 ★★

package

명 포장, 한 묶음[패키지]

동 포장하다

▶ **packaged** food
포장된 음식

▶ a **package** tour
패키지 투어

---

165 ★

unpack

동 (짐 등을) 풀다,
꺼내다

↔ pack

▶ **unpack** a package
포장을 풀다

---

166 ★★

commerce

명 무역, 상업, 상거래

▶ online **commerce**
온라인 상거래

★★ 167	**guarantee**	몡 보장, 품질 보증서 동 (품질을) 보증하다, 보장하다	▶ a one-year **guarantee** 1년간 품질 보증 ▶ **guarantee** freshness 신선도를 보장하다
168	**misdeliver**	동 잘못 배달하다 → **deliver** 동 배달하다	▶ **misdeliver** a letter 편지를 잘못 배달하다
★ 169	**disadvantage**	몡 약점, 단점 ↔ advantage	▶ overcome a **disadvantage** 약점을 극복하다
★★ 170	**on time**	제시간에	▶ arrive **on time** 제시간에 도착하다

161 > 170

[**스토리**] 공부한 단어들을 하나의 스토리 안에서 확인해 보세요.

▶ After purchasing goods online, customers can **trace** the **shipment** of their **parcel**. ▶ They wait for the **package** to be delivered and look forward to **unpacking** it. ▶ However, online **commerce** does not **guarantee** that the item will arrive **on time**. ▶ It might get lost, become damaged, or be **misdelivered**. ▶ This is a big **disadvantage** of online shopping.

▶ 온라인에서 상품을 구매한 다음에, 소비자들은 그들의 소포 배송을 추적할 수 있습니다. ▶ 그들은 소포가 배송되기를 기다리고 포장을 풀기를 고대합니다. ▶ 그러나, 온라인 상거래는 상품이 제시간에 도착하는 것을 보장하지 않습니다. ▶ 그것은 분실될 수도 있고, 파손되거나 혹은 잘못 배달될지도 모릅니다. ▶ 이것이 온라인 쇼핑의 큰 단점입니다.

***
171
claim

동 주장하다, 요청하다, (관심을) 끌다
명 주장, 요구, 청구

▸ **claim** a refund
환불을 요청하다
▸ baggage **claim**
수하물 찾는 곳

**
172
electronic

형 전자의, 전자 장비와 관련된

▸ **electronic** devices
전자 기기
▸ **electronic** commerce
전자 상거래

***
173
delivery

명 배달, 전달

▸ **delivery** services
배달 서비스

***
174
offer

동 제안하다, 제공하다
명 제안, (금전적) 제의, 할인

▸ **offer** help
도움을 제공하다
▸ a special **offer**
특별 할인

**
175
whereas

접 반면

▸ I love dogs, **whereas** my mom does not.
나는 개를 좋아하는 반면, 우리 엄마는 그렇지 않다.

---

*
176
expense

명 비용, 경비

▸ living **expenses**
생활비
▸ a large **expense**
큰 비용

★★★ 교과서+고1 학력 평가 10회 이상 수록   ★★ 5~9회 수록   ★ 1~4회 수록

★ 177	**postal**	형 우편의, 우편물을 통한	▶ **postal** code 우편 번호
★★★ 178	**extra**	형 추가의 명 추가되는 것, 단역 배우 부 추가로	▶ **extra** work 추가 업무 ▶ pay **extra** 추가로 돈을 지불하다
★★★ 179	**charge**	명 요금, 책임, 고발 동 (요금을) 청구하다, 충전하다	▶ an extra **charge** 추가 요금 ▶ **charge** my phone 내 휴대폰을 충전하다
★★★ 180	**in person**	직접	▶ see **in person** 직접 보다

171 > 180

[**스토리**] 공부한 단어들을 하나의 스토리 안에서 확인해 보세요.

▶ Through **electronic** commerce, customers purchase products without seeing them **in person**. ▶ This is why refunds are often **claimed** online after the **delivery** of items. ▶ In-store purchases **offer** easy returns for free, **whereas** returning items purchased online takes more time and requires more **expenses**. ▶ For example, customers may be **charged extra postal** fees.

▶ 전자 상거래를 통해 소비자들은 상품을 직접 보지 않고 구매합니다. ▶ 이것이 상품 배송 후에 온라인에서 환불이 종종 요청되는 이유입니다. ▶ 매장 내 구매는 쉬운 반품을 무료로 제공하는 반면, 온라인에서 구매한 물품을 반품하는 것은 시간이 더 많이 걸리고 비용도 더 많이 듭니다. ▶ 예를 들어, 소비자들은 추가 우편 요금을 청구받을지도 모릅니다.

[단어]-[뜻] 확인하기
다음 영어 단어에 맞는 우리말 뜻을 써 보세요.

1. convenience ....
2. access ....
3. directly ....
4. purchase ....
5. seller ....

6. retailer ....
7. diverse ....
8. advantage ....
9. deal ....
10. comparison ....

11. shipment ....
12. trace ....
13. parcel ....
14. package ....
15. unpack ....

16. commerce ....
17. guarantee ....
18. misdeliver ....
19. disadvantage ....
20. on time ....

21. claim ....
22. electronic ....
23. delivery ....
24. offer ....
25. whereas ....

26. expense ....
27. postal ....
28. extra ....
29. charge ....
30. in person ....

1. 편의, 편리함
2. 접속하다, 접근
3. 즉시, 바로 ~에
4. 구입, 구매하다
5. 판매자, 판매되는 상품

6. 소매업자
7. 다양한
8. 유리한 점, 장점
9. 거래, 거래하다
10. 비교

11. 운송, 배송
12. 추적하다
13. 소포
14. 포장, 패키지
15. (짐 등을) 풀다

16. 무역, 상거래
17. 보장, 보장하다
18. 잘못 배달하다
19. 약점, 단점
20. 제시간에

21. 주장하다, 주장
22. 전자의
23. 배달
24. 제안하다, 제안
25. 반면

26. 비용
27. 우편의
28. 추가의, 추가로
29. 요금, (요금을) 청구하다
30. 직접

운동 **준비운동** 암벽등반 운동장비
181 > 190

MP3

★★★ 181	**bend** bent - bent	동 굽히다, 구부리다 명 (강이) 굽은 곳, (도로에서) 커브 길	▶ **Bend** your knees. 무릎을 굽히세요. ▶ a tight **bend** 급격한 커브 길
★★★ 182	**apart**	부 떨어져, 따로	▶ live **apart** from family 가족과 떨어져 살다
183	**thigh**	명 허벅지, 넓적다리	▶ chicken **thighs** 닭 다리 살
★★ 184	**shift**	동 옮기다, 바꾸다 명 변화, 교대 근무	▶ **shift** furniture 가구를 옮기다 ▶ a night **shift** 야간 근무
★★ 185	**relieve**	동 (문제를) 완화하다, (고통을) 덜어주다	▶ **relieve** stress 스트레스를 완화하다 ▶ a pain **reliever** 진통제
★★★ 186	**muscle**	명 근육, 근력	▶ thigh **muscle** 허벅지 근육

---

* 187	**tension**	몡 긴장, 불안	▶ muscle **tension** 근육의 긴장 ▶ feel the **tension** 긴장감을 느끼다
** 188	**preparation**	몡 준비, 대비 → **prepare** 동 준비하다	▶ **preparation** for a party 파티 준비
*** 189	**essential**	혱 필수적인, 중요한, 근본적인 몡 필수품, 핵심	▶ **essential** nutrients 필수적인 영양소 ▶ the **essentials** of life 생활필수품
** 190	**warm up**	몸을 풀다, 준비 운동을 하다, (음식을) 데우다	▶ **warm up** before a workout 운동 전에 몸을 풀다

181 > 190

[**스토리**] 공부한 단어들을 하나의 스토리 안에서 확인해 보세요.

▶ Let's **warm up** our bodies. ▶ Stand with your legs wide **apart**. ▶ **Bend** your left knee until you feel a stretch in your right **thigh**. ▶ Hold for a second, then **shift** your weight to the other side. ▶ This will **relieve muscle tension**. ▶ Don't forget that warming up is **essential preparation** for every workout.

▶ 우리 몸을 풀어줍시다. ▶ 다리를 넓게 벌리고 서주세요. ▶ 오른쪽 허벅지가 당기는 느낌이 들 때까지 왼쪽 무릎을 굽혀주세요. ▶ 잠시 멈춰 있다가 무게를 다른 쪽으로 옮겨주세요. ▶ 이것은 근육의 긴장을 완화해 줄 것입니다. ▶ 몸을 풀어주는 것은 모든 운동을 위한 필수적인 준비라는 것을 잊지 마세요.

★★★ 191	**physical**	형 신체의, 물리적인, 물질적인	▶ **physical** activities 신체 활동 ▶ use **physical** force 물리적인 힘을 사용하다
★ 192	**flexibility**	명 유연성, 신축성	▶ improve **flexibility** 유연성을 높이다
★★ 193	**strengthen**	동 강화하다, 더 튼튼하게 하다	▶ **strengthen** your muscles 근육을 더 튼튼하게 하다
★★★ 194	**switch**	명 (전등 등의) 스위치, 전환 동 전환하다, 바뀌다	▶ a light **switch** 전등 스위치 ▶ **Switch** legs. 다리를 바꾸세요.
★★★ 195	**technique**	명 기술	▶ swimming **techniques** 수영 기술
★★ 196	**occupy**	동 (시간·공간을) 차지하다, 사용하다, (직책을) 맡다	▶ **occupy** seats 좌석을 차지하다 ▶ **occupy** an office 사무실을 사용하다

★★★ 197	**press**	몡 언론, 신문, 인쇄 통 누르다, 압력을 가하다

▸ **press** a button
버튼을 누르다

▸ the local **press**
지역(현지) 언론

★★ 198	**cliff**	몡 절벽

▸ a **cliff** edge
절벽의 끝(낭떠러지)

★ 199	**firmly**	부 단단히, 단호히, 확고히

▸ press **firmly**
단단히 누르다

▸ She said **firmly**, "No."
그녀는 단호히 말했다. "안 돼."

★★ 200	**straighten**	통 똑바르게 하다, (자세를) 곧게 하다

▸ **Straighten** your arms.
팔을 곧게 펴세요.

---

191 > 200

[**스토리**] 공부한 단어들을 하나의 스토리 안에서 확인해 보세요.

▸ Rock climbing is a great **physical** activity for improving **flexibility** and **strengthening** the body. ▸ But it requires learning some **techniques**: ▸ 1. **Switch** your hand positions only when your feet are secure. ▸ 2. When you move, **press** your feet **firmly** against the rocks they **occupy**. ▸ 3. When hanging on a **cliff** for a long time, **straighten** your arms.

▸ 암벽 등반은 유연성을 높이고 몸을 더 튼튼하게 하는 데 좋은 신체 활동입니다. ▸ 하지만 이것은 몇 가지 기술을 배우는 것을 필요로 합니다. ▸ 1. 당신의 발이 안전할 때에만 손의 위치를 바꾸세요. ▸ 2. 움직일 때에는, 발이 차지하고 있는 바위에 대고 발을 단단히 누르세요. ▸ 3. 절벽에 오래 매달릴 때에는, 팔을 곧게 펴세요.

| ★★★ 201 | **injure** | 동 부상을 입다, (평판 등을) 손상시키다

→ injury 명 부상 | ▶ **injure** one's leg
다리에 부상을 입다 |

| ★ 202 | **workout** | 명 운동 | ▶ a 10-minute **workout**
10분 운동
▶ **workout** equipment
운동 장비 |

| ★ 203 | **careless** | 형 부주의한, 경솔한 | ▶ a **careless** driver
부주의한 운전자 |

| ★★ 204 | **gear** | 명 장비, (자동차) 기어 | ▶ safety **gear**
안전 장비
▶ put the car into **gear**
자동차에 기어를 넣다 |

| ★ 205 | **protective** | 형 보호하는, 방어적인

→ protect 동 보호하다
= defensive 형 방어적인 | ▶ **protective** gear
보호 장비 |

| ★ 206 | **fitness** | 명 신체 단련, (신체적인) 건강 | ▶ a **fitness** club
신체 단련장(헬스 클럽)
▶ health and **fitness**
건강과 신체 단련 |

★★★ 교과서 + 고1 학력 평가 10회 이상 수록　★★ 5~9회 수록　★ 1~4회 수록

★★★ 207	**palm**	몡 손바닥, 야자나무	▶ sweaty **palms** 땀이 난 손바닥 ▶ climb a **palm** tree 야자나무를 오르다
★ 208	**wrist**	몡 손목, 팔목	▶ protect my **wrists** 내 손목을 보호하다 ▶ a **wrist**band 손목 밴드
★★★ 209	**pain**	몡 아픔, 통증, 고통	▶ neck **pain** 목 통증
★ 210	**posture**	몡 자세, 태도	▶ poor **posture** 나쁜 자세

201 > 210

[**스토리**] 공부한 단어들을 하나의 스토리 안에서 확인해 보세요.

▶ Have you ever **injured** yourself during a **workout**? ▶ It might be because you were **careless** about wearing **protective gear**. ▶ When using **fitness** equipment, you should wear gloves. ▶ They will protect your **palms** and **wrists**. ▶ If you have knee **pain** when bending your legs, knee supports will help strengthen your **posture**.

▶ 여러분은 운동 중에 부상을 당한 적이 있나요? ▶ 이것은 아마도 여러분이 보호 장비를 착용하는 것에 부주의했기 때문일지도 모릅니다. ▶ 신체 단련 기구를 사용할 때에는 장갑을 착용해야 합니다. ▶ 그것들은 여러분의 손바닥과 손목을 보호할 것입니다. ▶ 만약 여러분이 다리를 굽힐 때 무릎 통증이 있다면, 무릎 보호대가 자세를 강화하도록 도와줄 것입니다.

1. bend ....
2. apart ....
3. thigh ....
4. shift ....
5. relieve ....

6. muscle ....
7. tension ....
8. preparation ....
9. essential ....
10. warm up ....

11. physical ....
12. flexibility ....
13. strengthen ....
14. switch ....
15. technique ....

16. occupy ....
17. press ....
18. cliff ....
19. firmly ....
20. straighten ....

21. injure ....
22. workout ....
23. careless ....
24. gear ....
25. protective ....

26. fitness ....
27. palm ....
28. wrist ....
29. pain ....
30. posture ....

1. 굽히다, 구부리다 ....
2. 떨어져, 따로 ....
3. 허벅지 ....
4. 옮기다, 변화 ....
5. (문제를) 완화하다 ....

6. 근육 ....
7. 긴장 ....
8. 준비 ....
9. 필수적인, 필수품 ....
10. 준비 운동을 하다 ....

11. 신체의, 물리적인 ....
12. 유연성 ....
13. 강화하다 ....
14. 스위치, 전환하다 ....
15. 기술 ....

16. (시간·공간을) 차지하다 ....
17. 언론, 누르다 ....
18. 절벽 ....
19. 단단히, 단호히 ....
20. (자세를) 곧게 하다 ....

21. 부상을 입다 ....
22. 운동 ....
23. 부주의한 ....
24. 장비, (자동차) 기어 ....
25. 보호하는 ....

26. 신체 단련 ....
27. 손바닥 ....
28. 손목, 팔목 ....
29. 아픔, 통증 ....
30. 자세 ....

★
211
nutritious

형 영양분이 많은,
영양가가 높은

→ nutrition 명 영양

▶ a **nutritious** meal
영양가가 높은 식사

★★
212
enhance

동 높이다, 강화하다,
향상시키다

= improve

▶ **enhance** my health
나의 건강을 향상시키다

▶ **enhance** value
가치를 높이다

★
213
digestive

형 소화의

→ **digest** 동 소화하다

▶ **digestive** problems
소화 장애

★
214
organ

명 신체 기관,
오르간 (악기)

▶ digestive **organs**
소화 기관

▶ play the **organ**
오르간을 연주하다

★
215
immune

형 면역의, 면역성이 있는

▶ the **immune** system
면역 체계

▶ **immune** to a disease
병에 면역이 있는

★★★
216
artificial

형 인공의, 인위적인

▶ **artificial** snow
인공 눈

▶ an **artificial** satellite
인공위성

★★★ 교과서+고1 학력 평가 10회 이상 수록   ★★ 5~9회 수록   ★ 1~4회 수록

★ 217	**processed**	형 가공한 → **process** 동 가공하다	▶ **processed** foods 가공식품
★★★ 218	**contain**	동 ~이 들어 있다, ~을 포함하다	▶ **contain** diverse ingredients 다양한 재료가 들어 있다
★★ 219	**protein**	명 단백질	▶ **protein** drink 단백질 음료 ▶ essential **proteins** 필수 단백질
★★★ 220	**thirsty**	형 목이 마른, 갈증이 나는	▶ get **thirsty** 갈증이 나다

211 > 220

[**스토리**] 공부한 단어들을 하나의 스토리 안에서 확인해 보세요.

▶ Many nutritionists say that eating **nutritious** food can **enhance** our health. ▶ It's good for our **digestive organs** and helps strengthen our **immune** systems. ▶ Here are some ways to maintain a healthy diet: ▶ 1. Avoid **artificial** sweeteners and **processed** foods. ▶ 2. Regularly eat foods that **contain protein**, such as eggs and fish. ▶ 3. Drink enough water so that you don't get **thirsty**.

▶ 많은 영양학자들은 영양가가 높은 음식을 섭취하는 것이 우리의 건강을 향상시킬 수 있다고 말합니다. ▶ 이것은 우리의 소화 기관에 좋고, 우리의 면역 체계를 강화하는 데 도움을 줍니다. ▶ 여기 건강한 식습관을 유지하는 몇 가지 방법이 있습니다. ▶ 1. 인공 감미료와 가공식품을 피하세요. ▶ 2. 달걀과 생선처럼 단백질을 포함한 음식을 주기적으로 섭취하세요. ▶ 3. 여러분이 갈증이 나지 않도록 충분한 물을 섭취하세요.

MP3

★
221
checkup

| 명 건강 검진, 점검, 정밀 검사 | ▶ a regular **checkup** 정기 건강 검진 |

★
222
illness

| 명 질병, 질환, 아픔 | ▶ mental **illness** 정신 질환
▶ a long **illness** 오랜 질병(지병) |

★
223
sickness

| 명 아픔, 질병
= illness | ▶ travel **sickness** 멀미 |

★★
224
painful

| 형 (몸·마음이) 아픈, 고통스러운, 괴로운
→ pain 명 아픔 | ▶ a **painful** illness 고통스러운 질병
▶ a **painful** memory 괴로운 기억 |

★
225
cancer

| 명 암 | ▶ skin **cancer** 피부암 |

★★
226
treatment

| 명 치료, 대우
→ treat 동 치료하다 | ▶ medical **treatment** 의학적인 치료 |

★ 227	**suitable**	형 적절한, 알맞은, 적합한	▶ **suitable** treatment 적절한 치료 ▶ **suitable** for children 아이들에게 적합한
★ 228	**prescribe**	동 처방하다, 처방전을 쓰다	▶ **prescribe** medicine 약을 처방하다
★★ 229	**drug**	명 약물, 의약품	▶ a **drug** store 약국
★ 230	**surgery**	명 수술	▶ plastic **surgery** 성형 수술 ▶ perform **surgery** (의사가) 수술하다

221 > 230

[**스토리**] 공부한 단어들을 하나의 스토리 안에서 확인해 보세요.

▶ We see a doctor for many reasons, from regular **checkups** to even treating **painful illnesses** like **cancer**. ▶ Whatever **sickness** we have, the doctors will give us a **suitable treatment**. ▶ They can **prescribe drugs** and perform **surgeries**. ▶ What we need to do is follow their advice.

▶ 우리는 정기 건강 검진부터 심지어 암 같은 고통스러운 질병을 치료하는 것에 이르기까지 다양한 이유로 병원에 간다. ▶ 우리가 어떤 질병을 앓고 있든지 간에 의사들은 우리에게 적절한 치료를 할 것이다. ▶ 그들은 약을 처방할 수 있고, 수술을 할 수 있다. ▶ 우리가 해야 하는 것은 그들의 조언을 따르는 것이다.

★★★
231
disease

| 명 질환, 질병 | ▶ heart **disease** |
| = illness, sickness | 심장 질환 |

★★
232
collapse

동 쓰러지다, 붕괴되다	▶ **collapse** in the street
명 (건물의) 붕괴, 쓰러짐	길에서 쓰러지다
	▶ The bridge **collapsed**.
	다리가 붕괴되었다.

★★
233
immediate

형 즉각적인, 가장 가까운	▶ **immediate** reaction
	즉각적인 반응
	▶ **immediate** family
	직계 가족

★★
234
assistance

명 도움, 지원	▶ call 119 for **assistance**
= support	119에 도움을 요청하다
→ assist 동 돕다	

235
pulse

명 맥박, (강한) 리듬	▶ check for a **pulse**
동 맥박이 뛰다	맥박을 확인하다
	▶ a weak **pulse**
	약한 맥박

★★★
236
chest

명 가슴, 흉부, (나무로 만든) 상자	▶ press on the **chest**
	흉부를 (눌러) 압박하다
	▶ a jewel **chest**
	보석 상자

| 237 | **tilt** | 동 기울이다
명 기울어짐 | ▸ **tilt** the head
고개를 기울이다 |

| ***
238 | **breath** | 명 숨, 입김, 호흡
→ breathe 동 숨쉬다 | ▸ take a deep **breath**
깊은 숨을 들이쉬다
▸ rescue **breaths**
구조 호흡(인공 호흡) |

| ***
239 | **repeat** | 동 반복하다
명 반복 | ▸ **repeat** an error
실수를 반복하다
▸ Listen and **repeat**.
듣고, 따라 하세요. |

| **
240 | **procedure** | 명 절차, 순서
= process | ▸ a simple **procedure**
간단한 절차 |

231 > 240

[스토리] 공부한 단어들을 하나의 스토리 안에서 확인해 보세요.

▸ A heart attack can happen to anyone, even if they don't have heart **disease**. ▸ CPR can provide **immediate** medical support when a person **collapses** because of a heart attack. ▸ Before starting CPR, call 119 for **assistance**, and check for a **pulse**. ▸ Then start pushing down on the center of the **chest**. ▸ After pushing on the chest 30 times, **tilt** the person's head, and give short rescue **breaths**. ▸ **Repeat** the CPR **procedure** until the person starts breathing again.

▸ 심장 마비는 심장병을 앓고 있지 않아도 누구에게나 일어날 수 있습니다. ▸ CPR은 어떤 사람이 심장 마비로 쓰러졌을 때 즉각적인 의료 지원을 제공할 수 있습니다. ▸ CPR을 시작하기 전에 119에 도움을 요청하고 맥박을 확인하세요. ▸ 그런 다음, 흉부의 중앙을 누르기 시작하세요. ▸ 흉부를 30번 누르고 난 뒤 환자의 고개를 기울여 짧은 구조 호흡을 하세요. ▸ 그 사람이 다시 호흡을 시작할 때까지 CPR 절차를 반복하세요.

1. nutritious
2. enhance
3. digestive
4. organ
5. immune

6. artificial
7. processed
8. contain
9. protein
10. thirsty

11. checkup
12. illness
13. sickness
14. painful
15. cancer

16. treatment
17. suitable
18. prescribe
19. drug
20. surgery

21. disease
22. collapse
23. immediate
24. assistance
25. pulse

26. chest
27. tilt
28. breath
29. repeat
30. procedure

1. 영양가가 높은 ....
2. 높이다, 강화하다 ....
3. 소화의 ....
4. 신체 기관, 오르간 ....
5. 면역성이 있는 ....

6. 인공의, 인위적인 ....
7. 가공한 ....
8. ~이 들어 있다 ....
9. 단백질 ....
10. 목이 마른 ....

11. 건강 검진 ....
12. 질병 ....
13. 아픔 ....
14. 아픈, 괴로운 ....
15. 암 ....

16. 치료, 대우 ....
17. 적합한, 적절한 ....
18. 처방하다 ....
19. 약물, 의약품 ....
20. 수술 ....

21. 질환 ....
22. 쓰러지다, 붕괴 ....
23. 즉각적인 ....
24. 도움, 지원 ....
25. 맥박, 맥박이 뛰다 ....

26. 가슴, 흉부 ....
27. 기울이다 ....
28. 숨, 호흡 ....
29. 반복하다, 반복 ....
30. 절차, 순서 ....

★★★ 241 dear

형 (편지글에서) ~에게, 친애하는
감 (놀람, 충격 등에) 이런

▸ my **dear** friend
나의 친애하는 친구
▸ Oh, **dear**!
오, 이런!

★★★ 242 pleased

형 기쁜, 기뻐하는

▸ feel **pleased**
기뻐하다
▸ I'm **pleased** to see you.
나는 너를 봐서 기쁘다.

★ 243 invitation

명 초대, 초대장
→ invite 동 초대하다

▸ receive an **invitation**
초대를 받다

★★★ 244 celebration

명 기념[축하], 축하 행사
→ celebrate 동 축하하다

▸ a **celebration** dinner
축하 만찬

★★★ 245 address

명 주소, 연설
동 주소를 쓰다, 연설하다

▸ an e-mail **address**
이메일 주소
▸ **address** a crowd
군중에게 연설하다

★ 246 envelope

명 봉투

▸ open an **envelope**
봉투를 열다

★★★ 교과서+고1 학력 평가 10회 이상 수록　★★ 5~9회 수록　★ 1~4회 수록

★ 247	**beverage**	몡 음료	▶ provide **beverages** 음료를 제공하다
★★★ 248	**reply**	동 대답하다, 답장을 보내다 몡 답장, 답신	▶ get a **reply** 답장을 받다 ▶ wait for a **reply** 답장을 기다리다
★★★ 249	**permission**	몡 허락, 승인	▶ give **permission** 허락하다
★ 250	**drop by**	잠깐 들르다	▶ **Drop by** sometime. 언제 잠깐 들러.

241 > 250　　**[스토리]** 공부한 단어들을 하나의 스토리 안에서 확인해 보세요.

Dear Neighbors,

We're **pleased** to send you an **invitation** to the **celebration** of our new store opening. The party will be held at the **address** on the **envelope** this Saturday. Food and **beverages** will be provided. There's no need to **reply**. We also have **permission** to use the local parking lot, so feel free to **drop by**.

Sincerely,
Amy Lee, Owner - Lee's Flower Shop

이웃분들께,

여러분께 저희의 새로운 가게 개업 축하 행사 초대장을 보낼 수 있어 기쁩니다. 파티는 이번 주 토요일에 봉투에 적힌 주소에서 열릴 예정입니다. 음식과 음료가 제공될 것입니다. 답장하실 필요는 없습니다. 저희는 또한 지역 주차장을 사용해도 된다는 허가를 받았으니, 부담 없이 들러주세요.

Lee's 꽃집 주인,
Amy Lee 드림

편지글*

★★★
251 **client** | 명 의뢰인, 고객 | ▶ a long-time **client**
장기 고객

★
252 **subscribe** | 동 구독하다 | ▶ **subscribe** to a channel
채널을 구독하다

★
253 **membership** | 명 회원, 회원권 | ▶ **membership** fee
회원비
▶ pay for **membership**
회원권을 구매하다

★
254 **expire** | 동 만료되다, 끝나다 | ▶ My passport has **expired**.
내 여권은 만료되었다.

★
255 **renew** | 동 갱신하다, (낡은 것을) 새로 교체하다 | ▶ **renew** a contract
계약을 갱신하다

★★★
256 **annual** | 형 한 해의, 연례의, 연간의 | ▶ an **annual** event
연례 행사
▶ an **annual** membership
연간 회원

★★★ 교과서+고1 학력 평가 10회 이상 수록   ★★ 5~9회 수록   ★ 1~4회 수록

| ★★★ 257 | **standard** | 명 수준, 기준
형 일반적인, 표준의 | ▶ a high **standard**
높은 수준
▶ **standard** membership
일반 회원권 |

| ★ 258 | **upcoming** | 형 다가오는, 곧 있을 | ▶ an **upcoming** event
다가오는 행사 |

| ★★★ 259 | **respond** | 동 답장을 보내다, 대답하다, 대응하다
= reply | ▶ **respond** to a question
질문에 대답하다
▶ **respond** to changes
변화에 대응하다 |

| ★★★ 260 | **be supposed to** | ~하기로 예정되어 있다, ~할 의무가 있다 | ▶ What **am** I **supposed to** do?
나 뭐 하기로 했지? (나 뭐 해야 하지?) |

---

251 > 260   **[스토리]** 공부한 단어들을 하나의 스토리 안에서 확인해 보세요.

Dear **Client**,

Thank you for **subscribing** to our gym **membership**. Your membership **is supposed to expire** soon, but you can **renew** now and get a 20% discount on the **annual** membership. With the **standard** membership, you can take **upcoming** yoga lessons for free. If you have any questions, please **respond** to this email.

Yours sincerely,
Gym Membership Services

고객님께,

저희 체육관 회원권을 구독해 주셔서 감사합니다. 고객님의 회원권은 곧 만료될 예정이지만, 지금 갱신하면, 연간 회원권을 20% 할인받으실 수 있습니다. 일반 회원권으로 다가오는 요가 수업을 무료로 들으실 수 있습니다. 궁금한 점이 있으시다면, 이 이메일로 답신해주세요.

진심을 담아서,
체육관 회원 서비스팀

| ★★ 261 | **employee** | 명 종업원, 피고용인, 직원 | ▶ new **employees** 신입 직원 ▶ a part-time **employee** 시간제 종업원 |

| ★★★ 262 | **department** | 명 부서, 부처, 학과 | ▶ the Sales **Department** 영업 부서 |

| ★ 263 | **bulletin** | 명 고시, 공고, 짧은 뉴스 | ▶ a **bulletin** board (공고를 붙이는) 게시판 |

| ★★★ 264 | **attach** | 동 붙이다, 첨부하다 | ▶ **attach** a file 파일을 첨부하다 |

| ★★★ 265 | **survey** | 명 (설문) 조사 동 조사하다, 살피다 | ▶ do a **survey** 설문 조사를 하다 ▶ **survey** the surroundings 주위를 살피다 |

| ★★★ 266 | **response** | 명 답장, 회신, 반응 → respond 동 답장하다 | ▶ receive a **response** 답장을 받다 ▶ a positive **response** 긍정적인 반응 |

★★★ 교과서+고1 학력 평가 10회 이상 수록 ★★ 5~9회 수록 ★ 1~4회 수록

★★★ 267	**cooperation**	명 협력, 협동, 협조 → cooperate 동 협력하다	▸ peaceful **cooperation** 평화 협력
★★ 268	**on behalf of**	~을 대표하여, 대신하여	▸ **on behalf of** the students 학생들을 대표하여
★ 269	**fill out**	~을 작성하다, 채우다	▸ **fill out** a form 양식을 작성하다
★ 270	**best regards**	안부, (편지글에서) 안부를 전하며	▸ Give him my **best regards**. 그에게 안부 전해줘.

261 > 270 **[스토리]** 공부한 단어들을 하나의 스토리 안에서 확인해 보세요.

Dear **Employees**,

I'm writing **on behalf of** the Marketing **Department**. As you've seen on the **bulletin** board, we're looking for a new team member. Please **fill out** the **attached survey** if you're interested. We look forward to your **response**. Thank you for your **cooperation**.

Best regards,
Alex Kim
Marketing Manager

직원분들께,

마케팅 부서를 대표해 씁니다. 게시판에서 보셨듯이, 저희는 새로운 팀원을 찾고 있습니다. 관심이 있으시다면, 첨부한 설문 조사를 작성해 주세요. 답장을 고대합니다. 협조해 주셔서 감사합니다.

안부를 전하며,
Alex Kim
마케팅 매니저

[단어]–[뜻] 확인하기
다음 영어 단어에 맞는 우리말 뜻을 써 보세요.

1. dear ....
2. pleased ....
3. invitation ....
4. celebration ....
5. address ....

6. envelope ....
7. beverage ....
8. reply ....
9. permission ....
10. drop by ....

11. client ....
12. subscribe ....
13. membership ....
14. expire ....
15. renew ....

16. annual ....
17. standard ....
18. upcoming ....
19. respond ....
20. be supposed to ....

21. employee ....
22. department ....
23. bulletin ....
24. attach ....
25. survey ....

26. response ....
27. cooperation ....
28. on behalf of ....
29. fill out ....
30. best regards ....

[뜻]-[단어] 확인하기
다음 우리말 뜻에 맞는 영어 단어를 써 보세요.

1. ~에게, 친애하는 ....
2. 기쁜 ....
3. 초대 ....
4. 기념, 축하 행사 ....
5. 주소, 연설하다 ....

6. 봉투 ....
7. 음료 ....
8. 대답하다, 답장 ....
9. 허락, 승인 ....
10. 잠깐 들르다 ....

11. 의뢰인, 고객 ....
12. 구독하다 ....
13. 회원, 회원권 ....
14. 만료되다 ....
15. 갱신하다 ....

16. 연례의, 연간의 ....
17. 수준, 일반적인 ....
18. 다가오는 ....
19. 답장을 보내다, 대답하다 ....
20. ~하기로 예정되어 있다 ....

21. 종업원, 직원 ....
22. 부서, 학과 ....
23. 공고 ....
24. 붙이다, 첨부하다 ....
25. (설문) 조사, 살피다 ....

26. 답장, 반응 ....
27. 협력, 협조 ....
28. ~을 대표하여 ....
29. ~을 작성하다 ....
30. 안부를 전하며 ....

중학 내신 실전 문제 1

DAY 1~9에서 배운 단어로
중학교 내신 실전 문제를 풀어봐요.

정답 314쪽

---

1. 다음 단어들과 가장 관계가 있는 단어로 알맞은 것은?

• muscle   • fitness   • flexibility

① travel   ② grocery   ③ workout

④ stadium   ⑤ auditorium

---

2. 밑줄 친 단어와 반대되는 뜻을 가진 단어로 알맞은 것은?

Prepare the requirements before your **departure**.

① offer   ② delivery   ③ shipment

④ arrival   ⑤ terminal

---

3. 밑줄 친 단어와 비슷한 뜻을 가진 단어로 알맞은 것은?

To **accomplish** a goal, make specific plans.

① adjust   ② access   ③ trim

④ devote   ⑤ achieve

4. 빈칸에 공통으로 들어갈 말로 가장 알맞은 것은?

- a jewel _____ 보석 상자
- press on the _____ 흉부를 압박하다

---

① chest   ② pulse   ③ organ

④ parcel   ⑤ package

5. 동사의 기본형과 과거형이 잘못 짝 지어진 것은?

① spill : spilt   ② bend : bent   ③ relieve : relief

④ deal : dealt   ⑤ weave : wove

6. 짝 지어진 단어의 관계가 나머지와 다른 것은?

① bat : batter   ② far : farther

③ pitch : pitcher   ④ defend : defender

⑤ retail : retailer

7. 짝 지어진 단어의 관계가 나머지와 다른 것은?

① pack : unpack   ② secure : insecure

③ newborn : infant   ④ identical : different

⑤ advantage : disadvantage

8. 빈칸에 공통으로 들어갈 말로 알맞은 것은?

- Some people aim _____ be more independent.
- Your membership is supposed _____ expire soon.

① in ② to ③ for
④ into ⑤ about

9. 빈칸에 들어갈 말로 가장 알맞은 것은?

Please _____ the attached survey.

① lean on ② drop by ③ fill out
④ warm up ⑤ be willing to

10. 우리말에 맞게 빈칸에 들어갈 말이 순서대로 짝 지어진 것은?

내 셔츠는 완전히 깨끗하고, 얼룩이 없다.
My shirt is _____ and has no _____(e)s.

① spotless - stain ② speechless - stain
③ spotless - stitch ④ speechless - stitch
⑤ dramatic - stain

DAY
10 > 18

★★
271
fairy

명 (이야기 속) 요정
형 요정의, 상상의

▶ the Tooth **Fairy**
이빨 요정

★★
272
tale

명 이야기, 소설

▶ a fairy **tale**
꾸며낸 이야기(동화)

▶ folk **tales**
옛날이야기(전래 동화)

★★
273
imaginary

형 상상 속의, 가상의

▶ an **imaginary** world
상상 속 세계

▶ an **imaginary** person
가상의 인물

★
274
adventurous

형 모험심이 강한,
모험적인

▶ an **adventurous**
character
모험심이 강한 인물

★★
275
fellow

명 동료
형 동료의

▶ **fellow** students
동료 학생들(동창)

★★
276
magical

형 마법의, 황홀한

▶ **magical** powers
마법의 힘(마력)

★★★ **교과서+고1 학력 평가** 10회 이상 수록   ★★ 5~9회 수록   ★ 1~4회 수록

*** 277	**encounter**	동 마주치다, 직면하다, 맞서다 명 (우연한) 만남	▶ **encounter** difficulties 어려움에 직면하다 ▶ a first **encounter** 첫 번째 (우연한) 만남
*** 278	**courage**	명 용기, 용맹함	▶ lose **courage** 용기를 잃다
* 279	**defeat**	동 패배시키다(이기다), 물리치다 명 패배	▶ **defeat** evil things 사악한 것들을 물리치다 ▶ admit **defeat** 패배를 인정하다
* 280	**tragic**	형 비극적인, 비극의	▶ a **tragic** ending 비극적인 결말 ▶ a **tragic** accident 비극적인 사고

271 > 280

[**스토리**] 공부한 단어들을 하나의 스토리 안에서 확인해 보세요.

▶ **Fairy tales** are stories written for children. ▶ They are usually about **imaginary** worlds and **adventurous** characters. ▶ **Fellow** characters often appear, such as wizards with **magical** powers. ▶ In the middle of the story, the characters always **encounter** something evil and use their **courage** to **defeat** it. ▶ Generally, fairy tales do not have **tragic** endings.

▶ 동화는 아이들을 위해 쓰인 이야기이다. ▶ 그것들은 보통 상상 속 세계와 모험심이 강한 인물들에 관한 것이다. ▶ 마법의 힘을 가진 마법사와 같은 동료 캐릭터들이 종종 등장한다. ▶ 이야기의 중간에 등장인물들은 항상 사악한 것에 맞서고, 그것을 물리치기 위해 그들의 용기를 사용한다. ▶ 일반적으로 동화에는 비극적인 결말이 없다.

★★★ 281	**mythology**	명 신화 = myth	▸ Greek **mythology** 그리스 신화
★★ 282	**widespread**	형 널리 알려진, 광범위한	▸ a **widespread** story 널리 알려진 이야기 ▸ **widespread** use of computers 컴퓨터의 광범위한 사용
★ 283	**fictional**	형 허구의, 소설의 ↔ non-fictional	▸ a **fictional** story 허구의 이야기
★★ 284	**author**	명 작가 동 (책 등을) 쓰다, 저술하다	▸ a well-known **author** 유명한 작가 ▸ co-**author** a book 책을 공동 저술하다
★★ 285	**unknown**	형 알려지지 않은, 미지의 명 잘 알려지지 않은 사람(무명인)	▸ **unknown** heroes 알려지지 않은 영웅들 ▸ an **unknown** world 미지의 세계
★ 286	**verbally**	부 말로, 구두로	▸ promise **verbally** 구두로 약속하다

★★ 287	**romantic**	혱 낭만적인, 로맨틱한 몡 낭만적인 사람	▶ a **romantic** movie 낭만적인 영화
★ 288	**tragedy**	몡 비극, 비극적인 사건	▶ end in **tragedy** 비극으로 끝나다
★★★ 289	**deal with**	~을 다루다, ~에 대처하다	▶ **deal with** history 역사를 다루다 ▶ **deal with** dangers 위험에 대처하다
290	**pass along**	~을 전달하다, 널리 알리다	▶ **pass along** stories verbally 이야기를 구두로 전달하다

281 > 290

[**스토리**] 공부한 단어들을 하나의 스토리 안에서 확인해 보세요.

▶ **Mythology** is based on **widespread** stories about gods and heroes. ▶ Myths are mostly **fictional** and **deal with** early history. ▶ The **authors** are usually **unknown**. ▶ This is because the stories have been **passed along verbally**. ▶ Both fairy tales and myths can include **romantic** stories, but, unlike fairy tales, myths often end in **tragedy**.

▶ 신화는 신과 영웅에 대해 널리 알려진 이야기를 바탕으로 한다. ▶ 신화는 대부분 허구이고 초기의 역사를 다룬다. ▶ 작가들은 주로 알려져 있지 않다. ▶ 이것은 이야기들이 구두로 전달되어 왔기 때문이다. ▶ 동화와 신화는 모두 낭만적인 이야기를 담을 수 있지만, 신화는 동화와 다르게 종종 비극으로 끝난다.

★
291
biography

명 전기(일대기), 위인전

▶ read a **biography**
위인전을 읽다

▶ a short **biography**
짧은 일대기(약력)

★
292
autobiography

명 자서전

▶ write an **autobiography**
자서전을 쓰다

★★
293
lifetime

명 일생, 생애

▶ once in a **lifetime**
일생에 한 번

★★★
294
alive

형 살아 있는,
활기가 넘치는

↔ dead 형 죽은

▶ stay **alive**
(겨우) 살아 있다(연명하다)

▶ feel **alive**
활기가 넘치다

★★★
295
describe

동 서술하다, 묘사하다

▶ **describe** an event
사건을 묘사하다

★★★
296
significant

형 중요한

▶ a **significant** event
중요한 사건

▶ **significant** differences
중요한 차이

★ 297	**ambition**	몡 야망, 포부	▶ great **ambition** 원대한 포부 ▶ pursue **ambitions** 야망을 좇다
★★ 298	**struggle**	몡 투쟁, 힘든 일 동 싸우다, 고군분투하다	▶ power **struggle** 권력 투쟁 ▶ **struggle** with illness 질병과 싸우다
★★ 299	**achievement**	몡 성취, 업적 → achieve 동 성취하다	▶ a sense of **achievement** 성취감
★★★ 300	**inspire**	동 영감을 주다	▶ **inspire** readers 독자들에게 영감을 주다

291 > 300

[**스토리**] 공부한 단어들을 하나의 스토리 안에서 확인해 보세요.

▶ A **biography** is a story about the events of someone's **lifetime**. ▶ These stories can be about people who are dead or still **alive**. ▶ Some people write **autobiographies**, which are stories about their own lives. ▶ Both biographies and autobiographies are non-fictional, and they **describe significant** events. ▶ The stories tell us about a person's **ambitions**, **struggles**, and **achievements**. ▶ They also **inspire** readers.

▶ 전기는 어떤 사람의 일생의 사건에 관한 이야기이다. ▶ 이 이야기들은 죽은 사람에 관한 것일 수도 있고 혹은 아직 살아 있는 사람에 대한 것일 수도 있다. ▶ 어떤 사람들은 자서전을 쓰는데, 이것은 그들 자신의 삶에 대한 이야기이다. ▶ 전기와 자서전 모두 허구가 아니며, 그것들은 중요한 사건들을 서술한다. ▶ 그 이야기들은 우리에게 한 사람의 야망과 투쟁, 성취에 대해 말해준다. ▶ 그것들은 또한 독자들에게 영감을 준다.

1. fairy ....
2. tale ....
3. imaginary ....
4. adventurous ....
5. fellow ....

6. magical ....
7. encounter ....
8. courage ....
9. defeat ....
10. tragic ....

11. mythology ....
12. widespread ....
13. fictional ....
14. author ....
15. unknown ....

16. verbally ....
17. romantic ....
18. tragedy ....
19. deal with ....
20. pass along ....

21. biography ....
22. autobiography ....
23. lifetime ....
24. alive ....
25. describe ....

26. significant ....
27. ambition ....
28. struggle ....
29. achievement ....
30. inspire ....

1. 요정, 상상의 ....
2. 이야기 ....
3. 상상 속의, 가상의 ....
4. 모험심이 강한 ....
5. 동료, 동료의 ....

6. 마법의 ....
7. 맞서다, 만남 ....
8. 용기 ....
9. 물리치다, 패배 ....
10. 비극적인, 비극의 ....

11. 신화 ....
12. 널리 알려진 ....
13. 허구의, 소설의 ....
14. 작가 ....
15. 알려지지 않은, 미지의 ....

16. 말로, 구두로 ....
17. 낭만적인 ....
18. 비극 ....
19. ~을 다루다 ....
20. ~을 전달하다 ....

21. 전기, 위인전 ....
22. 자서전 ....
23. 일생, 생애 ....
24. 살아 있는 ....
25. 서술하다, 묘사하다 ....

26. 중요한 ....
27. 야망, 포부 ....
28. 투쟁, 싸우다 ....
29. 성취 ....
30. 영감을 주다 ....

★
301 **dwarf**

- 명 난쟁이
- 형 왜소한, 소형의
- 동 작아 보이게 만들다

▶ a **dwarf** planet
왜소 행성(왜행성)

▶ Snow White and the Seven **Dwarfs**
백설 공주와 일곱 난쟁이

★★
302 **voyage**

- 명 항해, 여행
- 동 (배로) 여행하다

▶ a long **voyage**
긴 항해

▶ Bon **voyage**!
좋은 여행 보내세요!

★
303 **sailor**

- 명 선원, 뱃사람

▶ a **sailor** suit
선원복

★
304 **sink**

sank - sunk

- 동 가라앉다, 침몰시키다
- 명 (부엌의) 싱크대

▶ The ship **sank**.
배가 가라앉았다.

★
305 **hollow**

- 형 움푹 팬, 공허한
- 명 움푹 꺼진 곳, 구멍
- 동 속이 비게 하다

▶ **hollow** cheeks
움푹 팬 볼

▶ a **hollow** feeling
공허한 감정

★★
306 **disturb**

- 동 방해하다, 불안하게 하다

▶ **disturb** one's sleep
수면을 방해하다

★★ 307	**confused**	형 혼란스러운, 헷갈리는 → confuse 동 혼란스럽게 하다	▶ I'm so **confused**! 나 너무 혼란스러워! ▶ **confused** about the rules 규칙이 헷갈리는
★ 308	**anxious**	형 불안한, 걱정하는	▶ an **anxious** voice 불안한 목소리
★★ 309	**empire**	명 왕국, 제국	▶ the Roman **Empire** 로마 제국
★ 310	**pass out**	의식을 잃다, 기절하다, (복사물 등을) 나눠주다	▶ **pass out** on stage 무대에서 의식을 잃다 ▶ **pass out** copies 복사한 것을 나눠주다

301 > 310

[**스토리**] 공부한 단어들을 하나의 스토리 안에서 확인해 보세요.

▶ In the middle of a **voyage**, a **sailor** met a huge storm. ▶ His ship **sank** into the deep ocean, and the sailor **passed out**. ▶ When he opened his **hollow** eyes, **dwarfs** were standing around watching him. ▶ One of the dwarfs said, "Oops, did we **disturb** you?" ▶ The sailor was **confused** and asked with an **anxious** voice, "Where am I?" ▶ The dwarf replied, "You are in the Dwarf **Empire**!"

▶ 항해 도중, 한 선원이 큰 태풍을 만났다. ▶ 그의 배는 깊은 바닷속으로 가라앉았고, 그 선원은 의식을 잃었다. ▶ 그가 움푹 팬 눈을 떴을 때, 난쟁이들이 그의 주위에 서서 그를 지켜보고 있었다. ▶ 난쟁이 중 한 명이 말했다. "어머, 저희가 방해했어요?" ▶ 선원은 혼란스러워하며 불안한 목소리로 물었다. "여기가 어디죠?" ▶ 난쟁이가 대답했다. "당신은 난쟁이 왕국에 있죠!"

★★★ 311	**maze**	명 미로	▶ escape a **maze** 미로를 탈출하다
★★ 312	**entrance**	명 입구, 입장, 입학	▶ an **entrance** exam 입학 시험 ▶ the main **entrance** 정문
★ 313	**hesitate**	동 망설이다, 주저하다	▶ Don't **hesitate**! 망설이지 마! ▶ **hesitate** to say 말하기를 망설이다
★★★ 314	**path**	명 길, 계획 = pathway	▶ a career **path** 진로 계획 ▶ choose the easy **path** 쉬운 길을 택하다
★★ 315	**complicated**	형 복잡한, 어려운	▶ **complicated** rules 복잡한 규칙
★★★ 316	**wander**	동 거닐다, 돌아다니다, 헤매다	▶ **wander** the park 공원을 거닐다

★★ 317	**broad**	형 (폭)넓은, 광대한 = wide ↔ narrow 형 좁은	▶ a **broad** street 넓은 길 ▶ a **broad** audience 폭넓은 관객
★★ 318	**fancy**	형 고급의, 화려한	▶ a **fancy** car 고급 차 ▶ a **fancy** dress 화려한 드레스
★★★ 319	**servant**	명 하인, 공무원	▶ a public **servant** 공무원
★★★ 320	**pass through**	~을 빠져나가다, 통과하다	▶ **pass through** the crowd 인파를 빠져나가다

311 > 320

[**스토리**] 공부한 단어들을 하나의 스토리 안에서 확인해 보세요.

▶ The dwarfs took the sailor to the **entrance** of a **maze**. ▶ He **hesitated** to step onto the **path**, but he had no other choice. ▶ He **passed through** the **complicated** paths between the high maze walls. ▶ As he **wandered** the **broad** maze, a **fancy** garden appeared. ▶ In the garden, a man was walking with his **servant**.

▶ 난쟁이들은 선원을 미로의 입구로 데려갔다. ▶ 그는 그 길에 들어서기를 망설였지만, 다른 선택의 여지가 없었다. ▶ 그는 높은 미로 벽 사이의 복잡한 길들을 빠져나갔다. ▶ 그가 넓은 미로를 헤매던 중 화려한 정원이 나타났다. ▶ 그 정원에는 한 남자가 그의 하인과 함께 걷고 있었다.

MP3

| ★★★ 321 | **riddle** | 명 수수께끼
동 수수께끼를 내다 | ▶ solve a **riddle**
수수께끼를 풀다 |

| ★ 322 | **noble** | 명 귀족
형 귀족의, 고귀한, 숭고한 | ▶ a **noble** family
귀족 가문
▶ my **noble** efforts
나의 숭고한 노력 |

| ★★ 323 | **aggressive** | 형 공격적인, 적극적인 | ▶ **aggressive** competition
공격적인 경쟁 |

| ★ 324 | **dare** | 동 감히 ~하다,
~할 용기를 내다 | ▶ How **dare** you!
네가 감히!
▶ **dare** to dream
꿈을 꿀 용기를 내다 |

| ★ 325 | **loyalty** | 명 충성(심), 충실함 | ▶ show **loyalty**
충성심을 보이다
▶ customer **loyalty**
고객 충성도 |

| ★ 326 | **emperor** | 명 황제 | ▶ the last **Emperor**
마지막 황제
▶ **emperor** penguin
황제 펭귄 |

★★★ **교과서＋고1 학력 평가** 10회 이상 수록   ★★ 5~9회 수록   ★ 1~4회 수록

** 327	**embarrassed**	형 당황스러운, 쑥스러운 → embarrass 동 당황스럽게 하다	▶ feel **embarrassed** 당황스럽다
** 328	**majesty**	명 폐하, 장엄함	▶ Yes, Your **Majesty**. 예, 폐하.
* 329	**odd**	형 이상한, 특이한, 홀수의 ↔ even 형 짝수의	▶ an **odd** question 이상한 질문 ▶ an **odd** number 홀수
* 330	**uncertain**	형 확신이 없는[불확실한], 자신 없는 ↔ certain	▶ **uncertain** of oneself 자신에 대해 확신이 없는 ▶ an **uncertain** future 불확실한 미래

321 > 330

[**스토리**] 공부한 단어들을 하나의 스토리 안에서 확인해 보세요.

▶ The man looked like a **noble**. ▶ Someone shouted with an **aggressive** voice, "How **dare** you! Show your **loyalty** to the **Emperor**!" ▶ The sailor was **embarrassed** but said calmly, "Your **Majesty**, I'm just lost." ▶ Then the Emperor said, "I see. I'll let you know the way out if you solve a **riddle**. ▶ It's an **odd** number. If you take away a letter, the number becomes even. What number is it?" ▶ The sailor was **uncertain** but said, "It's seven."

▶ 그 남자는 귀족처럼 보였다. ▶ 누군가 공격적인 목소리로 소리쳤다. "네가 감히! 황제께 충성을 보여라!" ▶ 선원은 당황했지만 침착하게 말했다. "폐하, 저는 단지 길을 잃었을 뿐입니다." ▶ 그러자 황제가 말했다. "그렇군. 네가 수수께끼를 풀면 출구를 알려주겠다. ▶ 이것은 홀수이다. 만약 네가 글자 하나를 빼면 이것은 짝수가 되지. 이 숫자는 무엇이냐?" ▶ 그 선원은 자신이 없었지만 대답했다. "그것은 숫자 7이옵니다."

1. dwarf ....

2. voyage ....

3. sailor ....

4. sink ....

5. hollow ....

6. disturb ....

7. confused ....

8. anxious ....

9. empire ....

10. pass out ....

11. maze ....

12. entrance ....

13. hesitate ....

14. path ....

15. complicated ....

16. wander ....

17. broad ....

18. fancy ....

19. servant ....

20. pass through ....

21. riddle ....

22. noble ....

23. aggressive ....

24. dare ....

25. loyalty ....

26. emperor ....

27. embarrassed ....

28. majesty ....

29. odd ....

30. uncertain ....

[뜻]-[단어] 확인하기
다음 우리말 뜻에 맞는 영어 단어를 써 보세요.

1. 난쟁이 ....
2. 항해 ....
3. 선원 ....
4. 가라앉다 ....
5. 움푹 팬, 공허한 ....

6. 방해하다 ....
7. 혼란스러운 ....
8. 불안한, 걱정하는 ....
9. 왕국, 제국 ....
10. 의식을 잃다, 나눠주다 ....

11. 미로 ....
12. 입구, 입학 ....
13. 망설이다 ....
14. 길, 계획 ....
15. 복잡한 ....

16. 거닐다, 헤매다 ....
17. 넓은, 광대한 ....
18. 고급의, 화려한 ....
19. 하인, 공무원 ....
20. ~을 빠져나가다 ....

21. 수수께끼 ....
22. 귀족, 숭고한 ....
23. 공격적인, 적극적인 ....
24. 감히 ~하다 ....
25. 충성(심) ....

26. 황제 ....
27. 당황스러운 ....
28. 폐하, 장엄함 ....
29. 이상한, 홀수의 ....
30. 확신이 없는, 자신 없는 ....

MP3

★★★
331 **detective** | 명 형사, 수사관, 탐정 | ▶ a private **detective**
사설 탐정
▶ a **detective** series
형사 시리즈(수사물)

★★
332 **laptop** | 명 노트북 (컴퓨터) | ▶ a **laptop** bag
노트북 가방

★
333 **episode** | 명 에피소드(1회 방송분), 사건 | ▶ a special **episode**
특집 에피소드

★★★
334 **official** | 형 공식적인
명 (고위) 공무원, 임원 | ▶ **official** records
공식적인 기록
▶ an **official** document
공식 문서

★
335 **trailer** | 명 예고편, (차로 끌고 다니는) 이동식 주택
→ trail 동 끌다 | ▶ an official **trailer**
공식 예고편

★★★
336 **release** | 동 풀어 주다, 내보내다, 공개하다
명 발표, 출시, 석방 | ▶ **release** a prisoner
죄수를 풀어 주다
▶ **release** a movie
영화를 개봉하다

★★★ **교과서+고1 학력 평가** 10회 이상 수록　★★ 5~9회 수록　★ 1~4회 수록

** 337	**previous**	형 이전의, 바로 앞의	▶ the **previous** year 바로 지난해 ▶ **previous** experience 이전의 경험
** 338	**subtitle**	명 자막, 부제목 동 자막을 달다	▶ Korean **subtitles** 한국어 자막 ▶ **subtitled** films 자막이 달린 영화
*** 339	**script**	명 대본, 글씨체 동 대본을 쓰다	▶ a movie **script** 영화 대본
* 340	**summary**	명 요약 형 간략한	▶ a **summary** video 요약 영상 ▶ a **summary** analysis 간략한 분석

331 > 340

[**스토리**] 공부한 단어들을 하나의 스토리 안에서 확인해 보세요.

▶ These days, watching a **detective** series on my **laptop** is what I like to do the most. ▶ I've finished watching all the **episodes**. ▶ An **official trailer** for the next season has just been **released**. ▶ I've watched the **previous** episodes so many times that now I can watch them without Korean **subtitles**. ▶ I can remember all the lines in the **script**. ▶ I'm thinking of making a **summary** video and uploading it online.

▶ 요즘 노트북으로 수사물을 보는 것이 내가 가장 하기 좋아하는 일이다. ▶ 나는 모든 에피소드를 다 봤다. ▶ 다음 시즌의 공식 예고편이 방금 막 공개됐다. ▶ 나는 이전 에피소드들을 아주 여러 번 봐서 이제는 한국어 자막 없이도 그것들을 볼 수 있다. ▶ 나는 대본의 모든 대사들을 기억할 수 있다. ▶ 나는 요약 영상을 만들어 온라인에 올리는 것을 생각 중이다.

341 ★ **fame**
명 명성
→ famous 형 유명한
▶ achieve worldwide **fame**
세계적인 명성을 얻다

342 ★★ **popularity**
명 인기
→ popular 형 인기 있는
▶ gain **popularity**
인기를 얻다
▶ the growing **popularity**
높아지는 인기

343 ★★ **cast**
cast - cast
동 던지다, (그림자를) 드리우다, 캐스팅하다
명 배역, 출연자, 깁스
▶ **cast** a net
그물을 던지다
▶ select a **cast**
배역을 선택하다

344 ★★★ **attractive**
형 매력적인, 마음을 끄는
→ attract 동 마음을 끌다
▶ an **attractive** offer
매력적인 제안

345 ★ **stunt**
명 곡예, 스턴트 (연기)
동 (성장을) 방해하다
▶ a **stunt** flying
곡예 비행
▶ a **stunt** performer
스턴트 배우

346 ★★ **celebrity**
명 유명인, 연예인, 명성
▶ become a **celebrity**
유명인이 되다

★★★ 교과서 + 고1 학력 평가 10회 이상 수록   ★★ 5~9회 수록   ★ 1~4회 수록

★ 347	**romance**	명 연애, 로맨스	▶ a **romance** novel 로맨스 소설

★★★ 348	**adapt**	동 적응하다, 각색하다 = **adjust** 동 적응하다	▶ **adapt** to a new environment 새로운 환경에 적응하다 ▶ **adapt** a novel for a film 소설을 영화로 각색하다

★ 349	**spoil** spoilt(spoiled) - spoilt(spoiled)	동 망치다, (줄거리를) 미리 알리다[스포하다]	▶ **spoil** the food 음식을 망치다 ▶ **spoil** the ending 결말을 스포하다

★ 350	**plot**	명 줄거리, 음모 동 음모를 꾸미다	▶ a dramatic **plot** 극적인 줄거리 ▶ **plot** a murder 살인 음모를 꾸미다

341 > 350

[**스토리**] 공부한 단어들을 하나의 스토리 안에서 확인해 보세요.

▶ The series I watched is a popular show, and the **cast** members enjoy **fame** and **popularity**. ▶ They are **attractive** and have a talent for doing **stunts**. ▶ They are all **celebrities** on social media. ▶ Yesterday, one actor posted about her new **romance** series, which has been **adapted** from a novel. ▶ She **spoiled** a bit of the **plot**, and I can't wait to see it.

▶ 내가 본 시리즈는 인기 있는 프로그램이고, 출연진들은 명성과 인기를 누리고 있다. ▶ 그들은 매력적이며 스턴트 연기를 하는 것에 소질이 있다. ▶ 그들은 모두 SNS에서 유명인이다. ▶ 어제 한 배우가 그녀의 새로운 로맨스 시리즈에 대한 글을 올렸는데, 그 시리즈는 소설을 각색한 것이다. ▶ 그녀는 줄거리 중 일부를 스포했고, 나는 그것을 보는 것이 너무 기다려진다.

★★★ 351	**content**	명 내용물, (책의) 목차, 콘텐츠	▶ online **content** 온라인 콘텐츠
★★★ 352	**widely**	부 널리, 폭넓게, 크게	▶ a **widely** used method 널리 사용되는 방법
★★ 353	**translation**	명 번역[통역], 번역문 → **translate** 동 번역하다	▶ a **translation** app 번역 어플
★ 354	**storage**	명 저장 (공간), 보관 → **store** 동 저장하다	▶ a **storage** room 저장고(창고) ▶ take up **storage** 저장 공간을 차지하다
★★ 355	**extensive**	형 (정보가) 광범위한, 대규모의, 긴	▶ **extensive** content 광범위한 콘텐츠 ▶ **extensive** bus routes 광범위한[광역] 버스 노선
356	**approachable**	형 접근 가능한, 이해하기 쉬운 = **accessible** → **approach** 동 접근하다	▶ easily **approachable** 쉽게 접근 가능한

357	**hilarious**	형 아주 웃긴, 유쾌한	▸ a **hilarious** video 아주 웃긴 영상 ▸ a **hilarious** joke 유쾌한 농담
★★ 358	**bond**	명 유대, 접착 동 유대감을 형성하다, 접착하다	▸ social **bonds** 사회적 유대 ▸ **bond** with the kids 아이들과 유대감을 형성하다
★ 359	**copyright**	명 저작권 형 저작권이 있는 동 저작권으로 보호하다	▸ **copyright** laws 저작권법 ▸ protect **copyright** 저작권을 보호하다
★★★ 360	**creation**	명 창작(물), 창조, 창출	▸ job **creation** 일자리 창출 ▸ **creation** of artwork 예술품 창작

351 > 360

[**스토리**] 공부한 단어들을 하나의 스토리 안에서 확인해 보세요.

▸ Online video **content** is **widely** watched these days. ▸ **Translations** are offered in many different languages, and the videos don't take up much **storage** space on our computers. ▸ This makes the **extensive** amount of content easily **approachable**. ▸ Sharing **hilarious** videos helps build a strong **bond** with others. ▸ However, we should all be aware of **copyright** laws when sharing such **creations**.

▸ 요즘 온라인 영상 콘텐츠가 널리 시청된다. ▸ 번역은 다양한 언어로 제공되고, 영상은 컴퓨터의 많은 저장 공간을 차지하지 않는다. ▸ 이것이 광범위한 양의 콘텐츠에 쉽게 접근할 수 있도록 만든다. ▸ 웃긴 영상들을 공유하는 것은 다른 사람들과 강한 유대를 형성하는 데 도움을 준다. ▸ 그러나 우리는 모두 그러한 창작물들을 공유할 때 저작권법에 유의해야 한다.

1. detective ....
2. laptop ....
3. episode ....
4. official ....
5. trailer ....

6. release ....
7. previous ....
8. subtitle ....
9. script ....
10. summary ....

11. fame ....
12. popularity ....
13. cast ....
14. attractive ....
15. stunt ....

16. celebrity ....
17. romance ....
18. adapt ....
19. spoil ....
20. plot ....

21. content ....
22. widely ....
23. translation ....
24. storage ....
25. extensive ....

26. approachable ....
27. hilarious ....
28. bond ....
29. copyright ....
30. creation ....

1. 형사, 탐정 ....
2. 노트북 (컴퓨터) ....
3. 에피소드, 사건 ....
4. 공식적인, 공무원 ....
5. 예고편, 이동식 주택 ....

6. 풀어 주다, 발표 ....
7. 이전의, 바로 앞의 ....
8. 자막, 부제목 ....
9. 대본 ....
10. 요약, 간략한 ....

11. 명성 ....
12. 인기 ....
13. 던지다, 배역 ....
14. 매력적인 ....
15. 곡예, 스턴트 ....

16. 유명인, 연예인 ....
17. 연애, 로맨스 ....
18. 적응하다, 각색하다 ....
19. 망치다, 스포하다 ....
20. 줄거리, 음모를 꾸미다 ....

21. 내용물, 콘텐츠 ....
22. 널리, 폭넓게 ....
23. 번역 ....
24. 저장 (공간), 보관 ....
25. 광범위한, 긴 ....

26. 접근 가능한 ....
27. 아주 웃긴 ....
28. 유대, 접착하다 ....
29. 저작권 ....
30. 창작(물), 창출 ....

MP3

★ 361	**masterpiece**	명 명작, 명곡	▸ a classical **masterpiece** 고전적인 명작[명곡]
★★ 362	**compose**	동 구성하다, 작곡하다	▸ **compose** music 음악을 작곡하다 ▸ **compose** a team 팀을 구성하다
★★★ 363	**orchestra**	명 오케스트라, 관현악단	▸ an **orchestra** concert 오케스트라 공연
★★★ 364	**harmony**	명 화음, 조화, 하모니	▸ perfect **harmony** 완벽한 조화[하모니] ▸ live in **harmony** 조화롭게 살다
★★★ 365	**instrument**	명 기구, 악기	▸ musical **instruments** 악기
★★★ 366	**grand**	형 웅장한, 위대한 명 천 달러[파운드]	▸ a **grand** mountain 웅장한 산 ▸ cost five **grand** 5천 달러의 비용이 들다

★★★ 교과서＋고1 학력 평가 10회 이상 수록   ★★ 5~9회 수록   ★ 1~4회 수록

367 ★★	**conductor**	몡 지휘자 → conduct 동 지휘하다	▸ an orchestra **conductor** 오케스트라 지휘자
368 ★★★	**direct**	혱 직접적인, 직행의 동 지휘하다, 총괄하다	▸ **direct** sunlight 직사광선 ▸ **direct** the music 음악을 지휘하다
369 ★★★	**string** strung - strung	몡 끈, 줄, 현(악기) 동 끈을 매다, 꿰다	▸ **string** instruments 현악기 ▸ cut a **string** 줄을 자르다
370 ★★	**tune**	몡 곡, 선율 동 (음을) 조율하다, (라디오·TV) 채널을 맞추다	▸ a familiar **tune** 익숙한 선율 ▸ Stay **tuned**! 채널 고정하세요!

361 > 370

[**스토리**] 공부한 단어들을 하나의 스토리 안에서 확인해 보세요.

▸ Many classical **masterpieces** were **composed** for **orchestra**. ▸ The orchestra makes **harmony** with diverse **instruments**. ▸ The sounds they make are **grand**. ▸ The orchestra is usually led by a **conductor** who **directs** the performance. ▸ And **string** instruments usually lead the **tune**.

▸ 많은 고전적인 명곡들은 오케스트라를 위해 작곡되었다. ▸ 오케스트라는 다양한 악기로 화음을 만든다. ▸ 그들이 만드는 소리는 웅장하다. ▸ 오케스트라는 보통 공연을 총괄하는 지휘자가 이끈다. ▸ 그리고 현악기가 대개 선율을 이끈다.

★ 371	**rhythmic**	형 리듬의, 리드미컬한, 율동적인	▶ a **rhythmic** beat 리드미컬한 박자 ▶ a **rhythmic** sense 리듬감
★★★ 372	**impress**	동 깊은 인상을 주다, 감명을 주다	▶ **impress** an audience 관객들에게 감명을 주다
★★ 373	**unexpected**	형 예기치 않은, 뜻밖의	▶ **unexpected** results 뜻밖의 결과 ▶ an **unexpected** visit 예기치 못한 방문
★★ 374	**melody**	명 선율, 멜로디	▶ write a **melody** 멜로디를 쓰다
375	**tempo**	명 속도, 박자, 템포	▶ up-**tempo** 빠른 템포 ▶ slow down the **tempo** 속도를 낮추다
★★ 376	**lively**	형 활기찬, 선명한	▶ **lively** colors 선명한 색상 ▶ a **lively** street 활기찬 거리

★★★ 교과서＋고1 학력 평가 10회 이상 수록　★★ 5~9회 수록　★ 1~4회 수록

★★★ 377	**constantly** 분 끊임없이	▶ **constantly** change 끊임없이 바뀌다
★ 378	**complexity** 명 복잡함, 복잡성 → complex 형 복잡한	▶ the **complexity** of life 삶의 복잡함
★ 379	**extraordinary** 형 평범하지 않은, 비범한, 임시의 ↔ ordinary	▶ an **extraordinary** ability 비범한 능력 ▶ an **extraordinary** meeting 임시 회의
★★★ 380	**combination** 명 조합	▶ a **combination** of flavors 맛의 조합

371 > 380

[**스토리**] 공부한 단어들을 하나의 스토리 안에서 확인해 보세요.

▶ Jazz is one of the most **rhythmic** genres of music. ▶ It **impresses** listeners with **unexpected** rhythms and **melodies**. ▶ The **tempo** can be very slow or fast and **lively**. ▶ The melody **constantly** changes. ▶ People enjoy its **complexity** and **extraordinary combination** of sounds.

▶ 재즈는 가장 리드미컬한 음악 장르 중 하나이다. ▶ 이것은 예기치 못한 리듬과 멜로디로 듣는 사람들에게 감명을 준다. ▶ 박자는 아주 느릴 수도 있고, 혹은 빠르고 활기찰 수도 있다. ▶ 멜로디는 끊임없이 변한다. ▶ 사람들은 이것의 복잡함과 평범하지 않은 소리의 조합을 즐긴다.

★★★ 381	**choir**	명 합창단, 성가대	▶ **choir** practice 합창 연습 ▶ a church **choir** 교회 성가대
★★ 382	**pitch**	명 음(높이), 정점, 투구 동 던지다, 음을 내다, 투구하다	▶ high **pitch** 높은 음 ▶ **pitch** a ball 공을 던지다
★ 383	**unite**	동 연합하다, 하나가 되다, 결합하다 ↔ separate 동 분리하다	▶ **unite** countries 국가들을 연합하다
★★★ 384	**musical**	형 음악의 명 뮤지컬	▶ **musical** notes 음표 ▶ a **musical** actor 뮤지컬 배우
★ 385	**rehearsal**	명 리허설, 예행연습, 반복	▶ a final **rehearsal** 최종 예행연습[리허설]
★ 386	**overwhelming**	형 압도적인 → overwhelm 동 압도하다	▶ an **overwhelming** victory 압도적인 승리

★★★ 387	**combine**	동 결합하다, 짜 맞추다	▶ **combine** the clues 단서를 짜 맞추다
★★ 388	**lyric**	명 (노래) 가사, 서정시 형 서정시의, 가사의	▶ write the **lyrics** 가사를 쓰다
★ 389	**anthem**	명 (의미 있는) 노래, 찬송가	▷ a national **anthem** 국가
390	**chant**	명 구호, 성가(곡) 동 구호를 외치다[연호하 다], 성가를 부르다	▷ a victory **chant** 승리 구호 ▷ **chant** a name 이름을 연호하다

381 > 390

[**스토리**] 공부한 단어들을 하나의 스토리 안에서 확인해 보세요.

▶ You may have heard songs performed by a **choir**. ▶ The vocals are layered from low to high **pitch**. ▶ The sounds are **united** in one **musical** performance, which requires many **rehearsals**. ▶ People are impressed by the **overwhelming** sounds **combined** with meaningful **lyrics**. ▶ This is why a choir often sings national **anthems** and **chants**.

▶ 당신은 합창단의 노래를 들어본 적이 있을 것이다. ▶ 목소리는 낮은 음부터 높은 음까지 쌓인다. ▶ 소리들은 하나의 음악 공연에서 합쳐지는데, 이것은 수많은 리허설이 필요하다. ▶ 사람들은 의미 있는 가사와 결합된 압도적인 소리에 감명받는다. ▶ 이것이 합창단이 종종 국가나 성가곡을 부르는 이유이다.

1. masterpiece ....

2. compose ....

3. orchestra ....

4. harmony ....

5. instrument ....

6. grand ....

7. conductor ....

8. direct ....

9. string ....

10. tune ....

11. rhythmic ....

12. impress ....

13. unexpected ....

14. melody ....

15. tempo ....

16. lively ....

17. constantly ....

18. complexity ....

19. extraordinary ....

20. combination ....

21. choir ....

22. pitch ....

23. unite ....

24. musical ....

25. rehearsal ....

26. overwhelming ....

27. combine ....

28. lyric ....

29. anthem ....

30. chant ....

[뜻]-[단어] 확인하기
다음 우리말 뜻에 맞는 영어 단어를 써 보세요.

1. 명작, 명곡 ....
2. 구성하다, 작곡하다 ....
3. 오케스트라 ....
4. 화음, 조화 ....
5. 기구, 악기 ....

6. 웅장한, 천 달러 ....
7. 지휘자 ....
8. 직접적인, 지휘하다 ....
9. 현(악기), 끈을 매다 ....
10. 선율, 채널을 맞추다 ....

11. 리듬의 ....
12. 감명을 주다 ....
13. 예기치 않은, 뜻밖의 ....
14. 선율, 멜로디 ....
15. 속도, 템포 ....

16. 활기찬, 선명한 ....
17. 끊임없이 ....
18. 복잡함 ....
19. 평범하지 않은 ....
20. 조합 ....

21. 합창단 ....
22. 음(높이), 투구하다 ....
23. 연합하다 ....
24. 음악의, 뮤지컬 ....
25. 리허설, 예행연습 ....

26. 압도적인 ....
27. 결합하다, 짜 맞추다 ....
28. 가사, 서정시의 ....
29. (의미 있는) 노래 ....
30. 구호, 성가를 부르다 ....

★★★ 391	**exhibition**	명 전시(회), 박람회, 시범	▶ an art **exhibition** 미술 전시회 ▶ an **exhibition** match 시범 경기
★★★ 392	**sculpture**	명 조각(품)	▶ a huge **sculpture** 거대한 조각
★★ 393	**admission**	명 입학, 가입, 입장(료)	▶ **admission** fees 입장료 ▶ university **admission** 대학 입학
★★★ 394	**guide**	명 안내(서), 안내자, 가이드 동 안내하다	▶ a tour **guide** 관광 안내자 ▶ an audio **guide** 오디오 가이드
★★★ 395	**available**	형 이용할 수 있는, 시간이 있는	▶ **available** energy 이용할 수 있는 에너지 ▶ I'm **available**. 나 시간 돼.
★★ 396	**collection**	명 수집(품), 수거, 컬렉션 → collect 동 수집하다	▶ garbage **collection** 쓰레기 수거 ▶ a **collection** of artwork 예술품 컬렉션

★★★ 397	**explanation**	명 설명, 해석, 해명 → explain 동 설명하다	▶ a scientific **explanation** 과학적 설명
★★ 398	**guideline**	명 지침, 가이드라인	▶ follow **guidelines** 지침을 따르다
★ 399	**enjoyable**	형 즐거운, 재미있는	▶ an **enjoyable** holiday 즐거운 휴일 ▶ an **enjoyable** story 재미있는 이야기
★ 400	**on display**	전시된, 진열된	▶ a pair of shoes **on display** 진열된 신발 한 켤레

391 > 400

[**스토리**] 공부한 단어들을 하나의 스토리 안에서 확인해 보세요.

▶ The Modern Art Gallery is opening a new **exhibition**. ▶ Paintings and **sculptures** by young artists will be **on display**. ▶ **Admission** is free, and audio **guides** are **available** on the app. ▶ Explore the **collection** with detailed **explanations**. ▶ Please follow our visitor **guidelines** to ensure an **enjoyable** visit for all.

▶ 현대 미술관이 새로운 전시를 개최합니다. ▶ 젊은 예술가들의 그림과 조각들이 전시될 예정입니다. ▶ 입장료는 무료이며, 오디오 가이드는 앱에서 이용할 수 있습니다. ▶ 상세한 설명과 함께 컬렉션을 관람하세요. ▶ 모두의 즐거운 방문을 위해 방문자 지침을 따라주세요.

★ 401	**outstanding**	혱 뛰어난, 눈에 띄는	▶ an **outstanding** player 뛰어난 선수
★★★ 402	**landscape**	몡 풍경, 풍경화 동 (꽃·나무를 심어) 조경하다	▶ seaside **landscapes** 바닷가 풍경 ▶ draw a **landscape** 풍경화를 그리다
★★ 403	**portrait**	몡 초상화, 인물 사진	▶ a self-**portrait** 자화상 ▶ a realistic **portrait** 사실적인 초상화
★★★ 404	**impressive**	혱 인상적인, 감명 깊은 → impress 동 감명을 주다	▶ an **impressive** performance 감명 깊은 연주
★★★ 405	**photograph**	몡 사진 동 ~의 사진을 찍다	▶ a family **photograph** 가족사진 ▶ **photograph** an event 행사 사진을 찍다
★★ 406	**description**	몡 설명(서), 묘사 → describe 동 설명하다	▶ a detailed **description** 상세한 설명

| ★★★ 407 | **figure** | 명 인물, (도표에서의) 수치
동 (수치를) 계산하다 | ▶ a public **figure**
공적인 인물(공인)
▶ a sales **figure**
판매 수치(매출액) |

| ★★ 408 | **illustrate** | 동 (상세히) 설명하다, (그림으로) 보여주다, 삽화를 그리다 | ▶ **illustrate** a point
요점을 설명하다
▶ **illustrate** a book
책에 삽화를 그리다 |

| ★★★ 409 | **appreciate** | 동 ~을 감상하다, 고마워하다 | ▶ **appreciate** a painting
그림을 감상하다
▶ I **appreciate** your help.
도와주셔서 감사합니다. |

| ★★★ 410 | **feature** | 명 특징, 기능
동 전시하다, 출연하다, ~을 특징으로 하다 | ▶ a key **feature**
주요 특징
▶ **feature** in a movie
영화에 출연하다 |

401 > 410

[**스토리**] 공부한 단어들을 하나의 스토리 안에서 확인해 보세요.

▶ I took a gallery tour and saw some **outstanding** works of art. ▶ The beautiful **landscapes** and realistic **portraits** were **impressive**. ▶ I thought some portraits were actual **photographs** before reading the **descriptions**. ▶ The descriptions explained who the **figures** were and what the artists wanted to **illustrate**. ▶ They helped me **appreciate** the paintings **featured** in the gallery.

▶ 나는 미술관 투어를 했고 몇몇 눈에 띄는 예술 작품들을 보았다. ▶ 아름다운 풍경화와 사실적인 초상화가 인상적이었다. ▶ 나는 설명을 읽기 전에는 몇몇 초상화가 실제 사진이라고 생각했다. ▶ 그 설명은 인물들이 누구였는지, 예술가가 보여주고 싶었던 것이 무엇이었는지 말해줬다. ▶ 그것들은 내가 갤러리에 전시된 그림들을 감상하는 데 도움을 주었다.

예술 (2)

MP3

★
411

abstract

- 형 추상적인
- 명 추상, (책의) 요약[초록]
- 동 (책을) 요약하다

▶ **abstract** paintings
추상화

▶ write an **abstract**
초록을 작성하다

★★★
412

imitate

- 동 모방하다, 흉내 내다

▶ **imitate** a voice
목소리를 흉내 내다

▶ **imitate** reality
현실을 모방하다

★
413

visually

- 부 시각적으로, 보기에

▶ **visually** impressive
보기에 인상적인

★
414

distort

- 동 왜곡하다,
  (모양을) 비틀다

▶ **distort** the truth
진실을 왜곡하다

★
415

inaccurate

- 형 부정확한, 오류가 있는
- ↔ accurate

▶ **inaccurate** information
부정확한 정보

★
416

vivid

- 형 생생한, 강렬한,
  선명한

▶ **vivid** memories
생생한 기억

▶ **vivid** colors
강렬한 색채

★★★ 417	**atmosphere**	명 대기, 공기, 분위기	▸ a unique **atmosphere** 독특한 분위기 ▸ the Earth's **atmosphere** 지구의 대기
★★★ 418	**creativity**	명 창의력, 창조력	▸ Use your **creativity**. 창의력을 활용하세요.
★ 419	**stand out**	눈에 띄다, 두드러지다	▸ **stand out** from the crowd 사람들 속에서 눈에 띄다
★ 420	**at a glance**	한눈에, 첫눈에	▸ recognize **at a glance** 한눈에 알아보다

411 > 420

[**스토리**] 공부한 단어들을 하나의 스토리 안에서 확인해 보세요.

▸ The **abstract** paintings **stood out** to me in the exhibition, too. ▸ I couldn't understand their meaning **at a glance** because abstract art doesn't **imitate** reality. ▸ Various objects were **visually distorted**, and the **inaccurate** shapes and **vivid** colors created a unique **atmosphere**. ▸ It was interesting to experience the **creativity** of artists.

▸ 전시회에서 추상화들도 나의 눈에 띄었다. ▸ 추상 미술은 현실을 모방하지 않기 때문에 나는 한눈에 그 의미를 이해할 수 없었다. ▸ 다양한 사물이 시각적으로 왜곡되어 있었고, 부정확한 모양과 강렬한 색채가 독특한 분위기를 자아냈다. ▸ 예술가들의 창의성을 경험하는 것은 흥미로웠다.

[단어]-[뜻] 확인하기
다음 영어 단어에 맞는 우리말 뜻을 써 보세요.

1. exhibition ....

2. sculpture ....

3. admission ....

4. guide ....

5. available ....

6. collection ....

7. explanation ....

8. guideline ....

9. enjoyable ....

10. on display ....

11. outstanding ....

12. landscape ....

13. portrait ....

14. impressive ....

15. photograph ....

16. description ....

17. figure ....

18. illustrate ....

19. appreciate ....

20. feature ....

21. abstract ....

22. imitate ....

23. visually ....

24. distort ....

25. inaccurate ....

26. vivid ....

27. atmosphere ....

28. creativity ....

29. stand out ....

30. at a glance ....

1. 전시(회), 시범 ....
2. 조각(품) ....
3. 입학, 입장(료) ....
4. 안내(서), 가이드 ....
5. 이용할 수 있는 ....

6. 수집(품), 컬렉션 ....
7. 설명, 해석 ....
8. 지침, 가이드라인 ....
9. 즐거운 ....
10. 전시된, 진열된 ....

11. 뛰어난, 눈에 띄는 ....
12. 풍경, 풍경화 ....
13. 초상화, 인물 사진 ....
14. 인상적인, 감명 깊은 ....
15. 사진, ~의 사진을 찍다 ....

16. 설명(서), 묘사 ....
17. 인물, (수치를) 계산하다 ....
18. (그림으로) 보여주다 ....
19. ~을 감상하다, 고마워하다 ....
20. 특징, 전시하다 ....

21. 추상적인, 요약 ....
22. 모방하다, 흉내 내다 ....
23. 시각적으로 ....
24. 왜곡하다 ....
25. 부정확한 ....

26. 생생한, 강렬한 ....
27. 대기, 분위기 ....
28. 창의력 ....
29. 눈에 띄다 ....
30. 한눈에 ....

★ 421	**religion**	몡 종교	▶ the freedom of **religion** 종교의 자유
★★ 422	**ethnic**	형 민족의, 인종의	▶ **ethnic** groups 민족 집단 ▶ **ethnic** cooking 민족 (전통) 요리
★★ 423	**border**	몡 국경, 테두리 동 (국경을) 접하다	▶ cross the **border** 국경을 넘다 ▶ defend the **borders** 국경을 수비하다
★★ 424	**ritual**	몡 의식 형 의례적인, 의식의	▶ perform a **ritual** 의식을 행하다
★ 425	**worship**	몡 숭배, 예배 동 숭배하다, 예배하다	▶ **worship** a god 신을 숭배하다
★★★ 426	**praise**	몡 칭찬, 찬양 동 칭찬하다, 찬양하다	▶ **praise** my child 내 아이를 칭찬하다 ▶ songs of **praise** 찬송가

★★★ 교과서 + 고1 학력 평가 10회 이상 수록　★★ 5~9회 수록　★ 1~4회 수록

★ 427	**faith**	몡 믿음, 신앙	▶ have strong **faith** 강한 믿음이 있다
★★★ 428	**relief**	몡 안심, 안도, 완화, 구원	▶ tax **relief** 세금 완화(공제) ▶ What a **relief**! 안심이야!
★ 429	**miracle**	몡 기적	▶ work a **miracle** 기적을 행하다
★ 430	**glory**	몡 영광, 명예	▶ regain one's old **glory** 과거의 영광을 되찾다

421 > 430

[**스토리**] 공부한 단어들을 하나의 스토리 안에서 확인해 보세요.

▶ There are more than 1,000 **religions** around the world. ▶ Religions usually vary depending on the **ethnic** group. ▶ They also can be divided by nations' **borders**. ▶ Religions have **rituals** and followers. ▶ The followers gather to **worship** and **praise** their gods. ▶ They have **faith**, and it brings **relief** to their daily lives. ▶ But some chase after **miracles** and **glory** after death.

▶ 세계에는 천 개 이상의 종교가 있다. ▶ 종교는 보통 민족 집단에 따라 다르다. ▶ 그것들은 또한 국경에 따라 나뉠 수 있다. ▶ 종교에는 의식과 신도들이 있다. ▶ 신도들은 그들의 신을 예배하고 찬양하기 위해 모인다. ▶ 그들은 믿음을 가지고 있고, 그것은 그들의 일상에 안도감을 준다. ▶ 하지만 어떤 사람들은 기적이나 사후의 영광을 좇기도 한다.

MP3

★★★ 431	**settle**	동 정착하다, 해결하다	▶ **settle** in a city 도시에 정착하다 ▶ **settle** an argument 논쟁을 해결하다
★ 432	**pray**	동 기도하다, 간절히 바라다	▶ **pray** for a friend 친구를 위해 기도하다
★ 433	**bless**	동 축복하다	▶ **bless** each other 서로를 축복하다
★★ 434	**silence**	명 고요, 침묵, 조용함 동 침묵시키다 감 (명령문에서) 정숙하다	▶ an awkward **silence** 어색한 침묵 ▶ **Silence** in court! 법정에서 정숙하세요!
★ 435	**priest**	명 (기독교의) 성직자	▶ Catholic **priests** 가톨릭 신부들[사제들]
436	**preach**	동 설교하다	▶ **preach** at church 교회에서 설교하다

★★★ **교과서+고1 학력 평가** 10회 이상 수록   ★★ 5~9회 수록   ★ 1~4회 수록

★ 437	**prayer**	명 기도(문) → **pray** 동 기도하다	▶ answer a **prayer** 기도에 응답하다
★ 438	**graceful**	형 우아한, 품위 있는, 은혜로운 → **grace** 명 우아함, 품위	▶ **graceful** behavior 품위 있는 행동
439	**holy**	형 신성한	▶ a **holy** site 신성한 장소 ▶ a **holy** ritual 신성한 의식
★ 440	**derive from**	~에서 유래하다	▶ **derive from** Christianity 기독교에서 유래하다

431 > 440

[**스토리**] 공부한 단어들을 하나의 스토리 안에서 확인해 보세요.

▶ Christmas, which is **derived from** Christianity, is celebrated worldwide. ▶ This means that Christianity has **settled** in many countries. ▶ Many followers gather every Sunday, **pray in silence**, and **bless** each other. ▶ The **priests preach** and lead the **prayers** in church. ▶ Christians believe it is a **graceful** and **holy** act to worship God.

▶ 기독교에서 유래된 크리스마스는 세계적으로 기념된다. ▶ 이것은 기독교가 많은 나라에 정착했다는 것을 의미한다. ▶ 많은 신도들이 일요일마다 모여 조용히 기도하고, 서로를 축복한다. ▶ 성직자들은 교회에서 설교하고 기도를 이끈다. ▶ 기독교인들은 이것이 신을 예배하는 은혜롭고 신성한 행동이라고 믿는다.

★★★ 441	**strict**	형 엄격한	▶ **strict** rules 엄격한 규칙
★ 442	**forbidden**	형 금지된 → forbid 동 금지하다	▶ **forbidden** to touch 만지는 것이 금지된 ▶ the **forbidden** word 금지어
★ 443	**taboo**	명 금기 (사항)	▶ break a **taboo** 금기 사항을 깨다 ▶ a cultural **taboo** 문화적 금기 사항
★ 444	**veil**	명 베일, 장막 동 가리다, 감추다 ↔ unveil 동 공개하다	▶ wear a **veil** 베일을 쓰다 ▶ **veil** the truth 진실을 감추다
★★ 445	**religious**	형 종교의, 신앙심이 깊은	▶ **religious** worship 종교 예배 ▶ **religious** diversity 종교적 다양성
★ 446	**conventional**	형 관습적인, 틀에 박힌, 전통적인	▶ a **conventional** answer 틀에 박힌 답변

★ 447	**faithful**	형 충실한, 믿음직한, 신앙심이 깊은 → faith 명 믿음	▶ a **faithful** servant 충실한 하인
★★★ 448	**decade**	명 10년	▶ for **decades** 수십 년 동안 ▶ in the last **decade** 지난 10년간
★ 449	**fate**	명 운명	▶ decide my **fate** 나의 운명을 결정하다
★★ 450	**deny**	동 부정하다, 거부하다	▶ **deny** rumors 소문을 부정하다

441 > 450

[스토리] 공부한 단어들을 하나의 스토리 안에서 확인해 보세요.

▶ Some religions have **strict** rules. ▶ Eating beef is **forbidden** in Hinduism, and drinking alcohol is **taboo** in Islam. ▶ Muslim women wear a **veil** over their hair for **religious** reasons. ▶ These are **conventional** rules, and **faithful** followers have kept these rules for many **decades**. ▶ Many still think following the rules is their **fate**, but some **deny** it.

▶ 어떤 종교들은 엄격한 규칙을 가지고 있다. ▶ 힌두교에서는 소고기를 먹는 것이 금지되어 있고, 이슬람교에서는 술을 마시는 것이 금기이다. ▶ 이슬람 여성들은 종교적인 이유로 그들의 머리카락을 가리는 베일을 쓴다. ▶ 이것들은 관습적인 규칙이며, 신앙심이 깊은 신도들이 수십 년 동안 그 규칙들을 지켜왔다. ▶ 많은 사람들은 여전히 규칙을 따르는 것이 그들의 운명이라고 생각하지만, 몇몇 사람들은 그것을 거부한다.

[단어]-[뜻] 확인하기
다음 영어 단어에 맞는 우리말 뜻을 써 보세요.

1. religion ....
2. ethnic ....
3. border ....
4. ritual ....
5. worship ....

6. praise ....
7. faith ....
8. relief ....
9. miracle ....
10. glory ....

11. settle ....
12. pray ....
13. bless ....
14. silence ....
15. priest ....

16. preach ....
17. prayer ....
18. graceful ....
19. holy ....
20. derive from ....

21. strict ....
22. forbidden ....
23. taboo ....
24. veil ....
25. religious ....

26. conventional ....
27. faithful ....
28. decade ....
29. fate ....
30. deny ....

[뜻]-[단어] 확인하기
다음 우리말 뜻에 맞는 영어 단어를 써 보세요.

1. 종교　　................................
2. 민족의, 인종의　　................................
3. 국경, 테두리　　................................
4. 의식, 의례적인　　................................
5. 숭배, 예배하다　　................................

6. 칭찬, 찬양하다　　................................
7. 믿음, 신앙　　................................
8. 안심, 완화　　................................
9. 기적　　................................
10. 영광, 명예　　................................

11. 정착하다, 해결하다　　................................
12. 기도하다　　................................
13. 축복하다　　................................
14. 고요, 정숙하다　　................................
15. 성직자　　................................

16. 설교하다　　................................
17. 기도(문)　　................................
18. 품위 있는, 은혜로운　　................................
19. 신성한　　................................
20. ~에서 유래하다　　................................

21. 엄격한　　................................
22. 금지된　　................................
23. 금기 (사항)　　................................
24. 베일, 가리다　　................................
25. 종교의　　................................

26. 관습적인, 틀에 박힌　　................................
27. 충실한, 신앙심이 깊은　　................................
28. 10년　　................................
29. 운명　　................................
30. 부정하다, 거부하다　　................................

MP3

★ **election**
451

명 선거, 당선

→ **elect** 동 선출하다

▶ **election** day
선거일

▶ a presidential **election**
대통령 선거

★★★ **occasion**
452

명 (특정한) 때, 경우, 행사

▶ a special **occasion**
특별한 행사

▶ dress for an **occasion**
상황에 맞게 옷을 입다

★★ **politics**
453

명 정치(학)

▶ clean **politics**
청렴한 정치

★ **candidate**
454

명 (선거의) 후보자, 지원자

▶ a suitable **candidate**
적합한 지원자

★★★ **campaign**
455

명 운동, 캠페인
동 캠페인을 벌이다

▶ run a **campaign**
캠페인을 하다

▶ an election **campaign**
선거 운동

★★ **promotion**
456

명 홍보, 승진

→ **promote** 동 홍보하다, 승진시키다

▶ get a **promotion**
승진하다

▶ a sales **promotion**
판매 홍보(판촉)

★★★ **교과서+고1 학력 평가** 10회 이상 수록　★★ 5~9회 수록　★ 1~4회 수록

★★★ 457	**poster**	명 벽보, 포스터	▶ a movie **poster** 영화 포스터
★★★ 458	**particular**	형 특정한 명 자세한 사실	▶ a **particular** error 특정한 오류
★★★ 459	**position**	명 위치, 지위, 자리, 입장[태도] 동 배치하다, 자리잡다	▶ a social **position** 사회적 지위 ▶ make my **position** clear 나의 입장을 분명히 하다
★ 460	**democracy**	명 민주주의	▶ free **democracy** 자유 민주주의

451 > 460

[스토리] 공부한 단어들을 하나의 스토리 안에서 확인해 보세요.

▶ **Elections** are one of the most important **occasions** in **politics**. ▶ The **candidates** each run election **campaigns** and make **posters** for **promotion**. ▶ Citizens vote to elect a **particular** candidate. ▶ And the candidate who has the most votes takes the **position**. ▶ This is how **democracy** works.

▶ 선거는 정치에서 가장 중요한 행사 중 하나이다. ▶ 후보자들은 각각 선거 운동을 펼치고 홍보를 위해 포스터를 만든다. ▶ 시민들은 특정한 후보를 선출하기 위해 투표한다. ▶ 그리고 가장 많은 표를 받은 후보자가 자리를 차지한다. ▶ 이것이 민주주의가 작용하는 방식이다.

★
461 **diplomacy**

명 외교

▸ international **diplomacy**
국제 외교

★
462 **negotiation**

명 협상, 협의, 절충

→ negotiate 동 협상하다

▸ under **negotiation**
협상 중인

▸ wage **negotiation**
임금 협상

★
463 **representative**

명 대표(자)

형 대표적인, 전형적인

→ represent 동 대표하다

▸ a class **representative**
반 대표

▸ a **representative** sample
대표적인 예시

★
464 **agenda**

명 안건, 의제

▸ set an **agenda**
안건을 정하다

★
465 **criticize**

동 비판하다, 비평하다

▸ **criticize** a decision
결정을 비판하다

★
466 **advocate**

동 지지하다, 옹호하다, 대변하다

명 지지자, 대변자

= support 동 지지하다

▸ **advocate** for an idea
생각을 지지하다

▸ a strong **advocate**
강력한 지지자

★★★ 교과서+고1 학력 평가 10회 이상 수록   ★★ 5~9회 수록   ★ 1~4회 수록

★★★ 467	**benefit**	명 혜택, 이득 동 이득을 보다, 효과를 보다	▶ offer **benefits** 혜택을 주다 ▶ **benefit** from a drug 약 효과를 보다
★★ 468	**political**	형 정치적인	▶ a **political** party 정당 ▶ gain **political** benefits 정치적 이득을 얻다
★ 469	**resolve**	동 해결하다, 결심하다 명 결심, 의지	▶ **resolve** a problem 문제를 해결하다 ▶ **resolve** to exercise 운동할 결심을 하다
★★ 470	**barrier**	명 장벽, 장애물	▶ break down a **barrier** 장애물을 허물다

461 > 470

[**스토리**] 공부한 단어들을 하나의 스토리 안에서 확인해 보세요.

▶ **Diplomacy** is a **negotiation** skill between nations. ▶ **Representatives** of both governments discuss international **agendas**. ▶ They **criticize** or **advocate** for each other to gain **political benefits**. ▶ Diplomacy is also used to **resolve** problems and break down **barriers** between countries.

▶ 외교는 국가 간의 협상 기술이다. ▶ 두 정부의 대표들이 국제적 안건에 대해 논의한다. ▶ 그들은 정치적인 이득을 얻기 위해 서로를 비판하거나 옹호한다. ▶ 외교는 또한 문제를 해결하여 국가 간의 장애물을 허물기 위해서도 사용된다.

★★★ **conflict**
471

圀 갈등, 대립, 충돌
됨 (의견 등이) 충돌하다, 대립하다

▶ resolve a **conflict**
갈등을 해결하다
▶ **conflict** with my parents
부모님과 (의견이) 대립하다

★ **invader**
472

圀 침입자, 침략자
→ invade 됨 침략하다

▶ defeat an **invader**
침략자를 물리치다

★ **colony**
473

圀 식민지, 집단 거주지

▶ build a **colony**
식민지를 세우다

★ **troop**
474

圀 병력, 군대, 떼
됨 떼를 지어 가다

▶ Korean **troops**
한국군

★ **military**
475

휑 군사의
圀 군인들

▶ **military** exercises
군사 훈련
▶ **military** assistance
군사 지원

★★★ **conduct**
476

됨 지휘하다, 행동하다, 수행하다
圀 수행

▶ **conduct** a survey
설문 조사를 수행하다
▶ **conduct** an orchestra
오케스트라를 지휘하다

** 477	**weapon**	몡 무기	▶ a powerful **weapon** 강력한 무기 ▶ chemical **weapons** 화학 무기
* 478	**nuclear**	혱 원자력의, 핵의	▶ **nuclear** power 원자력 ▶ a **nuclear** weapon 핵무기
* 479	**violence**	몡 폭력, 폭행	▶ an act of **violence** 폭력 행위
* 480	**hopeless**	혱 희망 없는, 절망적인 ↔ hopeful	▶ a **hopeless** war 희망 없는 전쟁

471 > 480

[**스토리**] 공부한 단어들을 하나의 스토리 안에서 확인해 보세요.

▶ The worst form of international **conflict** is war. ▶ There have been many wars fought due to **invaders** and conflicts over **colonies** throughout history. ▶ Almost all countries have **military troops** and **conduct** military exercises. ▶ Some countries also have **nuclear weapons**. ▶ However, no one wants **violence** or a **hopeless** war.

▶ 국제적 갈등의 최악의 형태는 전쟁이다. ▶ 역사를 통틀어서 침략자들과 식민지를 둘러싼 갈등으로 인해 일어난 많은 전쟁이 있었다. ▶ 거의 대부분의 국가가 군대를 가지고 있고, 군사 훈련을 수행한다. ▶ 어떤 국가들은 핵무기도 가지고 있다. ▶ 하지만 그 누구도 폭력과 희망 없는 전쟁을 원하지 않는다.

[단어]-[뜻] 확인하기
다음 영어 단어에 맞는 우리말 뜻을 써 보세요.

1. election ....
2. occasion ....
3. politics ....
4. candidate ....
5. campaign ....

6. promotion ....
7. poster ....
8. particular ....
9. position ....
10. democracy ....

11. diplomacy ....
12. negotiation ....
13. representative ....
14. agenda ....
15. criticize ....

16. advocate ....
17. benefit ....
18. political ....
19. resolve ....
20. barrier ....

21. conflict ....
22. invader ....
23. colony ....
24. troop ....
25. military ....

26. conduct ....
27. weapon ....
28. nuclear ....
29. violence ....
30. hopeless ....

[뜻]-[단어] 확인하기
다음 우리말 뜻에 맞는 영어 단어를 써 보세요.

1. 선거, 당선 ....
2. (특정한) 때, 행사 ....
3. 정치(학) ....
4. 후보자, 지원자 ....
5. 운동, 캠페인 ....

6. 홍보, 승진 ....
7. 벽보, 포스터 ....
8. 특정한 ....
9. 위치, 지위 ....
10. 민주주의 ....

11. 외교 ....
12. 협상, 협의 ....
13. 대표(자), 대표적인 ....
14. 안건, 의제 ....
15. 비판하다 ....

16. 옹호하다, 지지자 ....
17. 혜택, 이득을 보다 ....
18. 정치적인 ....
19. 해결하다 ....
20. 장벽, 장애물 ....

21. 갈등, 대립하다 ....
22. 침입자, 침략자 ....
23. 식민지 ....
24. 병력, 군대 ....
25. 군사의, 군인들 ....

26. 지휘하다, 수행하다 ....
27. 무기 ....
28. 원자력의, 핵의 ....
29. 폭력 ....
30. 희망 없는 ....

★★★ 481	**population**	명 인구	▶ the **population** of the world 세계 인구

★★ 482	**approximately**	부 거의, 약[대략]	▶ spend **approximately** $100 약 100달러를 쓰다

★★★ 483	**billion**	명 10억, 무수한 수 형 10억의, 무수한	▶ eight **billion** people 80억 명의 사람들 ▶ **billions** of stars 무수한 수의 별들

★★★ 484	**rate**	명 비율, 속도 동 평가하다, 등급을 매기다	▶ tax **rates** 세율 ▶ **rate** the café 3 stars 카페에 별점 3점을 매기다

★★★ 485	**birth**	명 출산, 탄생	▶ the **birth** rate 출생률

★★★ 486	**decrease**	동 감소하다, 줄이다 명 감소, 하락 = reduce 동 줄이다 ↔ increase	▶ **decrease** in value 가치가 하락하다 ▶ a **decrease** in population 인구 감소

★★★ 487	**average**	형 평균의 명 평균, 보통 동 평균을 내다	▶ on **average** 평균적으로 ▶ **average** price 평균 가격
★★★ 488	**influence**	명 영향(력) 동 ~에 영향을 미치다	▶ cultural **influences** 문화적 영향 ▶ **influence** society 사회에 영향을 미치다
★★★ 489	**youth**	명 어린 시절, 청춘, 청년	▶ in my **youth** 나의 어린 시절에
★★★ 490	**generation**	명 세대, 시대	▶ **generation** gaps 세대 차이 ▶ future **generations** 미래 세대

481 > 490

[스토리] 공부한 단어들을 하나의 스토리 안에서 확인해 보세요.

▶ **Approximately** 7.9 **billion** people live on Earth. ▶ The **population** is growing, but that doesn't mean the **birth rate** is increasing. ▶ The birth rate is actually **decreasing**, and the **average** age is going up. ▶ This **influences** our society. ▶ Both the **youth** and elders feel a huge **generation** gap between them.

▶ 약 79억 명의 사람들이 지구에 살고 있다. ▶ 인구는 증가하고 있지만, 그것이 출생률이 증가하고 있다는 것을 의미하지는 않는다. ▶ 사실 출생률은 감소하고 있고, 평균 연령은 높아지고 있다. ▶ 이것은 우리 사회에 영향을 미친다. ▶ 청년들과 노인들 모두 그들 사이의 큰 세대 차이를 느낀다.

★★ 491 **urban**	형 도시의	▸ **urban** areas 도시 지역
★ 492 **rural**	형 시골의, 지방의 ↔ urban	▸ a **rural** town 시골 동네
★★★ 493 **industrial**	형 산업의, 공업용의 → industry 명 산업	▸ **industrial** development 산업 발전 ▸ the **Industrial** Revolution 산업 혁명
★★★ 494 **affect**	동 ~에 영향을 미치다 = influence	▸ **affect** our lives 우리의 삶에 영향을 미치다 ▸ **affect** the answer 답변에 영향을 미치다
★★★ 495 **growth**	명 성장, 증가	▸ hair **growth** 모발 성장 ▸ population **growth** 인구 증가
★★★ 496 **opportunity**	명 기회 = chance	▸ a job **opportunity** 취업 기회 ▸ an **opportunity** to learn 배울 기회

★★★ 교과서+고1 학력 평가 10회 이상 수록   ★★ 5~9회 수록   ★ 1~4회 수록

★★★ 497 **resident**	몡 거주자[주민] 혱 거주하고 있는	▶ a **resident** of Seoul 서울 거주자
★★★ 498 **expand**	동 팽창하다, 늘어나다 [증가하다], 확대하다	▶ air **expands** 공기가 팽창하다 ▶ **expand** the business 사업을 확대하다
★★★ 499 **nearly**	부 거의 = almost	▶ **nearly** everyone 거의 모든 사람 ▶ **nearly** impossible 거의 불가능한
★ 500 **move into**	~로 이동하다, 이사하다	▶ **move into** cities 도시로 이동하다

491 > 500

[**스토리**] 공부한 단어들을 하나의 스토리 안에서 확인해 보세요.

▶ **Industrial** development **affects** population **growth** in **urban** areas. ▶ Many people leave **rural** areas and **move into** cities for job **opportunities**. ▶ The number of **residents** in cities keeps **expanding**. ▶ For example, Seoul has **nearly** 10 million residents.

▶ 산업 발전은 도시 지역의 인구 증가에 영향을 미친다. ▶ 많은 사람이 시골 지역을 떠나 취업 기회를 위해 도시로 이동한다. ▶ 도시 거주자 수는 계속 늘어나고 있다. ▶ 예컨대, 서울에는 거의 천만 명의 거주민이 있다.

| ★★★ 501 | **multi** | 형 다채로운, 여러 가지의 | ▶ **multi**-grain rice
잡곡밥
▶ a **multi**-vitamin
종합 비타민 |

| ★ 502 | **mono** | 형 단일의, 하나의
↔ multi | ▶ a **mono**-cultural society
단일 문화 사회 |

| 503 | **immigrate** | 동 이주하다, 이민하다 | ▶ **immigrate** to a different country
다른 나라로 이주하다 |

| ★ 504 | **immigrant** | 명 이민자 | ▶ an illegal **immigrant**
불법 이민자 |

| ★★ 505 | **circumstance** | 명 환경, 상황 | ▶ under any **circumstances**
어떤 상황에서도 |

| ★★★ 506 | **cultural** | 형 문화적인
→ culture 명 문화 | ▶ **cultural** differences
문화적 차이
▶ **cultural** heritage
문화 유산 |

★★★ **교과서+고1 학력 평가** 10회 이상 수록　★★ 5~9회 수록　★ 1~4회 수록

★★ 507	**boundary**	몡 경계 = border	▸ national **boundaries** 국경
★★ 508	**transfer**	동 바꾸다, 송금하다, 환승하다 몡 이동, 환승	▸ **transfer** money 돈을 송금하다 ▸ a **transfer** student 전학생
★★★ 509	**difference**	몡 차이, 다름, 변화 → different 혱 다른	▸ make a **difference** 변화를 일으키다
★ 510	**embrace**	동 포용하다, 수용하다, 받아들이다	▸ **embrace** differences 차이를 받아들이다

501 > 510

[**스토리**] 공부한 단어들을 하나의 스토리 안에서 확인해 보세요.

▸ Many people **immigrate** to new countries to find better **circumstances** to live in. ▸ As the number of **immigrants** grows, **cultural boundaries** weaken. ▸ Many societies are **transferring** from a **mono**-cultural society to a **multi**-cultural society. ▸ In multi-cultural communities, we need to **embrace** cultural **differences**.

▸ 많은 사람이 살기에 더 좋은 환경을 찾기 위해 새로운 나라로 이주한다. ▸ 이민자의 수가 늘어나면서 문화적 경계도 약해진다. ▸ 많은 사회가 단일 문화 사회에서 다문화 사회로 바뀌고 있다. ▸ 다문화 공동체에서 우리는 문화적 차이를 포용할 필요가 있다.

1. population ....

2. approximately ....

3. billion ....

4. rate ....

5. birth ....

6. decrease ....

7. average ....

8. influence ....

9. youth ....

10. generation ....

11. urban ....

12. rural ....

13. industrial ....

14. affect ....

15. growth ....

16. opportunity ....

17. resident ....

18. expand ....

19. nearly ....

20. move into ....

21. multi ....

22. mono ....

23. immigrate ....

24. immigrant ....

25. circumstance

26. cultural ....

27. boundary ....

28. transfer ....

29. difference ....

30. embrace ....

[뜻]-[단어] 확인하기
다음 우리말 뜻에 맞는 영어 단어를 써 보세요.

1. 인구 ....
2. 거의, 약 ....
3. 10억, 무수한 ....
4. 비율, 등급을 매기다 ....
5. 출산, 탄생 ....

6. 감소하다, 감소 ....
7. 평균의, 평균 ....
8. 영향(력), ~에 영향을 미치다 ....
9. 어린 시절, 청년 ....
10. 세대, 시대 ....

11. 도시의 ....
12. 시골의, 지방의 ....
13. 산업의 ....
14. ~에 영향을 미치다 ....
15. 성장, 증가 ....

16. 기회 ....
17. 거주자, 거주하고 있는 ....
18. 팽창하다, 늘어나다 ....
19. 거의 ....
20. ~로 이동하다 ....

21. 다채로운, 여러 가지의 ....
22. 단일의, 하나의 ....
23. 이주하다 ....
24. 이민자 ....
25. 환경, 상황 ....

26. 문화적인 ....
27. 경계 ....
28. 바꾸다, 환승 ....
29. 차이, 다름 ....
30. 포용하다, 받아들이다 ....

★★★ **511** **detail**
명 세부 사항
동 상세하게 알리다

▶ in **detail**
세부적으로(상세하게)

▶ refer to the **details**
세부 사항을 참고하다

★★★ **512** **below**
전 ~보다 아래에
부 아래에, 밑에, (기온이) 영하로

▶ five degrees **below** zero
영하 5도

★★★ **513** **participation**
명 참가, 참여
→ participate 동 참가하다

▶ **participation** fee
참가비

★★★ **514** **per**
전 ~당[마다]

▶ $80 **per** night
하룻밤에(1박에) 80달러

▶ one **per** person
한 사람당 하나

★★★ **515** **material**
명 재료, 소재
형 물질적인, 중요한

▶ art **materials**
미술 재료

▶ raw **materials**
원재료(원료)

★ **516** **certificate**
명 증명서, 수료증, 자격
동 자격증을 교부하다

▶ a birth **certificate**
출생 증명서

★★ 517	**registration**	명 등록, (출생 등의) 신고	▶ **registration** number 등록 번호
★ 518	**beforehand**	부 사전에, ~ 전에 미리	▶ three days **beforehand** 3일 전에 미리
★★★ 519	**further**	부 더 멀리 형 더 이상의, 추가의 동 발전시키다	▶ **further** information 추가 정보 ▶ **further** my career 나의 경력을 발전시키다
★★★ 520	**sign up**	등록하다, 참가하다, 가입하다	▶ **sign up** beforehand 미리 등록하다 ▶ **sign up** for a camp 캠프에 등록하다

511 > 520 **[스토리]** 공부한 단어들을 하나의 스토리 안에서 확인해 보세요.

\<Art Camp\>

The Summer Art Camp will be held from July 23rd to 25th. Please refer to the **details below**.

◆ **Participation** fee: $80 **per** student
  (includes art **materials** and **certificate**)

◆ **Registration**: Please **sign up beforehand** by e-mail.

※ For **further** information, please visit our website.

\<미술 캠프\>

여름 미술 캠프가 7월 23일부터 25일까지 열립니다. 아래 세부 사항을 참고해 주세요.

◆ 참가비: 한 학생당 80달러
  (미술 재료와 수료증 포함)

◆ 등록: 이메일로 사전에 등록해 주세요.

※ 추가 정보를 원하시면, 저희 웹사이트를 방문하세요.

★★★ **prize**
521

- 명 상, 경품
- 형 상을 받을 만한
- 동 소중하게 여기다
- = reward 명 상

▶ win a **prize**
상을 타다
▶ **prize** money
상금

★★★ **register**
522

- 동 등록하다, (수치·감정을) 나타내다
- 명 기록부, 등록기
- → registration 명 등록

▶ **register** for a class
수업에 등록하다
▶ a cash **register**
현금 등록기(계산대)

★ **applicant**
523

- 명 지원자
- → apply 동 지원하다

▶ a job **applicant**
취업 지원자

★★ **submit**
524

- 동 (서류 등을) 제출하다, 항복[굴복]하다

▶ **submit** a report
보고서를 제출하다

★★ **entry**
525

- 명 참가, 출품(작), 출입, 등장
- ↔ exit 명 출구

▶ No **entry**.
출입 금지
▶ an **entry** level worker
신입 사원

★★ **via**
526

- 전 (장소를) 거쳐, (사람·시스템을) 통해
- = through

▶ submit **via** e-mail
이메일을 통해 제출하다
▶ travel **via** London
런던을 경유해 여행하다

★★★ 교과서+고1 학력 평가 10회 이상 수록   ★★ 5~9회 수록   ★ 1~4회 수록

527 ★★	**deadline**	명 기한, 마감 시간	▶ meet a **deadline** 기한에 맞추다 ▶ a tight **deadline** 빡빡한 기한
528 ★	**submission**	명 (서류 등의) 제출, 항복 → **submit** 동 제출하다	▶ a **submission** deadline 제출 기한
529 ★★★	**inform**	동 알리다, 통지하다	▶ **inform** people about a matter 문제에 대해 사람들에게 알리다
530 ★★★	**check out**	확인하다, (책 등을) 대출받다, (호텔에서) 체크아웃하다	▶ **check out** a website 웹 사이트를 확인하다 ▶ **check out** from a hotel 호텔을 체크아웃하다

---

521 > 530 [스토리] 공부한 단어들을 하나의 스토리 안에서 확인해 보세요.

\<Singing Contest\>

Get a chance to sing on the air and win **prize** money!

How to **register**:
All **applicants** should record two songs and **submit** the audio files **via** e-mail. (Only one **entry** per person is accepted.) The **deadline** for **submission** is April 7th. Applicants will be **informed** of the results on the last day of May.

※ **Check out** our website for more information.

\<노래 대회\>

방송에서 노래하고 상금을 탈 기회를 잡으세요!

등록 방법:
모든 신청자는 두 곡을 녹음하고 이메일을 통해 오디오 파일을 제출해야 합니다. (한 사람당 하나의 출품작만 접수됩니다.) 제출 기한은 4월 7일입니다. 지원자들은 5월의 마지막 날에 결과를 통지받을 것입니다.

※ 자세한 내용은 저희 웹 사이트를 확인하세요.

안내문*

★★
531 **inconvenience**

명 불편
동 불편하게 하다
↔ convenience

▶ Sorry for the **inconvenience**.
불편을 드려 죄송합니다.

★
532 **renovation**

명 수리, 보수 공사

▶ home **renovation**
집 보수 공사

---

533 **unavailable**

형 이용할 수 없는, 시간이 없는
↔ available

▶ The Internet is **unavailable**.
인터넷을 이용할 수 없습니다.

★★
534 **alternative**

명 대안
형 대체 가능한

▶ an **alternative** solution
대안책

★
535 **exclude**

동 포함하지 않다, 제외하다, 배제하다
↔ include

▶ **exclude** the possibility
가능성을 배제하다

▶ **exclude** from a list
목록에서 제외하다

★★★
536 **notice**

명 안내문, 알림, 주목
동 ~을 의식하다, 주목하다

▶ a **notice** board
알림판

▶ **notice** differences
차이를 의식하다

★★★ 교과서+고1 학력 평가 10회 이상 수록   ★★ 5~9회 수록   ★ 1~4회 수록

★★ 537	**reservation**	몧 예약, 의구심, 거리낌 → reserve 통 예약하다	▶ make a **reservation** 예약하다 ▶ without **reservation** 거리낌 없이

★ 538	**enroll**	통 등록하다, 입학시키다 = register	▶ **enroll** in a class 수업을 등록하다

★★ 539	**accompany**	통 동반하다, 동행하다, (음악) 반주를 해주다	▶ heavy rain **accompanied** by thunder 천둥을 동반한 폭우

★ 540	**no later than**	늦어도 ~까지는	▶ **no later than** midnight 늦어도 자정까지는

531 > 540　　**[스토리]** 공부한 단어들을 하나의 스토리 안에서 확인해 보세요.

\<Welcome to the Museum>

We apologize for any **inconvenience** caused during the **renovations**. The museum tour is now **unavailable**, but we offer a free book-making activity as an **alternative**. (**excluding** admission fees.)

Notices:
- **Reservations** are required to participate.
  Please **enroll no later than** 7 days before your visit.

- Children must be **accompanied** by an adult.

\<박물관에 오신 것을 환영합니다>

보수 공사 중에 발생한 모든 불편 사항에 대해 사과드립니다. 박물관 투어는 현재 이용할 수 없지만, 대안으로 무료 책 만들기 활동을 제공합니다. (입장료 별도)

알림:
- 참가하기 위해서는 예약이 필요 합니다. 늦어도 방문 7일 전까지 는 등록해 주세요.

- 어린이는 반드시 어른을 동반해 야 합니다.

1. detail ....
2. below ....
3. participation ....
4. per ....
5. material ....

6. certificate ....
7. registration ....
8. beforehand ....
9. further ....
10. sign up ....

11. prize ....
12. register ....
13. applicant ....
14. submit ....
15. entry ....

16. via ....
17. deadline ....
18. submission ....
19. inform ....
20. check out ....

21. inconvenience ....
22. renovation ....
23. unavailable ....
24. alternative ....
25. exclude ....

26. notice ....
27. reservation ....
28. enroll ....
29. accompany ....
30. no later than ....

1. 세부 사항 ....
2. ~보다 아래에, 밑에 ....
3. 참가, 참여 ....
4. ~당[마다] ....
5. 재료, 물질적인 ....

6. 증명서, 수료증 ....
7. 등록 ....
8. 사전에 ....
9. 더 멀리, 더 이상의 ....
10. 등록하다 ....

11. 상, 경품 ....
12. 등록하다 ....
13. 지원자 ....
14. 제출하다 ....
15. 참가, 출품(작) ....

16. ~을 거쳐, ~을 통해 ....
17. 기한 ....
18. 제출 ....
19. 알리다 ....
20. 확인하다, 체크아웃하다 ....

21. 불편, 불편하게 하다 ....
22. 수리, 보수 공사 ....
23. 이용할 수 없는 ....
24. 대안, 대체 가능한 ....
25. 포함하지 않다, 제외하다 ....

26. 안내문, 주목하다 ....
27. 예약 ....
28. 등록하다 ....
29. 동반하다 ....
30. 늦어도 ~까지는 ....

중학 내신
실전 문제 2

DAY 10~18에서 배운 단어로
중학교 내신 실전 문제를 풀어봐요.

정답 314쪽

맞은 개수   / 10

1. 빈칸에 들어갈 말로 가장 알맞은 것은?

an **odd** number ↔ a(n) _____ number

① even   ② lively   ③ unknown
④ same   ⑤ extraordinary

2. 다음 단어들과 가장 관계가 있는 단어로 알맞은 것은?

• faith   • ritual   • prayer

① fame   ② riddle   ③ politics
④ religion   ⑤ exhibition

3. 빈칸에 들어갈 말로 가장 알맞은 것은?

Please _____ our website for more information.

① criticize   ② check out   ③ stand out
④ embrace   ⑤ derive from

4. 밑줄 친 단어와 비슷한 뜻을 가진 단어로 알맞은 것은?

> Please **enroll** no later than 7 days before your visit.

① rate　　　　　② veil　　　　　③ settle

④ register　　　⑤ conduct

5. 동사의 기본형과 과거형이 잘못 짝 지어진 것은?

① sink : sank　　② cast : casted　　③ spoil : spoilt

④ string : strung　⑤ release : released

6. 짝 지어진 단어의 관계가 나머지와 다른 것은?

① alive : dead　　　　　② broad : narrow

③ multi : mono　　　　　④ exclude : include

⑤ affect : influence

7. 짝 지어진 단어의 관계가 나머지와 다른 것은?

① guide : guideline　　　② submit : submission

③ collect : collection　　④ explain : explanation

⑤ describe : description

8. 빈칸에 공통으로 들어갈 말로 알맞은 것은?

> * _____ the paintings 그림을 감상하다
> * I _____ your help. 도와주셔서 감사합니다.

① praise   ② describe   ③ appreciate

④ conflict   ⑤ illustrate

9. 우리말에 맞게 빈칸에 들어갈 말이 순서대로 짝 지어진 것은?

> He passed _____. 그는 기절했다.
>
> I passed _____ the crowd. 나는 인파를 빠져나갔다.

① in - with   ② in - through   ③ in - along

④ out - with   ⑤ out - through

10. 빈칸에 들어갈 말이 순서대로 짝 지어진 것은?

> A _____ is a _____ story about gods and heroes.

① fairy tale - tragic   ② myth - fictional

③ fairy tale - non-fictional   ④ myth - non-fictional

⑤ biography - fictional

DAY
19 > 27

★ 541	**rob**	동 도둑질하다[털다], 강탈하다	▶ **rob** a bank 은행을 털다
★ 542	**suspicious**	형 의심스러운, 수상쩍은	▶ a **suspicious** person 의심스러운 사람
★★★ 543	**attack**	명 공격, (갑작스러운) 증상 동 공격하다	▶ a heart **attack** 심장 마비 ▶ **attack** a town 도시를 공격하다
544	**robbery**	명 강도 (사건)	▶ a bank **robbery** 은행 강도
★★ 545	**estimate**	명 추정(치) 동 추산[추정]하다	▶ **estimate** the tax 세금을 추산하다
★ 546	**victim**	명 피해자, 희생자	▶ the **victim** of a crime 범죄 피해자

★★★ 교과서 + 고1 학력 평가 10회 이상 수록   ★★ 5~9회 수록   ★ 1~4회 수록

★ 547	**incident**	명 사건 = event	▶ a shooting **incident** 총격 사건
★ 548	**horrible**	형 끔찍한, 소름 끼치는	▶ a **horrible** nightmare 끔찍한 악몽
★★ 549	**investigation**	명 수사, 조사 → investigate 동 수사하다	▶ a police **investigation** 경찰 수사 ▶ a special **investigation** team 특별 수사 팀
★ 550	**track down**	~을 찾아내다, 추적하다 = trace 동 추적하다	▶ **track down** a suspect 용의자를 찾아내다

541 > 550

[**스토리**] 공부한 단어들을 하나의 스토리 안에서 확인해 보세요.

▶ Last night, a local bank was **robbed**. ▶ Two **suspicious** men **attacked** the bank, and four people were injured. ▶ The amount of money taken in the **robbery** is **estimated** to be 200 million won in cash. ▶ The **victims** of the **incident** said that it was a **horrible** experience. ▶ Police have set up a special **investigation** team to **track down** the suspects.

▶ 어젯밤, 지역 은행이 강도를 당했다. ▶ 두 명의 수상한 남자들이 은행을 공격했고, 네 명이 다쳤다. ▶ 강도 피해 금액은 현금 2억 원으로 추산된다. ▶ 사건의 피해자들은 그것이 끔찍한 경험이었다고 말했다. ▶ 경찰은 용의자들을 찾아내기 위해 특별 수사 팀을 꾸렸다.

MP3

★
551
violate

동 (법을) 위반하다,
(사생활을) 침해하다

▶ **violate** the law
법을 위반하다

▶ **violate** an actor's
privacy
배우의 사생활을 침해하다

★
552
accidental

형 우연한, 돌발적인

→ accident 명 우연, 사고

▶ an **accidental** death
돌연사

★
553
accuse

동 혐의를 제기하다,
고발하다

▶ **accuse** him of a crime
그에게 범죄 혐의를 제기하다

★
554
protest

명 시위, (반대) 운동,
항의

동 항의하다, 주장하다

▶ a peaceful **protest**
평화 시위

★
555
innocent

형 무죄인, 무고한,
순진한

↔ guilty 형 유죄의

▶ an **innocent** child
순진한 아이

▶ an **innocent** victim
무고한 희생자

★★★
556
doubt

명 의심, 의혹

동 의심하다

▶ raise **doubts**
의혹을 제기하다

▶ have no **doubt**
의심의 여지가 없다[확실하다]

★★★ **교과서+고1 학력 평가** 10회 이상 수록   ★★ 5~9회 수록   ★ 1~4회 수록

★ 557	**investigative**	형 조사의, 수사의	▸ an **investigative** officer 조사관 ▸ an **investigative** report 수사 보고서
★ 558	**conceal**	동 감추다, 숨기다	▸ **conceal** evidence 증거를 숨기다 ▸ **conceal** a mistake 실수를 감추다
★★★ 559	**assume**	동 추정하다, ~인 척하다	▸ **assume** that he is a criminal 그가 범죄자라고 추정하다
★★★ 560	**be involved in**	~에 개입되다, 관계되다	▸ **be involved in** an incident 사건에 연루되다

551 > 560

[**스토리**] 공부한 단어들을 하나의 스토리 안에서 확인해 보세요.

▸ A black car was caught **violating** a traffic law not far from the crime scene. ▸ The police did not believe this was **accidental**. ▸ They stopped the car and **accused** the men inside of robbing the bank. ▸ The men **protested** that they were **innocent**, but the police **doubted** them. ▸ Meanwhile, **investigative** officers discovered an attempt to **conceal** evidence at the bank. ▸ They **assumed** that a bank employee **was involved in** the incident.

▸ 검은색 승용차 한 대가 범죄 현장에서 멀지 않은 곳에서 교통 법규를 위반해 붙잡혔다. ▸ 경찰은 이것이 우연이라고 생각하지 않았다. ▸ 그들은 차를 멈춰 세우고, 차 안의 남성들에게 은행 강도 혐의를 제기했다. ▸ 남성들은 그들이 결백하다고 주장했으나, 경찰은 그들을 의심했다. ▸ 한편, 조사관은 은행에서 증거를 숨기려는 시도를 발견했다. ▸ 그들은 은행 직원이 사건에 연루되었다고 추정했다.

★★★ 561	**demonstrate**	동 입증하다, 보여주다, 시위에 참여하다	▶ **demonstrate** my ability 나의 능력을 보여주다
★ 562	**confess**	동 (죄를) 자백하다, (잘못을) 고백하다	▶ **confess** to stealing 절도를 자백하다
★★ 563	**commit**	동 (범죄를) 저지르다, (역할에) 충실하다	▶ **commit** a crime 범죄를 저지르다 ▶ **commit** to a role 역할에 충실하다
★ 564	**intention**	명 의도, 목적 → intend 동 의도하다	▶ have no **intention** 의도가 없다 ▶ with good **intentions** 좋은 의도로
★★ 565	**admit**	동 (범행을) 인정[시인] 하다, 받아들이다	▶ **admit** my mistake 나의 실수를 인정하다 ▶ **admit** guilt 죄를 시인하다
★ 566	**deceive**	동 속이다, 기만하다 = cheat	▶ **deceive** consumers 소비자를 속이다

567	**conscience**	명 양심	▶ a guilty **conscience** 양심의 가책
568	**sue**	동 고소하다, 소송을 제기하다	▶ **sue** a company 회사를 고소하다
★★ 569	**trial**	명 재판, 시도, 시련	▶ win a **trial** 재판에서 이기다 ▶ **trial** and error 시행착오
★★ 570	**punish**	동 처벌하다	▶ **punish** a criminal 범죄자를 처벌하다

561 › 570

[**스토리**] 공부한 단어들을 하나의 스토리 안에서 확인해 보세요.

▶ The police found evidence **demonstrating** who was responsible for the crime. ▶ The suspects **confessed** that they had **committed** the bank robbery. ▶ They stated, "We had no **intentions** of harming anyone." ▶ After further investigation, the bank employee **admitted** that she had **deceived** the bank. ▶ She said, "I had a guilty **conscience** about the robbery." ▶ The bank has since **sued** the employee. ▶ She will be sent to **trial** and **punished** for her crimes.

▶ 경찰은 누가 범죄에 책임이 있는지 입증하는 증거를 찾았다. ▶ 용의자들은 그들이 은행 강도를 저질렀다고 자백했다. ▶ 그들은 "우리는 누구도 다치게 할 의도가 없었어요."라고 진술했다. ▶ 추가 조사 후에 은행 직원은 그녀가 은행을 속였다고 인정했다. ▶ 그녀는 "저는 절도에 대해 양심의 가책을 느꼈습니다"라고 말했다. ▶ 은행은 그 후 직원을 고소했다. ▶ 그녀는 재판에 보내져 그녀의 범죄에 대해 처벌받을 것이다.

[단어]-[뜻] 확인하기
다음 영어 단어에 맞는 우리말 뜻을 써 보세요.

1. rob ....

2. suspicious ....

3. attack ....

4. robbery ....

5. estimate ....

6. victim ....

7. incident ....

8. horrible ....

9. investigation ....

10. track down ....

11. violate ....

12. accidental ....

13. accuse ....

14. protest ....

15. innocent ....

16. doubt ....

17. investigative ....

18. conceal ....

19. assume ....

20. be involved in ....

21. demonstrate ....

22. confess ....

23. commit ....

24. intention ....

25. admit ....

26. deceive ....

27. conscience ....

28. sue ....

29. trial ....

30. punish ....

1. 도둑질하다 ....
2. 의심스러운 ....
3. 공격, 공격하다 ....
4. 강도 (사건) ....
5. 추정(치), 추산하다 ....

6. 피해자, 희생자 ....
7. 사건 ....
8. 끔찍한 ....
9. 수사, 조사 ....
10. ~을 찾아내다 ....

11. (법을) 위반하다 ....
12. 우연한 ....
13. 혐의를 제기하다 ....
14. 시위, 항의하다 ....
15. 무죄인, 무고한 ....

16. 의심, 의심하다 ....
17. 조사의, 수사의 ....
18. 감추다, 숨기다 ....
19. 추정하다 ....
20. ~에 개입되다, 관계되다 ....

21. 입증하다, 보여주다 ....
22. (죄를) 자백하다 ....
23. (범죄를) 저지르다 ....
24. 의도 ....
25. (범행을) 인정하다 ....

26. 속이다, 기만하다 ....
27. 양심 ....
28. 고소하다 ....
29. 재판, 시도 ....
30. 처벌하다 ....

봉사 지역봉사 재능기부 해외봉사
571 > 580

MP3

★
571
welfare

명 복지

▶ social **welfare**
사회 복지

▶ a **welfare** center
복지관

★★
572
charity

명 자선 (단체)

▶ a **charity** shop
자선 가게

★
573
homeless

형 노숙자의

▶ a **homeless** person
노숙자

★
574
poverty

명 가난, 빈곤

▶ suffer from **poverty**
가난으로부터 고통받다

★
575
supportive

형 지원하는, 지지하는

→ **support** 동 지원하다

▶ a **supportive** friend
(나를) 지지하는 친구

★★★
576
donate

동 기부하다, 기증하다

▶ **donate** money
돈을 기부하다

▶ **donate** unwanted items
사용하지 않는 물품을 기부하다

★★★ 교과서 + 고1 학력 평가 10회 이상 수록   ★★ 5~9회 수록   ★ 1~4회 수록

★★ 577	**donation**	몡 기부, 기증	▸ a blood **donation** 혈액 기부(헌혈) ▸ require a **donation** 기부를 필요로 하다
★★ 578	**sustainable**	혱 지속 가능한, 유지 가능한 → **sustain** 됭 지속시키다	▸ develop **sustainable** energy 지속 가능한 에너지를 개발하다
★ 579	**second-hand**	혱 중고의, 간접적인 븐 중고로	▸ a **second-hand** car 중고차 ▸ buy a book **second-hand** 책을 중고로 사다
★★ 580	**spend on**	~에 (돈을) 쓰다, 투자하다	▸ **spend on** clothes 옷에 돈을 쓰다

571 > 580

[스토리] 공부한 단어들을 하나의 스토리 안에서 확인해 보세요.

▸ The community **welfare** center is opening a **charity** shop. ▸ All profits will be **spent on** food for the **homeless** and people suffering from **poverty**. ▸ Please be **supportive** by **donating** any unwanted items and purchasing **second-hand** goods. ▸ Your **donations** and purchases will help make a **sustainable** community.

▸ 지역 복지관이 자선 가게를 엽니다. ▸ 모든 수익금은 노숙자들과 가난으로부터 고통받는 사람들을 위한 음식에 쓰일 것입니다. ▸ 사용하지 않는 어떤 물품이든 기부하고 중고 물품을 구매함으로써 지원해주세요. ▸ 여러분의 기부와 구매는 지속 가능한 지역 사회를 만드는 데 도움을 줄 것입니다.

★★★
581 **project**

몡 프로젝트, 과제

▶ a group **project**
조별 과제

★
582 **hardship**

몡 어려움, 고난

▶ face **hardship**
어려움에 직면하다

▶ overcome **hardship**
고난을 이겨내다

★★
583 **obtain**

동 얻다, 구하다

▶ **obtain** advice
조언을 얻다

▶ **obtain** an opportunity
기회를 얻다

★★
584 **educate**

동 교육하다, 가르치다

= teach

▶ get **educated**
교육을 받다

★
585 **recruit**

동 모집하다, 뽑다
몡 신입

▶ **recruit** volunteers
자원봉사자들을 모집하다

▶ a new **recruit**
새로운 신입 사원(회원)

★★★
586 **lack**

몡 부족, 결핍
동 부족하다

▶ a **lack** of sleep
수면 부족

▶ **lack** confidence
자신감이 부족하다

★ 587	**voluntarily**	凰 자발적으로, 자진해서	▶ work **voluntarily** 자발적으로 일하다
★ 588	**mentee**	명 멘티(도움을 받는 사람) ↔ mentor 명 조언자, 멘토	▶ a mentor-**mentee** relationship 멘토와 멘티 관계
★★★ 589	**gain**	동 얻다 명 이익 = obtain 동 얻다	▶ **gain** weight 몸무게가 늘다 ▶ No pain, no **gain**. 고통이 없다면, 얻는 것도 없다.
★★★ 590	**meaningful**	형 의미 있는	▶ a **meaningful** life 의미 있는 삶

581 > 590

[**스토리**] 공부한 단어들을 하나의 스토리 안에서 확인해 보세요.

▶ I joined the Art Mentoring **Project**. ▶ The project supports students who face **hardship** in getting an art education. ▶ Through this project, students can **obtain** the opportunity to be **educated** in art. ▶ The project **recruits** volunteers and sends them to wherever there is a **lack** of art teachers. ▶ I am teaching art **voluntarily**, and I have five **mentees**. ▶ I'm happy to **gain meaningful** experience by sharing my talent with others.

▶ 나는 예술 멘토링 프로젝트에 참여했다. ▶ 이 프로젝트는 예술 교육을 받는 데 있어 어려움에 직면한 학생들을 지원한다. ▶ 이 프로젝트를 통해서 학생들은 예술 교육을 받을 기회를 얻을 수 있다. ▶ 이 프로젝트는 자원봉사자들을 모집해 예술 교사가 부족한 곳이면 어디든지 그들을 보낸다. ▶ 나는 자발적으로 미술을 가르치고 있고, 5명의 멘티가 있다. ▶ 나는 나의 재능을 다른 사람들과 나눔으로써 의미 있는 경험을 얻게 되어 기쁘다.

| ★ 591 | **unforgettable** | 형 잊지 못할 | ▶ **unforgettable** memories 잊지 못할 추억 |

| ★ 592 | **needy** | 형 어려운, 궁핍한 | ▶ help the **needy** 어려운 사람들을 도와주다 |

| ★ 593 | **undergo** underwent - undergone | 동 겪다 = go through | ▶ **undergo** surgery 수술을 겪다 ▶ **undergo** hardship 어려움을 겪다 |

| ★★ 594 | **shortage** | 명 부족, 결핍 | ▶ a water **shortage** 물 부족 |

| ★★ 595 | **infection** | 명 감염, 전염병 → infect 동 감염시키다 | ▶ prevent **infections** 감염을 막다 |

| ★ 596 | **warmly** | 부 따뜻하게 | ▶ dress **warmly** 따뜻하게 입다 ▶ greet people **warmly** 사람들을 따뜻하게 맞이하다 |

★★★ 교과서+고1 학력 평가 10회 이상 수록   ★★ 5~9회 수록   ★ 1~4회 수록

** 597	**distribute**	동 나누어 주다, 분배하다	▶ **distribute** free coupons 무료 쿠폰을 나누어 주다
*** 598	**filter**	명 필터, 여과 장치 동 거르다, 여과하다	▶ an air **filter** 공기 필터 ▶ **filter** dirty water 더러운 물을 거르다
*** 599	**grateful**	형 고마워하는, 감사하는	▶ feel **grateful** 감사하다
*** 600	**ordinary**	형 보통의, 평범한 ↔ extraordinary	▶ an **ordinary** person 평범한 사람

591 > 600

[**스토리**] 공부한 단어들을 하나의 스토리 안에서 확인해 보세요.

▶ I had an **unforgettable** experience this summer. ▶ I volunteered abroad and helped the **needy**. ▶ They were **undergoing** a **shortage** of clean water. ▶ I was surprised to see that many children had **infections** from viruses caused by dirty water. ▶ The people **warmly** welcomed the volunteers, and we **distributed** water **filters**. ▶ I feel **grateful** that having clean water is **ordinary** in my daily life.

▶ 이번 여름에 나는 잊을 수 없는 경험을 했다. ▶ 나는 해외 봉사를 했고, 어려운 사람들을 도왔다. ▶ 그들은 깨끗한 물의 부족을 겪고 있었다. ▶ 나는 많은 아이들이 더러운 물 때문에 바이러스에 감염되었다는 것을 알고 놀랐다. ▶ 사람들은 자원봉사자들을 따뜻하게 맞이해줬고, 우리는 정수 필터를 나누어 주었다. ▶ 나는 나의 일상에 깨끗한 물이 있다는 것이 평범한 일이라는 것에 감사했다.

1. welfare ....

2. charity ....

3. homeless ....

4. poverty ....

5. supportive ....

6. donate ....

7. donation ....

8. sustainable ....

9. second-hand ....

10. spend on ....

11. project ....

12. hardship ....

13. obtain ....

14. educate ....

15. recruit ....

16. lack ....

17. voluntarily ....

18. mentee ....

19. gain ....

20. meaningful ....

21. unforgettable ....

22. needy ....

23. undergo ....

24. shortage ....

25. infection ....

26. warmly ....

27. distribute ....

28. filter ....

29. grateful ....

30. ordinary ....

1. 복지 ....
2. 자선 (단체) ....
3. 노숙자의 ....
4. 가난 ....
5. 지원하는, 지지하는 ....

6. 기부하다 ....
7. 기부, 기증 ....
8. 지속 가능한 ....
9. 중고의, 간접적인 ....
10. ~에 (돈을) 쓰다 ....

11. 프로젝트, 과제 ....
12. 어려움 ....
13. 얻다, 구하다 ....
14. 교육하다 ....
15. 모집하다, 신입 ....

16. 부족, 부족하다 ....
17. 자발적으로 ....
18. 멘티 ....
19. 얻다, 이익 ....
20. 의미 있는 ....

21. 잊지 못할 ....
22. 어려운, 궁핍한 ....
23. 겪다 ....
24. 부족, 결핍 ....
25. 감염 ....

26. 따뜻하게 ....
27. 나누어 주다 ....
28. 필터, 거르다 ....
29. 고마워하는 ....
30. 보통의, 평범한 ....

MP3

★★★
601 **freedom**

명 자유

▶ enjoy **freedom**
자유를 만끽하다

▶ the **freedom** of expression
표현의 자유

★
602 **deserve**

동 ~을 받을 만하다, ~할 자격이 있다

▶ **deserve** respect
존경을 받을 만하다

▶ **deserve** an apology
사과를 받을 만하다

★
603 **justice**

명 정의, 공정성

▶ fight for **justice**
정의를 위해 싸우다

★
604 **liberty**

명 자유, 해방

= freedom

▶ the Statue of **Liberty**
자유의 여신상

★★★
605 **responsibility**

명 책임(감)

→ responsible
형 책임이 있는

▶ share **responsibility**
책임을 나누다

★
606 **permit**

동 허용하다, 허락하다
명 허가(증)

= allow 동 허용하다

▶ a parking **permit**
주차 허가증

▶ I am **permitted** to take a photo.
사진 촬영을 허락받았어.

★★ 607	**status**	명 신분, 지위, 상황	▸ social **status** 사회적 지위 ▸ shipping **status** 배송 상황
★★★ 608	**slave**	명 노예 동 노예처럼 일하다	▸ free a **slave** 노예를 해방시키다
★★ 609	**barely**	부 간신히, 빠듯하게, 거의 ~ 아니게	▸ **barely** escape 간신히 도망치다
★★ 610	**take for granted**	당연한 일로 여기다	▸ **take** freedom **for granted** 자유를 당연한 것으로 여기다

601 > 610

[**스토리**] 공부한 단어들을 하나의 스토리 안에서 확인해 보세요.

▸ **Freedom** is a right that everyone **deserves**. ▸ Many people fought for **justice** and **liberty**, and all of us have the **responsibility** to protect our rights. ▸ Some people may **take** freedom **for granted**. ▸ However, it wasn't **permitted** to people of all **statuses** in the past. ▸ There were **slaves** who had no freedom, and women **barely** had any rights at all.

▸ 자유는 모두가 누릴 자격이 있는 권리입니다. ▸ 많은 사람들이 정의와 자유를 위해 싸웠고, 우리 모두는 우리의 권리를 지켜야 하는 책임을 가지고 있습니다. ▸ 어떤 사람들은 자유를 당연한 것으로 여길지도 모릅니다. ▸ 하지만, 과거에는 모든 지위의 사람들에게 이것이 허락되지 않았습니다. ▸ 자유가 없는 노예들이 있었고, 여성들은 그 어떤 권리도 거의 갖지 못했습니다.

★ 611 **equality**

명 평등

→ **equal** 형 평등한

▶ **equality** of opportunity
기회의 평등

★★ 612 **fairly**

부 상당히, 꽤, 공정하게

▶ **fairly** close
꽤 가까운

▶ treat **fairly**
공정하게 대하다

★★★ 613 **gender**

명 성, 성별

▶ **gender** equality
성 평등

★ 614 **racial**

형 인종의, 민족의

→ **race** 명 인종

▶ **racial** identity
민족 정체성

▶ **racial** differences
인종의 차이

★★★ 615 **disability**

명 장애

▶ reading **disability**
독서 장애(난독증)

★★★ 616 **blind**

형 시각 장애의, 눈이 먼
동 눈이 멀게 만들다
명 블라인드

▶ a color-**blind** person
색맹인 사람

▶ a **blind** audition
블라인드 오디션

★★★ 617	**obstacle**	몡 장애물	▶ face **obstacles** 장애물에 맞서다
★★★ 618	**ensure**	동 보장하다, 반드시 ~하게 하다 = guarantee	▶ **ensure** my success 나의 성공을 보장하다
★★★ 619	**independence**	몡 독립(성), 자립 ↔ dependence	▶ achieve **independence** 독립을 성취하다 ▶ complete **independence** 완벽한 독립
★★ 620	**regardless of**	~에 상관없이	▶ **regardless of** age 나이에 상관없이

611 > 620

[**스토리**] 공부한 단어들을 하나의 스토리 안에서 확인해 보세요.

▶ **Equality** is not about just treating people **fairly**. ▶ Equality means everyone can be the same **regardless of gender**, **racial** differences, or **disabilities**. ▶ Think about **blind** people walking with a cane, scanning their path for **obstacles** and marks on the road. ▶ The marks, mostly yellow and bumpy, **ensure** blind people's equality and **independence** in walking.

▶ 평등은 단지 사람들을 공정하게 대하는 것에 관한 것이 아닙니다. ▶ 평등은 모든 사람이 성별, 인종 차이, 혹은 장애와 상관없이 같아질 수 있는 것을 의미합니다. ▶ 시각 장애를 가진 사람이 지팡이를 짚고 걸어 다니며, 길 위의 장애물과 표시들을 살피려고 그들의 길을 훑는 것을 생각해 보세요. ▶ 대부분 노랗고 울퉁불퉁한 그 표시들은 걷기에 있어서 시각 장애인들의 평등과 독립성을 보장합니다.

MP3

★ 621	**ethical**	형 윤리적인, 도덕적인	▶ **ethical** issues 윤리적 문제
★★★ 622	**individual**	형 각각의, 개인의 명 개인	▶ **individual** freedom 개인의 자유 ▶ a group of **individuals** 개인으로 구성된 집단
★★ 623	**awareness**	명 의식, 인식 → **aware** 　형 ~을 의식하고 있는	▶ raise **awareness** 의식을 높이다 ▶ public **awareness** 대중의 인식
★ 624	**ethics**	명 윤리, 도덕	▶ social **ethics** 사회적 윤리
★ 625	**respectful**	형 존경심을 보이는, 예의 바른 ↔ disrespectful	▶ **respectful** behavior 예의 바른 행동
★★★ 626	**attitude**	명 태도, 자세	▶ a positive **attitude** 긍정적인 태도

★★ 627	**kindness**	명 친절함, 다정함	▶ an act of **kindness** 친절한 행동
★★ 628	**yield**	동 산출하다, 양보하다 명 수확량, (총) 수익	▶ **yield** my seat 내 자리를 양보하다 ▶ a ten percent **yield** 10%의 수익
★★★ 629	**manner**	명 방식, 예절, 매너	▶ table **manners** 식사 예절 ▶ in an ethical **manner** 윤리적인 방식으로
★ 630	**consist of**	~으로 구성되다	▶ **consist of** individuals 개인들로 구성되다

621 > 630

[**스토리**] 공부한 단어들을 하나의 스토리 안에서 확인해 보세요.

▶ What makes an **ethical** society? ▶ It all depends on the **individuals** that a society **consists of**. ▶ Having the **awareness** that everyone is different is key to social **ethics**. ▶ We should treat others with a **respectful attitude** and show **kindness**. ▶ Have you ever **yielded** your seat to an elderly person or a pregnant woman? ▶ If so, you already behave in an ethical **manner**.

▶ 무엇이 윤리적인 사회를 만들까요? ▶ 그것은 모두 사회를 구성하고 있는 개인들에게 달렸습니다. ▶ 모두가 다르다는 것을 인식하는 것이 사회적 윤리의 핵심입니다. ▶ 우리는 다른 사람을 예의 바른 태도로 대하고 친절함을 보여야 합니다. ▶ 당신은 노인이나 임산부에게 당신의 자리를 양보한 적이 있나요? ▶ 그렇다면, 당신은 이미 윤리적인 방식으로 행동하고 있는 것입니다.

1. freedom
2. deserve
3. justice
4. liberty
5. responsibility

6. permit
7. status
8. slave
9. barely
10. take for granted

11. equality
12. fairly
13. gender
14. racial
15. disability

16. blind
17. obstacle
18. ensure
19. independence
20. regardless of

21. ethical
22. individual
23. awareness
24. ethics
25. respectful

26. attitude
27. kindness
28. yield
29. manner
30. consist of

1. 자유 ....

2. ~을 받을 만하다 ....

3. 정의, 공정성 ....

4. 자유, 해방 ....

5. 책임(감) ....

6. 허용하다, 허가(증) ....

7. 신분, 지위 ....

8. 노예 ....

9. 간신히, 거의 ~ 아니게 ....

10. 당연한 일로 여기다 ....

11. 평등 ....

12. 상당히, 공정하게 ....

13. 성, 성별 ....

14. 인종의, 민족의 ....

15. 장애 ....

16. 시각 장애의 ....

17. 장애물 ....

18. 보장하다 ....

19. 독립(성) ....

20. ~에 상관없이 ....

21. 윤리적인 ....

22. 개인의, 개인 ....

23. 의식, 인식 ....

24. 윤리, 도덕 ....

25. 존경심을 보이는 ....

26. 태도, 자세 ....

27. 친절함 ....

28. 양보하다, (총) 수익 ....

29. 방식, 예절 ....

30. ~으로 구성되다 ....

★★ 631	**persuade**	동 설득하다, 납득시키다	▶ **persuade** others 다른 사람을 설득하다
★★★ 632	**emotion**	명 감정, 기분 = feeling	▶ manage **emotions** 감정을 조절하다 ▶ express **emotions** 감정을 표현하다
★★ 633	**logic**	명 논리, 이론	▶ interesting **logic** 흥미로운 논리
★★★ 634	**practical**	형 현실적인, 실용적인	▶ **practical** skills 실용적인 기술 ▶ a **practical** purpose 현실적인 목표
★★ 635	**convince**	동 확신시키다, 설득하다 = persuade	▶ **convince** oneself 스스로 확신하다
★★★ 636	**establish**	동 쌓다, 설립하다, 세우다	▶ **establish** trust 신뢰를 쌓다 ▶ **establish** rules 규칙을 세우다

★★ 637	**credibility**	명 신뢰(성), 신임 → credible 형 믿을 수 있는	▶ gain **credibility** 신임을 얻다
★★★ 638	**favor**	명 호의, 친절, 부탁 동 호의를 베풀다	▶ Could you do me a **favor**? 내 부탁 좀 들어줄래?
★★★ 639	**outcome**	명 결과 = result	▶ an ideal **outcome** 이상적인 결과 ▶ predict the **outcome** 결과를 예측하다
★ 640	**back up**	~을 뒷받침하다, (컴퓨터 파일을) 백업하다	▶ **back up** files 파일을 백업하다 ▶ **back up** an opinion 의견을 뒷받침하다

631 > 640

[**스토리**] 공부한 단어들을 하나의 스토리 안에서 확인해 보세요.

▶ How can we **persuade** others? ▶ Some people use **emotion**. ▶ Some people **back up** their ideas with **logic**. ▶ However, the most **practical** approach to **convincing** others is **establishing credibility**. ▶ Do them **favors** and build a friendly relationship. ▶ This will give you your ideal **outcome**.

▶ 우리는 어떻게 다른 사람들을 설득할 수 있을까요? ▶ 어떤 사람들은 감정을 이용합니다. ▶ 어떤 사람들은 그들의 생각을 논리로 뒷받침합니다. ▶ 하지만, 다른 사람들에게 확신을 주는 가장 현실적인 방법은 신뢰를 쌓는 것입니다. ▶ 그들에게 호의를 베풀고, 친밀한 관계를 쌓으세요. ▶ 이것이 여러분들에게 이상적인 결과를 줄 것입니다.

★★★ 641	**presentation**	명 발표, 제출	▶ give a **presentation** 발표하다
★★ 642	**oppose**	동 반대하다, 겨루다	▶ **oppose** an idea 생각에 반대하다
★★★ 643	**rude**	형 무례한, 버릇없는 ↔ polite 형 예의 바른	▶ a **rude** attitude 무례한 태도 ▶ Don't be **rude**. 버릇없게 행동하지 마.
★ 644	**offend**	동 기분을 상하게 하다 → offense 명 공격	▶ **offend** a reader 독자의 기분을 상하게 하다
★★★ 645	**situation**	명 상황, 처지	▶ a stressful **situation** 스트레스 받는 상황
★ 646	**tense**	형 긴장된, 긴박한 동 긴장시키다 명 (영문법) 시제	▶ a **tense** atmosphere 긴장된 분위기 ▶ **tense** the muscles 근육을 긴장시키다

★★ 647	**logical**	형 논리적인, 타당한 → logic 명 논리	▶ a **logical** argument 논리적인 주장
★★★ 648	**basis**	명 근거, 기반	▶ a firm **basis** 탄탄한 기반 ▶ a logical **basis** 논리적 근거
★★ 649	**emphasize**	동 강조하다	▶ **emphasize** the importance 중요성을 강조하다
★ 650	**loosen up**	긴장을 풀다	▶ **loosen up** a muscle 근육을 풀어주다 ▶ **loosen up** the atmosphere 분위기를 풀다

641 > 650

[스토리] 공부한 단어들을 하나의 스토리 안에서 확인해 보세요.

▶ Giving a **presentation** requires various communication skills. ▶ The presenter should deliver their message clearly in any **situation**, even if listeners **oppose** the speaker's idea. ▶ However, do not **offend** listeners with a **rude** attitude. ▶ Attempt to **loosen up** the **tense** atmosphere and grab the audience's attention. ▶ Use a **logical basis**, and keep **emphasizing** your message.

▶ 발표하는 것은 다양한 의사소통 기술을 필요로 합니다. ▶ 발표자는 어떤 상황에서든, 가령 청중이 화자의 생각에 반대하더라도 분명하게 그들의 메시지를 전달해야 합니다. ▶ 하지만, 무례한 태도로 듣는 사람의 기분을 상하게 하지 마세요. ▶ 긴장된 분위기를 풀도록 시도해 보고, 청중이 집중할 수 있도록 해보세요. ▶ 논리적 근거를 사용하고 계속해서 메시지를 강조하세요.

★★★ 651	**interview**	명 면접, 인터뷰 동 면접을 보다	▶ a job **interview** 취업 면접
★★★ 652	**confidence**	명 자신감, 확신 → confident 형 자신이 있는	▶ self-**confidence** 자존감 ▶ lose **confidence** 자신감을 잃다
★★★ 653	**appeal**	동 호소하다, 관심을 끌다 명 호소, 매력	▶ **appeal** to emotion 감정에 호소하다
★★★ 654	**passion**	명 열정	▶ **passion** for music 음악에 대한 열정 ▶ speak with **passion** 열정적으로 말하다
★ 655	**exaggerate**	동 과장하다	▶ **exaggerate** my experience 내 경험을 과장하다
★ 656	**assess**	동 평가하다, (요금을) 부과하다	▶ **assess** oneself 스스로를 평가하다 ▶ **assess** tax 세금을 부과하다

★★★ 교과서＋고1 학력 평가 10회 이상 수록 ★★ 5~9회 수록 ★ 1~4회 수록

*** 657	**genuine**	형 진실된, 진짜의, 진솔한	▶ **genuine** leather 진짜 가죽 ▶ **genuine** concern 진실된 염려
*** 658	**potential**	형 잠재적인 명 잠재력, 가능성	▶ **potential** risks 잠재적인 위험
** 659	**colleague**	명 (직장) 동료	▶ support my **colleague** 나의 동료를 돕다
** 660	**possibility**	명 가능성, 기회 = potential	▶ a **possibility** of winning 승리할 가능성

651 > 660

[**스토리**] 공부한 단어들을 하나의 스토리 안에서 확인해 보세요.

▶ Here are some tips for a successful job **interview**. ▶ First, have **confidence**. ▶ Make yourself **appeal** to the interviewers and show them your **passion**. ▶ Second, don't **exaggerate** your experience. ▶ The interviewers will **assess** how **genuine** you are. ▶ Lastly, be polite. ▶ The interviewers are looking for a **potential colleague**. ▶ Remember that there is a **possibility** of you working with these people.

▶ 성공적인 취업 면접을 위한 몇 가지 조언이 있습니다. ▶ 첫째, 자신감을 가지세요. ▶ 스스로가 면접관의 관심을 끌 수 있게 하고, 그들에게 당신의 열정을 보여주세요. ▶ 두 번째로 당신의 경험을 과장하지 마세요. ▶ 면접관들은 당신이 얼마나 진솔한지를 평가할 것입니다. ▶ 마지막으로 예의 바르게 행동하세요. ▶ 면접관들은 잠재적인 동료를 찾고 있습니다. ▶ 당신이 이 사람들과 함께 일할 가능성이 있다는 것을 기억하세요.

[단어]-[뜻] 확인하기
다음 영어 단어에 맞는 우리말 뜻을 써 보세요.

1. persuade ....

2. emotion ....

3. logic ....

4. practical ....

5. convince ....

6. establish ....

7. credibility ....

8. favor ....

9. outcome ....

10. back up ....

11. presentation ....

12. oppose ....

13. rude ....

14. offend ....

15. situation ....

16. tense ....

17. logical ....

18. basis ....

19. emphasize ....

20. loosen up ....

21. interview ....

22. confidence ....

23. appeal ....

24. passion ....

25. exaggerate ....

26. assess ....

27. genuine ....

28. potential ....

29. colleague ....

30. possibility ....

[뜻]-[단어] 확인하기
다음 우리말 뜻에 맞는 영어 단어를 써 보세요.

1. 설득하다, 납득시키다 ....

2. 감정, 기분 ....

3. 논리, 이론 ....

4. 현실적인, 실용적인 ....

5. 확신시키다 ....

6. 쌓다, 설립하다 ....

7. 신뢰(성) ....

8. 부탁, 호의를 베풀다 ....

9. 결과 ....

10. ~을 뒷받침하다 ....

11. 발표, 제출 ....

12. 반대하다 ....

13. 무례한 ....

14. 기분을 상하게 하다 ....

15. 상황, 처지 ....

16. 긴장된, 긴장시키다 ....

17. 논리적인 ....

18. 근거, 기반 ....

19. 강조하다 ....

20. 긴장을 풀다 ....

21. 면접, 면접을 보다 ....

22. 자신감 ....

23. 호소하다, 호소 ....

24. 열정 ....

25. 과장하다 ....

26. 평가하다 ....

27. 진짜의, 진솔한 ....

28. 잠재적인, 잠재력 ....

29. (직장) 동료 ....

30. 가능성, 기회 ....

MP3

★★
661
distinguish

동 구별하다,
차이를 보이다

▶ **distinguish** between
right and wrong
옳고 그름을 구별하다

★
662
talkative

형 말하기를 좋아하는,
수다스러운

▶ He's **talkative**.
그는 수다스러워.

★
663
easygoing

형 여유로운, 털털한,
너그러운

▶ an **easygoing** manner
여유로운 태도

▶ **easygoing** parents
너그러운 부모님

★★
664
humorous

형 재미있는, 유머러스한

▶ a **humorous** joke
재미있는 농담

★
665
witty

형 재치 있는

▶ a **witty** answer
재치 있는 답변

★★★
666
laughter

명 웃음, 웃음소리

▶ bring **laughter**
웃음을 가져오다

★★★ 교과서＋고1 학력 평가 10회 이상 수록   ★★ 5~9회 수록   ★ 1~4회 수록

★ 667	**passive**	형 수동적인, 소극적인 ↔ active 형 적극적인	▶ **passive** learning 수동적인 학습 ▶ **passive** in conversation 대화에 소극적인
★★ 668	**seemingly**	부 겉보기에는	▶ the **seemingly** impossible 겉보기에 불가능해 보이는 것
★★ 669	**indifferent**	형 무관심한, 냉담한	▶ **indifferent** to social problems 사회 문제에 무관심한
★★★ 670	**prefer**	동 선호하다	▶ **prefer** to listen 듣는 것을 선호하다

661 > 670

[**스토리**] 공부한 단어들을 하나의 스토리 안에서 확인해 보세요.

▶ Personality **distinguishes** one person from another. ▶ Some people are **talkative** and **easygoing**. ▶ They are **humorous**, and their **witty** words often bring people **laughter**. ▶ Others are quiet and **passive** in conversations. ▶ They might be **seemingly indifferent**, but they may just **prefer** to listen rather than talk.

▶ 성격은 한 사람을 다른 사람들로부터 구별한다. ▶ 어떤 사람들은 수다스럽고 털털하다. ▶ 그들은 재미있고, 그들의 재치 있는 말들은 종종 사람들에게 웃음을 가져온다. ▶ 다른 어떤 사람들은 조용하고 대화에 소극적이다. ▶ 그들은 겉보기엔 무관심해 보일 수도 있지만, 그들은 단지 말하는 것보다 듣는 것을 좋아할지도 모른다.

성격·감정

MP3

★ 671	**grief**	명 슬픔, 비통	▶ in deep **grief** 깊은 슬픔에 잠긴
★★★ 672	**anger**	명 화 동 화내다, 화나게 하다	▶ control one's **anger** 화를 다스리다 ▶ be quick to **anger** 쉽게 화를 내다
★ 673	**discouraging**	형 실망스러운, 좌절감을 주는 → discourage 동 좌절시키다	▶ a **discouraging** situation 실망스러운 상황
★ 674	**miserable**	형 비참한, 불행한	▶ a **miserable** failure 비참한 실패
★★ 675	**panic**	명 공포, 공황 동 겁을 먹다, 공황 상태에 빠지다	▶ Don't **panic**. 겁먹지 마. ▶ economic **panic** 경제 공황
★★ 676	**burst** burst - burst	동 터지다, 터뜨리다 명 파열, 터뜨림	▶ **burst** into tears 눈물을 터뜨리다 ▶ a **burst** of laughter 폭소

677 ★	**sorrow**	몡 슬픔, 애도 = grief	▶ tears of **sorrow** 슬픔의 눈물
678 ★	**frustration**	몡 불만, 좌절감, 답답함 → frustrate 동 좌절감을 주다	▶ cause **frustration** 불만을 초래하다 ▶ feel great **frustration** 엄청난 좌절감을 느끼다
679 ★★	**embarrassing**	혱 난처한, 부끄러운, 당황스러운 → embarrass 동 부끄럽게 하다	▶ an **embarrassing** moment 난처한 순간
680 ★	**lose one's temper**	(이성을 잃고) 화를 내다 → temper 몡 화, 성질	▶ I finally **lost my temper**. 나 결국 화를 냈어.

671 > 680

[**스토리**] 공부한 단어들을 하나의 스토리 안에서 확인해 보세요.

▶ We all express emotions, such as love, **grief**, and **anger**. ▶ For example, when we encounter a **discouraging** situation, we may feel **miserable** or even start to **panic**. ▶ Some might **burst** into tears and show **sorrow**. ▶ Others might **lose their temper** and express **frustration**. ▶ Expressing feelings is natural and should not be seen as **embarrassing**.

▶ 우리는 모두 사랑, 슬픔, 화와 같은 감정들을 표현한다. ▶ 예를 들어, 우리가 실망스러운 상황을 마주했을 때, 우리는 비참한 느낌이 들지도 모르며, 심지어 공포를 느끼기 시작할지도 모른다. ▶ 어떤 사람들은 눈물을 터뜨리고, 슬픔을 드러낼지도 모른다. ▶ 다른 어떤 사람들은 화를 내고, 좌절감을 표출할 수도 있다. ▶ 감정을 표현하는 것은 자연스럽고, 당황스럽게 여겨져서는 안 된다.

MP3

★ 681	**empathy**	명 공감, 감정 이입	▶ a sense of **empathy** 공감 능력
★★ 682	**pity**	명 연민, 동정심 동 연민을 느끼다, 불쌍히 여기다	▶ What a **pity**! 가엾어라! ▶ **pity** others 다른 사람들을 불쌍히 여기다
★ 683	**possess**	동 소유하다, (자질을) 지니다	▶ **possess** a sense of humor 유머 감각을 지니다
★ 684	**depressed**	형 우울한, 하락한[침체된] → depress 동 우울하게 만들다	▶ feel **depressed** 우울해하다 ▶ a **depressed** market 침체된 시장(경기)
★★★ 685	**comfort**	명 안락, 위안, 위로 동 위로하다	▶ take **comfort** in his words 그의 말에 위로를 받다
★★ 686	**thoughtful**	형 사려 깊은, 친절한 = considerate	▶ a **thoughtful** letter 사려 깊은 편지

687 ★	**tease**	동 놀리다, 괴롭히다 명 놀림, 장난꾸러기	▶ Stop **teasing** me. 나 그만 놀려.
688 ★★	**blame**	동 비난하다, 남을 탓하다 명 비난 = **accuse** 동 비난하다	▶ **blame** others 다른 사람을 비난하다 ▶ take the **blame** 비난을 받다(책임지다)
689 ★★★	**jealous**	형 질투하는, 시기하는	▶ be **jealous** of my friend 내 친구를 질투하다
690 ★	**envy**	명 부러움, 시샘 동 부러워하다	▶ **envy** a celebrity 연예인을 부러워하다

681 > 690

[스토리] 공부한 단어들을 하나의 스토리 안에서 확인해 보세요.

▶ Some people **possess** a good sense of **empathy**. ▶ They show **pity** for others who have difficulties. ▶ If their friends feel **depressed**, they will **comfort** them with **thoughtful** words. ▶ When someone makes a mistake, they don't **tease** or **blame** them. ▶ They feel happy for the success of others rather than feeling **jealous** or **envying** them.

▶ 어떤 사람들은 뛰어난 공감 능력을 지니고 있다. ▶ 그들은 어려움을 겪는 사람들에게 연민을 드러낸다. ▶ 만약 그들의 친구가 우울해한다면, 그들은 사려 깊은 말로 그들을 위로할 것이다. ▶ 어떤 사람이 실수했을 때, 그들은 그들을 놀리거나 비난하지 않는다. ▶ 그들은 다른 사람들의 성공에 질투하고 그들을 부러워하기보다는 행복해한다.

1. distinguish ....

2. talkative ....

3. easygoing ....

4. humorous ....

5. witty ....

6. laughter ....

7. passive ....

8. seemingly ....

9. indifferent ....

10. prefer ....

11. grief ....

12. anger ....

13. discouraging ....

14. miserable ....

15. panic ....

16. burst ....

17. sorrow ....

18. frustration ....

19. embarrassing ....

20. lose one's temper ....

21. empathy ....

22. pity ....

23. possess ....

24. depressed ....

25. comfort ....

26. thoughtful ....

27. tease ....

28. blame ....

29. jealous ....

30. envy ....

[뜻]-[단어] 확인하기
다음 우리말 뜻에 맞는 영어 단어를 써 보세요.

1. 구별하다
2. 수다스러운
3. 여유로운, 털털한
4. 재미있는, 유머러스한
5. 재치 있는

6. 웃음, 웃음소리
7. 수동적인, 소극적인
8. 겉보기에는
9. 무관심한
10. 선호하다

11. 슬픔, 비통
12. 화, 화내다
13. 실망스러운
14. 비참한
15. 공포, 공황 상태에 빠지다

16. 터지다, 파열
17. 슬픔, 애도
18. 불만, 좌절감
19. 난처한, 부끄러운
20. (이성을 잃고) 화를 내다

21. 공감, 감정 이입
22. 연민, 연민을 느끼다
23. 소유하다
24. 우울한
25. 안락, 위로하다

26. 사려 깊은
27. 놀리다, 놀림
28. 비난하다, 비난
29. 질투하는
30. 부러움, 부러워하다

691 ★★★ **advertise**
동 광고하다

▸ **advertise** a product
상품을 광고하다

▸ **advertising** messages
광고 메시지

---

692 ★★ **commercial**
형 상업의, 상업적인
명 광고 (방송)

→ commerce 명 상업

▸ TV **commercials**
TV 광고

▸ a **commercial** success
상업적인 성공

---

693 ★★★ **expectation**
명 예상, 기대

→ expect 동 예상하다

▸ meet **expectations**
기대를 충족하다

---

694 ★★ **target**
명 목표[타깃], 표적
동 목표로 삼다

▸ miss the **target**
표적을 놓치다

▸ **target** consumers
타깃 소비자

---

695 ★★★ **fascinate**
동 마음을 사로잡다

▸ **fascinate** the audience
관객의 마음을 사로잡다

---

696 ★ **scent**
명 향기, 냄새
동 향기가 나다,
냄새로 찾아내다

▸ trace a **scent**
냄새를 추적하다

★★★ 교과서+고1 학력 평가 10회 이상 수록   ★★ 5~9회 수록   ★ 1~4회 수록

★★ 697	**pleasant**	형 기분 좋은, 상냥한	▶ a **pleasant** scent 기분 좋은 냄새
★★★ 698	**satisfaction**	명 만족 → satisfy 동 만족시키다	▶ job **satisfaction** 직업 만족도 ▶ feel **satisfaction** 만족감을 느끼다
★★★ 699	**at the same time**	동시에	▶ leave **at the same time** 동시에 떠나다
★★★ 700	**result in**	결과적으로 ~이 되다, ~을 초래하다	▶ **result in** a disaster 재해를 초래하다 ▶ **result in** purchases 결과적으로 구매로 이어지다

691 > 700

[스토리] 공부한 단어들을 하나의 스토리 안에서 확인해 보세요.

▶ Companies **advertise** their products and, **at the same time**, try to meet the **expectations** of **target** consumers. ▶ Have you ever seen shampoo **commercials** on TV? ▶ Long shiny hair **fascinates** people, and the image of flowers with a **pleasant scent** grabs their attention. ▶ Consumers feel **satisfaction** when watching these commercials, which **results in** more purchases.

▶ 회사들은 그들의 상품을 광고하고, 동시에 타깃 소비자의 기대를 충족시키려 노력합니다. ▶ 여러분은 TV에서 샴푸 광고를 본 적이 있나요? ▶ 길고 빛나는 머리카락은 사람들의 마음을 사로잡고, 기분 좋은 향기를 가진 꽃 이미지는 그들의 관심을 끕니다. ▶ 소비자들은 이러한 광고를 보면서 만족감을 느끼는데, 이것은 결과적으로 더 많은 구매로 이어집니다.

MP3

| ★★ 701 | **psychology** | 명 심리(학) | ▶ use **psychology** 심리를 이용하다 |
| | | | ▶ criminal **psychology** 범죄 심리학 |

| ★ 702 | **stimulate** | 동 자극하다, 촉진하다 | ▶ **stimulate** interest 흥미를 자극하다 |

| ★ 703 | **appetite** | 명 식욕, 욕구 | ▶ stimulate my **appetite** 나의 식욕을 자극하다 |

| ★★★ 704 | **advertisement** | 명 광고(ad) → advertise 동 광고하다 | ▶ a job **advertisement** 구인 광고 |
| | | | ▶ skip an **advertisement** 광고를 건너뛰다 |

| ★★★ 705 | **emotional** | 형 감정[감성]적인, 감동적인 | ▶ an **emotional** speech 감동적인 연설 |
| | | | ▶ an **emotional** reaction 감정적인 반응 |

| ★★★ 706 | **impression** | 명 인상, 감동, 감명 → impress 동 감명을 주다 | ▶ a first **impression** 첫인상 |

★★★ 707	**method**	몡 방법	▸ a scientific **method** 과학적인 방법
★★★ 708	**effect**	몡 영향, 효과, 결과 동 (결과를) 가져오다	▸ cause and **effect** 원인과 결과 ▸ the **effects** of advertising 광고 효과
★ 709	**maximize**	동 극대화하다 ↔ minimize	▸ **maximize** an effect 효과를 극대화하다
★ 710	**eye-catching**	혱 눈길을 사로잡는	▸ an **eye-catching** phrase 눈길을 사로잡는 문구

701 > 710

[**스토리**] 공부한 단어들을 하나의 스토리 안에서 확인해 보세요.

▸ Most commercials use **psychology** to influence people. ▸ For example, food commercials often use the color red to **stimulate** people's **appetite**. ▸ Toy **advertisements** attract the attention of kids with colorful, **eye-catching** characters. ▸ During the holiday season, ads are usually more **emotional** and give a friendly **impression**. ▸ All of these **methods maximize** the **effects** of advertising.

▸ 대부분의 광고는 사람들에게 영향을 주기 위해 심리를 이용합니다. ▸ 예를 들어, 음식 광고는 사람들의 식욕을 자극하기 위해 빨간색을 자주 사용합니다. ▸ 장난감 광고는 눈길을 사로잡는 형형색색의 캐릭터로 아이들의 관심을 끕니다. ▸ 휴가철에 광고들은 보통 더 감성적이고, 친근한 인상을 줍니다. ▸ 이러한 모든 방법들은 광고 효과를 극대화합니다.

MP3

711 ★★
means

명 수단, 방법
= method

▶ **means** of transport
교통수단

---

712 ★★★
effective

형 효과적인, 효율적인, 시행되는

▶ an **effective** way
효과적인 방법

▶ become **effective**
시행되다

---

713 ★★
commonly

부 흔히, 보통

▶ a **commonly** used method
흔히 사용되는 방법

---

714 ★★
persuasion

명 설득
→ persuade 동 설득하다

▶ **persuasion** skills
설득 기술

---

715 ★
discourage

동 좌절시키다, 막다, 의욕을 꺾다
↔ encourage 동 격려하다

▶ **discourage** smoking
흡연을 막다

---

716 ★★★
visual

형 시각의

▶ **visual** art
시각 예술

▶ strong **visual** aids
강력한 시각 자료

★★★ 교과서+고1 학력 평가 10회 이상 수록   ★★ 5~9회 수록   ★ 1~4회 수록

★★★ 717 **concern**	동 걱정시키다, 관여하다 명 걱정, 우려	▶ I was **concerned**. 걱정했어. ▶ health **concerns** 건강에 대한 우려
★ 718 **sympathy**	명 동정심, 연민, 공감 = pity 명 연민	▶ express **sympathy** 동정을 표현하다
★ 719 **provoke**	동 (반응을) 유발하다	▶ **provoke** violence 폭력을 유발하다 ▶ **provoke** sympathy 동정심을 유발하다
★★ 720 **touching**	형 감동적인	▶ **touching** stories 감동적인 이야기

711 > 720

[스토리] 공부한 단어들을 하나의 스토리 안에서 확인해 보세요.

▶ Advertising is an **effective means** to raise people's awareness. ▶ Many advertising campaigns are **commonly** created for the public good. ▶ In public ads, various **persuasion** skills are used. ▶ A campaign that **discourages** smoking uses strong **visual** aids to stress health **concerns**. ▶ Blood donation ads **provoke sympathy** with **touching** stories.

▶ 광고는 사람들의 의식을 높이는 데 효과적인 수단입니다. ▶ 많은 광고 캠페인이 흔히 공익을 위해서 만들어집니다. ▶ 공익 광고에서는 다양한 설득 기술이 사용됩니다. ▶ 흡연을 막는 캠페인은 건강에 대한 우려를 강조하기 위해 강력한 시각 자료를 사용합니다. ▶ 헌혈 광고는 감동적인 이야기로 동정심을 유발합니다.

[단어]-[뜻] 확인하기
다음 영어 단어에 맞는 우리말 뜻을 써 보세요.

1. advertise ....

2. commercial ....

3. expectation ....

4. target ....

5. fascinate ....

6. scent ....

7. pleasant ....

8. satisfaction ....

9. at the same time ....

10. result in ....

11. psychology ....

12. stimulate ....

13. appetite ....

14. advertisement ....

15. emotional ....

16. impression ....

17. method ....

18. effect ....

19. maximize ....

20. eye-catching ....

21. means ....

22. effective ....

23. commonly ....

24. persuasion ....

25. discourage ....

26. visual ....

27. concern ....

28. sympathy ....

29. provoke ....

30. touching ....

[뜻]–[단어] 확인하기
다음 우리말 뜻에 맞는 영어 단어를 써 보세요.

1. 광고하다 ....
2. 상업의, 광고 ....
3. 예상, 기대 ....
4. 타깃, 목표로 삼다 ....
5. 마음을 사로잡다 ....

6. 냄새, 향기가 나다 ....
7. 기분 좋은 ....
8. 만족 ....
9. 동시에 ....
10. 결과적으로 ~이 되다 ....

11. 심리(학) ....
12. 자극하다 ....
13. 식욕 ....
14. 광고 ....
15. 감정적인 ....

16. 인상, 감동 ....
17. 방법 ....
18. 효과, (결과를) 가져오다 ....
19. 극대화하다 ....
20. 눈길을 사로잡는 ....

21. 수단, 방법 ....
22. 효과적인, 시행되는 ....
23. 흔히, 보통 ....
24. 설득 ....
25. 막다, 의욕을 꺾다 ....

26. 시각의 ....
27. 걱정시키다, 우려 ....
28. 동정심, 연민 ....
29. (반응을) 유발하다 ....
30. 감동적인 ....

MP3

| ★★ 721 | **instruction** | 명 설명(서), 지시 (사항), 지침 | ▶ traffic **instructions** 교통 지침 |
| | | → instruct 동 지시하다 | ▶ follow **instructions** 지시 사항을 따르다 |

| ★ 722 | **roadway** | 명 도로, 차도 | ▶ block the **roadway** 도로를 막다 |

| ★★ 723 | **sidewalk** | 명 인도, 보행로 | ▶ a safe **sidewalk** 안전한 보행로 |

| ★★★ 724 | **rush** | 동 급히 서두르다 명 혼잡함, 분주함 | ▶ avoid **rush** hour 혼잡 시간을 피하다 |
| | | | ▶ **rush** out to the exit 출구로 급히 나가다 |

| ★★ 725 | **pedestrian** | 명 보행자 | ▶ yield to **pedestrians** 보행자에게 양보하다 |

| ★ 726 | **cautious** | 형 신중한, 조심스러운, 주의 깊은 | ▶ a **cautious** driver 주의 깊은 운전자 |
| | | | ▶ a **cautious** decision 신중한 결정 |

★★★ 교과서+고1 학력 평가 10회 이상 수록 ★★ 5~9회 수록 ★ 1~4회 수록

727	**intersection**	명 교차로	▶ cross an **intersection** 교차로를 건너다
★★ 728	**lane**	명 길, 차선, (스포츠의) 레인	▶ a bike **lane** 자전거 길 ▶ change **lanes** 차선을 변경하다
★★ 729	**tunnel**	명 터널 동 터널을 뚫다	▶ enter a **tunnel** 터널에 진입하다 ▶ a railroad **tunnel** 기차 터널
★ 730	**keep an eye out**	살펴보다, 지켜보다	▶ **keep an eye out** for hazards 위험을 살피다

721 > 730

[스토리] 공부한 단어들을 하나의 스토리 안에서 확인해 보세요.

▶ There are traffic **instructions** that drivers must follow. ▶ 1. Stay on **roadways** and not on **sidewalks**. ▶ 2. Obey traffic signs, and don't **rush** at yellow lights. ▶ 3. **Keep an eye out** for cyclists and **pedestrians**. ▶ 4. Be very **cautious** when you cross **intersections**. ▶ 5. Don't change **lanes** in a **tunnel**.

▶ 운전자들이 반드시 따라야 하는 교통 지침들이 있습니다. ▶ 1. 인도가 아닌, 차도로 주행하세요. ▶ 2. 교통 표지판을 준수하고, 노란불에 서두르지 마세요. ▶ 3. 자전거 타는 사람들과 보행자를 살피세요. ▶ 4. 교차로를 건널 때에는 더욱 조심하세요. ▶ 5. 터널에서는 차선을 바꾸지 마세요.

MP3

★ 731	**slip**	동 미끄러지다 명 미끄러짐, (작은) 실수, 작은 조각	▶ **slip** over on the ice 빙판 위에서 미끄러지다 ▶ a **slip** of paper 작은 종이 조각(쪽지)
★★★ 732	**operate**	동 작동[가동]시키다, 수술하다	▶ **operate** a vehicle 차량을 작동시키다 ▶ **operate** on a patient 환자를 수술하다
★★ 733	**usual**	형 평상시의, 보통의	▶ **usual** spring weather 보통의 봄 날씨
★ 734	**fatal**	형 치명적인	▶ a **fatal** accident 치명적인 사고 ▶ a **fatal** mistake 치명적인 실수
★★★ 735	**wrap**	동 포장하다, (둘레에) 두르다 명 포장지	▶ **wrap** a present 선물을 포장하다 ▶ bubble **wrap** 기포가 든 포장지(뽁뽁이)
★ 736	**spiky**	형 뾰족뾰족한	▶ **spiky** hair 뾰족뾰족한 머리카락

★★★ 교과서 + 고1 학력 평가 10회 이상 수록   ★★ 5~9회 수록   ★ 1~4회 수록

★★★ 737	**wheel**	명 바퀴 동 (바퀴 달린 것을) 끌다, 선회하다, 갑자기 돌다	▶ training **wheels** (자전거의) 보조 바퀴 ▶ **wheel** a bicycle 자전거를 끌다
★★ 738	**brake**	명 브레이크, 제동 동 브레이크를 밟다	▶ pull the **brake** 브레이크를 당기다
★ 739	**seldom**	부 거의[좀처럼] ~ 않는	▶ **seldom** tell a story 거의 이야기를 들려주지 않다
★★★ 740	**lead to**	~로 이어지다	▶ **lead to** various accidents 다양한 사고로 이어지다

731 > 740

[**스토리**] 공부한 단어들을 하나의 스토리 안에서 확인해 보세요.

▶ On snowy days, cars **slip** easily on the icy roads. ▶ **Operating** a vehicle is more difficult than **usual**, and it often **leads to** various accidents. ▶ So, drivers should prepare for icy conditions to prevent **fatal** accidents. ▶ **Wrap spiky** chains around the vehicle's **wheels** to prevent them from slipping. ▶ And remember, the **brake** pedal **seldom** operates right away on cold days.

▶ 눈 오는 날에는 빙판길에서 차가 쉽게 미끄러집니다. ▶ 차량을 작동시키는 것은 평소보다 더 어렵고, 그것은 종종 다양한 사고로 이어집니다. ▶ 그래서 운전자들은 치명적인 사고를 막기 위해 빙판길에 대비해야 합니다. ▶ 바퀴가 미끄러지는 것을 방지하기 위해 뾰족뾰족한 체인을 차량의 바퀴에 두르세요. ▶ 그리고 브레이크 페달이 추운 날씨에는 좀처럼 바로 작동하지 않는다는 것을 기억하세요.

| 741 | **passerby** | 명 행인
→ passersby (복수형) | ▶ ask a **passerby** for directions
행인에게 길을 묻다 |

| ★ 742 | **crosswalk** | 명 횡단보도 | ▶ cross at the **crosswalk**
횡단보도를 건너다 |

| ★ 743 | **smash** | 동 박살 내다, 충돌하다
명 (운동 경기) 스매시, 대성공 | ▶ **smash** into several cars
여러 대의 차에 충돌하다
▶ a **smash** hit
대성공(흥행) |

| ★★ 744 | **crush** | 동 부서지다, 부수다, (과즙을) 짜내다
명 첫눈에 반함 | ▶ **crush** into pieces
산산조각이 나다
▶ have a **crush** on someone
누군가에게 첫눈에 반하다 |

| ★ 745 | **pavement** | 명 인도, 포장도로 | ▶ drive onto the **pavement**
포장도로 위를 운전하다 |

| ★ 746 | **speeding** | 명 속도위반, 과속 | ▶ pay a fine for **speeding**
속도위반으로 벌금을 내다 |

★ 747	**tiredness**	몡 피곤함, 피로	▶ relieve **tiredness** 피곤함을 덜어주다
★★★ 748	**fault**	몡 잘못, 과실	▶ admit **fault** 잘못을 인정하다 ▶ It's not your **fault**. 네 잘못이 아니야.
★ 749	**caution**	몡 경고, 주의 동 주의를 주다, 경고하다	▶ ignore **cautions** 경고를 무시하다 ▶ a **caution** sign 주의 표시
★ 750	**pull over**	(갓길에) 차를 대다	▶ **Pull over**, now! 당장 차 세워!

741 > 750

[스토리] 공부한 단어들을 하나의 스토리 안에서 확인해 보세요.

▶ Last night, a car ran through a red light and rushed onto the **pavement** at a **crosswalk**. ▶ Fortunately, there were no **passersby** at the crosswalk at the time. ▶ The car **smashed** into the barrier before the pavement, and its front end was **crushed**. ▶ **Speeding** due to **tiredness** was likely the cause of the accident, and the driver admitted **fault**. ▶ The police **caution** drivers to **pull over** and take a rest when they feel tired.

▶ 어젯밤 횡단보도에서 차 한 대가 빨간불을 무시하고 달려 인도로 돌진했습니다. ▶ 다행히 그때 횡단보도에는 행인이 없었습니다. ▶ 그 차량은 인도 앞 장애물을 들이받았고, 차의 앞부분도 찌그러졌습니다. ▶ 피로에 의한 과속이 사고의 원인인 것으로 보였고, 운전자는 잘못을 인정했습니다. ▶ 경찰은 운전자들에게 피곤할 때는 차를 세우고 휴식을 취하라고 경고합니다.

[단어]-[뜻] 확인하기
다음 영어 단어에 맞는 우리말 뜻을 써 보세요.

1. instruction
2. roadway
3. sidewalk
4. rush
5. pedestrian

6. cautious
7. intersection
8. lane
9. tunnel
10. keep an eye out

11. slip
12. operate
13. usual
14. fatal
15. wrap

16. spiky
17. wheel
18. brake
19. seldom
20. lead to

21. passerby
22. crosswalk
23. smash
24. crush
25. pavement

26. speeding
27. tiredness
28. fault
29. caution
30. pull over

[뜻]-[단어] 확인하기
다음 우리말 뜻에 맞는 영어 단어를 써 보세요.

1. 설명(서), 지침 ....

2. 도로, 차도 ....

3. 인도, 보행로 ....

4. 급히 서두르다, 혼잡함 ....

5. 보행자 ....

6. 신중한, 주의 깊은 ....

7. 교차로 ....

8. 길, 차선 ....

9. 터널 ....

10. 살펴보다 ....

11. 미끄러지다, 실수 ....

12. 작동시키다, 수술하다 ....

13. 평상시의 ....

14. 치명적인 ....

15. (둘레에) 두르다, 포장지 ....

16. 뾰족뾰족한 ....

17. 바퀴 ....

18. 브레이크 ....

19. 거의 ~ 않는 ....

20. ~로 이어지다 ....

21. 행인 ....

22. 횡단보도 ....

23. 박살 내다, 충돌하다 ....

24. 부서지다, 첫눈에 반함 ....

25. 인도, 포장도로 ....

26. 과속 ....

27. 피곤함, 피로 ....

28. 잘못, 과실 ....

29. 경고, 주의를 주다 ....

30. (갓길에) 차를 대다 ....

MP3

★★
751
alter

동 변하다, 바꾸다

▶ **alter** my fate
내 운명을 바꾸다
▶ **alter** the climate
기후를 변화시키다

★★
752
spending

명 지출, 소비

▶ **spending** habits
소비 습관
▶ cut down on **spending**
소비를 줄이다

★★
753
necessity

명 필요, 필수품

▶ basic **necessities**
기본적인 필수품

★
754
discard

동 버리다, 폐기하다

▶ **discard** old books
오래된 책을 버리다

★★
755
exceed

동 넘다, 초과하다

▶ **exceed** a budget
예산을 초과하다

★★
756
allowance

명 용돈, 허용량
→ allow 동 허용하다

▶ a weekly **allowance**
일주일 용돈
▶ baggage **allowance**
수하물 허용량

★★★ 교과서+고1 학력 평가 10회 이상 수록　★★ 5~9회 수록　★ 1~4회 수록

★ 757	**evaluate**	동 평가하다, (비용을) 검토하다 = assess	▶ **evaluate** students 학생들을 평가하다 ▶ **evaluate** spending 소비를 검토하다
★ 758	**impulse**	명 충동, 충격, 자극	▶ **impulse** purchases 충동구매 ▶ electrical **impulses** 전기 충격
★ 759	**on the spot**	즉각, 즉석에서	▶ purchase an item **on the spot** 즉석에서 물건을 구입하다
★★ 760	**the other day**	며칠 전에	▶ I saw you **the other day**. 나 며칠 전에 너 봤어.

751 > 760

[**스토리**] 공부한 단어들을 하나의 스토리 안에서 확인해 보세요.

▶ I'm trying to **alter** my bad **spending** habits. ▶ I usually buy items **on the spot** without considering if they are a **necessity**. ▶ **The other day**, I bought some items I already owned because I thought I had **discarded** them. ▶ My spending often **exceeds** my **allowance**. ▶ So, I started **evaluating** every purchase, and it allowed me to reduce **impulse** purchases.

▶ 나는 나의 나쁜 소비 습관을 바꾸려고 노력하고 있다. ▶ 나는 보통 그것들이 필수품인지 고민하지 않고, 즉석에서 물건들을 산다. ▶ 며칠 전에는 이미 내가 가지고 있던 몇몇 물건들을 내가 버렸다고 생각하고 샀다. ▶ 내 소비는 종종 내 용돈을 초과한다. ▶ 그래서 나는 모든 구매를 검토하기 시작했고, 이것은 내가 충동구매를 줄일 수 있게 했다.

경제

MP3

★
761

finance

명 재정, 자금
동 자금을 대다

▶ personal **finance**
개인의 재정

★
762

financial

형 금융의, 재정의

▶ **financial** aids
재정적 지원

▶ **financial** outcome
재정적 결과

★
763

wage

명 임금, 급여
동 (전쟁을) 벌이다

▶ minimum **wage**
최저 임금

▶ **wage** a battle
전투를 벌이다

★
764

calculate

동 계산하다, 산출하다

▶ **calculate** distance
거리를 계산하다

▶ **calculate** the cost
비용을 산출하다

★
765

asset

명 자산, 재산

▶ cultural **assets**
문화적 자산

★
766

earnings

명 소득, 수입, 수익
= income

▶ sales **earnings**
판매 수익

▶ use all **earnings**
소득을 모두 쓰다

★★★ **교과서 + 고1 학력 평가** 10회 이상 수록   ★★ 5~9회 수록   ★ 1~4회 수록

★ 767	**investment**	명 투자	▶ a long-term **investment** 장기 투자
768	**loan**	명 대출, 대여 동 (돈을) 빌려주다	▶ take out a **loan** 대출을 받다 ▶ **loan** money 돈을 빌려주다
★ 769	**repay**	동 갚다, 보답하다	▶ **repay** a debt 빚을 갚다
★ 770	**put aside**	~을 저축하다, 제쳐 놓다	▶ **put aside** some earnings 소득의 일부를 저축하다 ▶ **put aside** an issue 문제를 제쳐 놓다

761 > 770

[**스토리**] 공부한 단어들을 하나의 스토리 안에서 확인해 보세요.

▶ Personal **finance** is important to everyone regardless of their **wages**. ▶ It's not just about **calculating** your **assets**. ▶ It's about managing your **earnings** effectively. ▶ Here are some tips to gain the best **financial** outcome: ▶ 1. **Put aside** some of your earnings for the future. ▶ 2. Start your **investments** with a strategy. ▶ 3. Only take out **loans** for amounts you can **repay**.

▶ 개인의 재정은 그들의 임금과 상관없이 모두에게 중요하다. ▶ 이것은 단지 당신의 자산을 계산하는 것에 관한 것이 아니다. ▶ 이것은 당신의 소득을 효과적으로 관리하는 것에 관한 것이다. ▶ 가장 좋은 재정적인 결과를 얻을 수 있는 몇 가지 조언이 있다. ▶ 1. 미래를 위해 당신의 수입 일부를 저축하라. ▶ 2. 전략을 가지고 투자를 시작하라. ▶ 3. 당신이 갚을 수 있는 만큼만 대출을 받아라.

★★ **771** **invest** | 동 (돈·시간을) 투자하다 | ▸ **invest** time
시간을 투자하다

★★★ **772** **trade** | 명 거래, 무역
동 거래하다 | ▸ international **trade**
국제 무역

★ **773** **stock** | 명 재고, 주식, 육수
동 (재고가) 있다,
(재고를) 채우다 | ▸ a **stock** room
(재고를 보관한) 창고
▸ trade **stocks**
주식을 거래하다

★★ **774** **beneficial** | 형 유익한, 이로운
→ benefit 명 이득 | ▸ **beneficial** to health
건강에 이로운

★★★ **775** **expert** | 명 전문가
형 전문적인, 전문가의 | ▸ **expert** advice
전문가의 조언
▸ a financial **expert**
재정 전문가

★★★ **776** **advise** | 동 조언하다, 충고하다
→ advice 명 조언 | ▸ **advise** me to save money
나에게 저축하라고 조언하다

★★★ 교과서+고1 학력 평가 10회 이상 수록 ★★ 5~9회 수록 ★ 1~4회 수록

★★ 777	**risky**	형 위험한 = dangerous	▷ a **risky** situation 위험한 상황
★ 778	**burden**	명 짐, 부담 동 부담을 안기다	▷ carry a **burden** 짐을 지다 ▷ a financial **burden** 재정적 부담
★ 779	**real estate**	명 부동산	▷ the **real estate** market 부동산 시장
★ 780	**save up**	모으다, 저축하다	▷ **save up** money 돈을 모으다 ▷ **save up** for a trip 여행을 위해 저축하다

771 > 780

[**스토리**] 공부한 단어들을 하나의 스토리 안에서 확인해 보세요.

▷ Some people **invest** their income in **stock trading** or the **real estate** market.
▷ Investing is necessary for personal finance, but it's not always **beneficial**. ▷
Financial **experts advise** people to **save up** money before they invest. ▷ They also
warn people that **risky** investments often lead to a financial **burden**.

▷ 어떤 사람들은 그들의 소득을 주식 거래나 부동산 시장에 투자한다. ▷ 투자는 개인의 재정을 위해 필요하지만, 이
것이 항상 유익한 것은 아니다. ▷ 재정 전문가들은 사람들에게 투자하기 전에 돈을 모으라고 조언한다. ▷ 그들은 또
한 사람들에게 위험한 투자는 종종 재정적 부담으로 이어진다고 경고한다.

[단어]-[뜻] 확인하기
다음 영어 단어에 맞는 우리말 뜻을 써 보세요.

1. alter
2. spending
3. necessity
4. discard
5. exceed

6. allowance
7. evaluate
8. impulse
9. on the spot
10. the other day

11. finance
12. financial
13. wage
14. calculate
15. asset

16. earnings
17. investment
18. loan
19. repay
20. put aside

21. invest
22. trade
23. stock
24. beneficial
25. expert

26. advise
27. risky
28. burden
29. real estate
30. save up

1. 변하다, 바꾸다 ....

2. 지출, 소비 ....

3. 필요, 필수품 ....

4. 버리다, 폐기하다 ....

5. 넘다, 초과하다 ....

6. 용돈, 허용량 ....

7. 평가하다, 검토하다 ....

8. 충동, 자극 ....

9. 즉각, 즉석에서 ....

10. 며칠 전에 ....

11. 재정, 자금을 대다 ....

12. 금융의, 재정의 ....

13. 임금, 급여 ....

14. 계산하다 ....

15. 자산, 재산 ....

16. 소득, 수입 ....

17. 투자 ....

18. 대출, (돈을) 빌려주다 ....

19. 갚다, 보답하다 ....

20. ~을 저축하다 ....

21. 투자하다 ....

22. 무역, 거래하다 ....

23. 재고, 주식 ....

24. 유익한, 이로운 ....

25. 전문가, 전문적인 ....

26. 조언하다 ....

27. 위험한 ....

28. 짐, 부담을 안기다 ....

29. 부동산 ....

30. 모으다, 저축하다 ....

★
781
unpleasant

형 불쾌한, 기분 나쁜

↔ pleasant

▶ the **unpleasant** truth
불쾌한 진실

▶ an **unpleasant** smell
불쾌한 냄새

★★★
782
empty

형 비어 있는, 공허한
동 비워지다, 비우다

▶ an **empty** box
빈 상자

▶ **empty** the garage
차고를 비우다

★
783
terrifying

형 무서운, 무섭게 하는

→ terrify 동 무섭게 하다

▶ a **terrifying** scream
무서운 비명

▶ a **terrifying** experience
무서운 경험

★
784
sweaty

형 땀에 젖은,
(땀에 젖어) 축축한

→ sweat 명 땀

▶ **sweaty** hands
땀에 젖은 손

★★
785
frightened

형 겁먹은, 무서워하는

→ frighten 동 무섭게 하다

▶ **frightened** children
겁먹은 아이들

★
786
unpredictable

형 예측할 수 없는,
예측 불가능한

↔ predictable

▶ **unpredictable** weather
예측 불가능한 날씨

▶ an **unpredictable**
world
예측할 수 없는 세계

---

787 ★	**hateful**	형 혐오스러운 → hate 동 몹시 싫어하다	▸ post **hateful** comments 혐오스러운(악성) 댓글을 달다
788 ★★★	**yell**	동 소리치다, 고함을 치다 명 고함, 외침	▸ **yell** for help 도와달라고 소리치다 ▸ **yell** out in anger 분노에 차 고함을 치다
789 ★★	**run out of**	~을 다 써버려 없다	▸ **run out of** batteries 배터리가 없다 ▸ **run out of** patience 인내심이 바닥나다
790 ★	**chill one's blood**	간담을 서늘하게 하다	▸ The movie **chilled my blood**. 그 영화는 내 간담을 서늘하게 했다.

781 > 790　　**[스토리]** 공부한 단어들을 하나의 스토리 안에서 확인해 보세요.

One rainy night, I heard an **unpleasant** sound. The house was **empty**, but I felt something move. It was **terrifying** and **chilled my blood**. I grabbed a flashlight with my **sweaty** hands, but it had **run out of** battery. I was **frightened** because everything was **unpredictable**. I **yelled** for help. However, nobody answered, and the **hateful** sound only got louder.

어느 비 오는 밤, 나는 불쾌한 소리를 들었다. 집은 비어 있었지만, 나는 무언가가 움직이는 것을 느꼈다. 그것은 무서웠고, 나의 간담을 서늘하게 했다. 나는 땀이 난 손으로 손전등을 쥐었지만, 그것은 배터리가 없었다. 모든 것이 예측 불가능했기 때문에 나는 겁을 먹었다. 나는 도와 달라고 소리쳤다. 하지만, 아무도 대답하지 않았고, 혐오스러운 소리는 더 커지기만 할 뿐이었다.

★
791 **meditate** | 동 명상하다 | ▶ **meditate** every day
매일 명상하다
→ meditation 명 명상

★★
792 **refreshing** | 형 상쾌하게 하는, 신선한 | ▶ a **refreshing** drink
상쾌한 음료
→ refresh 동 상쾌하게 하다 | ▶ a **refreshing** change
신선한 변화

★★
793 **gentle** | 형 부드러운, (경사가) 완만한 | ▶ a **gentle** voice
부드러운 목소리
▶ a **gentle** curve
완만한 커브 길

★
794 **breeze** | 명 산들바람
동 산들바람이 불다 | ▶ a gentle **breeze**
부드러운 산들바람

★
795 **fragrance** | 명 향(기), 향수 | ▶ the **fragrance** of roses
장미 향

★★
796 **relaxed** | 형 느긋한, 편안한 | ▶ keep my body **relaxed**
내 몸을 편안하게 유지하다

797	**restful**	형 (마음이) 평화로운, 편안한	▸ a **restful** atmosphere 편안한 분위기
★★ 798	**interrupt**	동 방해하다, 중단시키다	▸ **interrupt** my study 나의 공부를 방해하다
★ 799	**remedy**	명 치료(약·방법) 동 바로잡다, 개선하다	▸ a house **remedy** 가정 치료 ▸ **remedy** a problem 문제를 바로잡다
★ 800	**at ease**	마음이 놓이는, 편안한	▸ feel **at ease** 마음이 놓이다

791 > 800　**[스토리]** 공부한 단어들을 하나의 스토리 안에서 확인해 보세요.

I **meditated** in the forest. It was **refreshing** to calm myself in the **breeze**. I could feel the warm sunshine and **gentle** wind. The **fragrance** of the trees made me feel **relaxed**. The **restful** atmosphere made me feel **at ease**. Nothing was **interrupting** my time. It was a good **remedy** for relieving stress.

나는 숲에서 명상했다. 산들바람을 쐬며 나를 차분하게 하는 것은 상쾌했다. 나는 따뜻한 햇볕과 부드러운 바람을 느낄 수 있었다. 나무의 향기는 나를 편안하게 했다. 평화로운 분위기는 나를 마음이 놓이게 했다. 아무것도 나의 시간을 방해하지 않았다. 이것은 스트레스를 해소하는 데 좋은 치료 방법이었다.

★
801
homesick

형 향수병을 앓는

→ homesickness
　명 향수병

▶ feel **homesick**
향수병을 앓다

★
802
sigh

동 한숨을 쉬다
명 한숨

▶ **sigh** deeply
깊게 한숨을 쉬다

▶ a **sigh** of relief
안도의 한숨

★
803
uneasy

형 불안한, 부자연스러운,
불편한

= anxious

▶ an **uneasy** relationship
불안한 관계

★★
804
unfamiliar

형 익숙하지 않은[낯선],
잘 모르는

↔ familiar

▶ an **unfamiliar** face
낯선 얼굴

▶ an **unfamiliar** word
잘 모르는 단어

★★★
805
surrounding

명 (주변) 환경, 상황
형 주위의, 주변의

→ surround 동 둘러싸다

▶ unfamiliar
surroundings
낯선 환경

★
806
pale

형 창백한, 안색이 안 좋은
동 창백해지다

▶ **pale** skin
창백한 피부

▶ look **pale**
안색이 안 좋아 보이다

★ 807	**sorrowful**	형 슬픈, 슬픔에 잠긴 → sorrow 명 슬픔	▶ a **sorrowful** end 슬픈 결말
★★★ 808	**thankful**	형 고맙게 생각하는, 감사하는 = grateful	▶ feel **thankful** for today 오늘에 감사하다
★ 809	**be away**	떨어져 있다, 부재중이다	▶ **be away** from home 집에서 떨어져 있다 ▶ **be away** on holiday 휴가로 부재중이다
★★ 810	**get rid of**	제거하다, ~에서 벗어나다	▶ **get rid of** dust 먼지를 제거하다 ▶ **get rid of** homesickness 향수병에서 벗어나다

801 > 810 **[스토리]** 공부한 단어들을 하나의 스토리 안에서 확인해 보세요.

I have **been away** from home because of my job for a year now. At first, I felt very **homesick** and often **sighed** with sadness. I felt **uneasy** in my new **surroundings**, and everything was **unfamiliar**. My colleague told me I looked **pale** and **sorrowful**. She became a good friend and helped me **get rid of** my homesickness. Now I feel **thankful** that I have a good friend.

나는 나의 직장 때문에 이제 일 년째 집에서 떨어져 있다. 처음에 나는 향수병을 몹시 앓았고, 자주 슬픔에 한숨을 쉬었다. 나는 나의 새로운 환경에 불안함을 느꼈고, 모든 것이 낯설었다. 나의 동료는 내가 안색이 좋지 않고 슬픔에 잠겨 보인다고 말했다. 그녀는 좋은 친구가 되었고 내가 향수병에서 벗어날 수 있게 도와주었다. 이제 나는 좋은 친구가 생긴 것에 감사하다.

1. unpleasant
2. empty
3. terrifying
4. sweaty
5. frightened

6. unpredictable
7. hateful
8. yell
9. run out of
10. chill one's blood

11. meditate
12. refreshing
13. gentle
14. breeze
15. fragrance

16. relaxed
17. restful
18. interrupt
19. remedy
20. at ease

21. homesick
22. sigh
23. uneasy
24. unfamiliar
25. surrounding

26. pale
27. sorrowful
28. thankful
29. be away
30. get rid of

1. 불쾌한, 기분 나쁜 ....

2. 비어 있는, 비우다 ....

3. 무서운 ....

4. 땀에 젖은 ....

5. 겁먹은 ....

6. 예측할 수 없는 ....

7. 혐오스러운 ....

8. 소리치다, 고함 ....

9. ~을 다 써버려 없다 ....

10. 간담을 서늘하게 하다 ....

11. 명상하다 ....

12. 상쾌하게 하는, 신선한 ....

13. 부드러운 ....

14. 산들바람 ....

15. 향(기), 향수 ....

16. 느긋한, 편안한 ....

17. (마음이) 평화로운, 편안한 ....

18. 방해하다 ....

19. 치료, 바로잡다 ....

20. 마음이 놓이는 ....

21. 향수병을 앓는 ....

22. 한숨을 쉬다, 한숨 ....

23. 불안한, 불편한 ....

24. 낯선, 잘 모르는 ....

25. (주변) 환경, 주위의 ....

26. 창백한, 창백해지다 ....

27. 슬픈 ....

28. 감사하는 ....

29. 떨어져 있다 ....

30. 제거하다, ~에서 벗어나다 ....

1. **밑줄 친** 단어와 비슷한 뜻을 가진 단어로 알맞은 것은?

> I'm happy to **gain** meaningful experience.

① trade   ② obtain   ③ burden

④ discard   ⑤ exceed

2. 다음 단어들과 가장 관계가 있는 단어로 알맞은 것은?

> • meditate   • refreshing   • relaxed

① witty   ② hateful   ③ humorous

④ restful   ⑤ terrifying

3. 동사의 기본형과 과거형이 **잘못** 짝 지어진 것은?

① sue : sued   ② repay : repaid   ③ burst : bursted

④ yell : yelled   ⑤ undergo : underwent

4. 빈칸에 공통으로 들어갈 말로 알맞은 것은?

> • _____ a traffic law 교통 법규를 위반하다
>
> • _____ an actor's privacy 배우의 사생활을 침해하다

① rush　　　　② alter　　　　③ violate

④ smash　　　　⑤ caution

5. 짝 지어진 단어의 관계가 나머지와 <u>다른</u> 것은?

① educate : learn　　② result : outcome　　③ grief : sorrow

④ means : method　　⑤ earnings : income

6. 짝 지어진 단어의 관계가 나머지와 <u>다른</u> 것은?

① rude : polite　　　　② different : indifferent

③ encourage : discourage　　④ respectful : disrespectful

⑤ ordinary : extraordinary

7. 단어의 영어 풀이가 알맞지 <u>않은</u> 것은?

① permit: to allow

② rob: to steal something

③ genuine: true and honest

④ talkative: not willing to talk a lot

⑤ fascinate: to attract the attention

8. 빈칸에 공통으로 들어갈 말로 알맞은 것은?

- TV commercials result _____ more purchases.
- The bank employee was involved _____ the incident.

① in   ② to   ③ of

④ from   ⑤ down

9. 괄호 (A), (B), (C)에 들어갈 말이 순서대로 짝 지어진 것은?

There are traffic instructions that drivers must follow.

1. Stay on **(A)**(**sidewalks / roadways**).

2. Don't **(B)**(**rush / operate**) on yellow lights.

3. Keep an eye out for **(C)**(**victims / pedestrians**).

	(A)	(B)	(C)
①	sidewalks	rush	victims
②	sidewalks	operate	pedestrians
③	roadways	rush	pedestrians
④	roadways	rush	victims
⑤	roadways	operate	victims

DAY
28 > 36

MP3

★★ 811	**marine**	형 바다의, 해양의	▶ **marine** pollution 해양 오염

★ 812	**trillion**	명 1조, 무수한 양	▶ 1 **trillion** dollars 1조 달러 ▶ **trillions** of stars 무수한 별

★ 813	**scatter**	동 흩뿌리다, 흩어지다	▶ **scatter** seeds 씨앗을 흩뿌리다

★★ 814	**visible**	형 (눈에) 보이는, 가시적인[뚜렷한] ↔ invisible	▶ a **visible** outcome 가시적인 결과

★★ 815	**hardly**	부 거의 ~ 아니다[없다] = barely	▶ **hardly** visible 거의 안 보이는 ▶ **hardly** sleep 거의 잠을 못 자다

★★ 816	**micro**	형 미세한, 현미경으로만 보이는	▶ **micro**plastics 미세 플라스틱 ▶ a **micro**-organism 미생물

| ★★★
817 | **critical** | 형 비판적인, 심각한,
중대한 | ▶ a **critical** factor
심각한 요인
▶ a **critical** mistake
중대한 실수 |

| ★★★
818 | **threaten** | 동 위협하다, 협박하다 | ▶ **threaten** nature
자연을 위협하다 |

| ★
819 | **poisonous** | 형 유독한, 독성이 있는
→ poison 명 독 | ▶ a **poisonous**
mushroom
독버섯 |

| ★★
820 | **swallow** | 동 삼키다
명 제비 | ▶ **swallow** a pill
알약을 삼키다
▶ easy to **swallow**
삼키기 쉬운 |

811 > 820

[**스토리**] 공부한 단어들을 하나의 스토리 안에서 확인해 보세요.

▶ More than 20 **trillion** pieces of plastic are **scattered** across the ocean. ▶ They are **hardly visible**, and we call them **micro**plastics. ▶ They are a **critical** factor of **marine** pollution and **threaten** ocean creatures. ▶ Microplastics are **poisonous** to these creatures, and they are easy to **swallow**.

▶ 20조 개 이상의 플라스틱 조각들이 온 바다에 흩뿌려져 있다. ▶ 그것들은 거의 눈에 보이지 않아서, 우리는 그것들을 미세 플라스틱이라고 부른다. ▶ 그것들은 해양 오염의 심각한 요인이며, 해양 생명체를 위협한다. ▶ 미세 플라스틱은 이런 생명체들에게 유독하며, 그것들은 삼키기 쉽다.

★★★ 821	**leftover**	형 먹다 남은, 쓰다 남은 명 남은 음식, 나머지	▶ **leftover** food 먹다 남은 음식물 ▶ warm up **leftovers** 남은 음식을 데우다
★ 822	**dump**	동 (쓰레기를) 버리다 명 (쓰레기) 폐기장	▶ a garbage **dump** 쓰레기 폐기장
★ 823	**rubbish**	명 쓰레기, 헛소리	▶ dump **rubbish** 쓰레기를 버리다 ▶ His claim was **rubbish**. 그의 주장은 헛소리였다.
★★ 824	**landfill**	명 쓰레기 매립(지)	▶ a **landfill** site 쓰레기 매립 부지
★★ 825	**bury**	동 묻다, 매장하다	▶ **bury** seeds in the soil 씨앗을 흙 속에 묻다
★ 826	**restore**	동 복구하다, 회복시키다	▶ **restore** artwork 예술 작품을 복원하다 ▶ **restore** the land 땅을 회복시키다

★★★ **교과서 + 고1 학력 평가** 10회 이상 수록   ★★ 5~9회 수록   ★ 1~4회 수록

★ 827 **environmentally**	부 환경적으로	▸ an **environmentally**-friendly way 환경 친화적인 방법
★ 828 **dispose of**	~을 처리하다, 폐기하다	▸ **dispose of** trash 쓰레기를 폐기하다 ▸ **dispose of** toxic waste 유독 폐기물을 처리하다
★ 829 **use up**	다 써버리다	▸ **use up** all my money 내 돈을 전부 다 써버리다
★ 830 **take up**	(시간·공간을) 차지하다	▸ **take up** too much room 너무 많은 공간을 차지하다

821 > 830

[스토리] 공부한 단어들을 하나의 스토리 안에서 확인해 보세요.

▸ Where do **leftover** food and **rubbish** go? ▸ They are usually **dumped** and **buried** in **landfills**. ▸ However, that is not a good way to **dispose of** waste. ▸ Landfills **take up** a lot of space, and we have already **used up** many spaces. ▸ **Environmentally**, they also cause soil pollution. ▸ And we don't know how long it would take to **restore** the land.

▸ 먹다 남은 음식물과 쓰레기는 어디로 갈까? ▸ 그것들은 보통 쓰레기 매립지에 버려져 묻힌다. ▸ 그러나, 그것은 쓰레기를 처리하는 데 있어 좋은 방법이 아니다. ▸ 쓰레기 매립지는 많은 공간을 차지하고, 우리는 많은 공간을 이미 다 써버렸다. ▸ 환경적으로, 그것들은 또한 토양 오염을 일으킨다. ▸ 그리고 우리는 그 땅을 회복시키는 데 얼마나 오래 걸릴지 모른다.

환경 오염

해양오염 쓰레기 **야생동물**
831 > 840

MP3

| ★★ 831 | **wildlife** | 명 야생 동물 | ▶ protect **wildlife** 야생 동물을 보호하다 |

| ★★ 832 | **threat** | 명 위협, 협박
→ threaten 동 위협하다 | ▶ a **threat** to safety 안전에 대한 위협
▶ submit to **threats** 협박에 굴복하다 |

| ★★★ 833 | **shelter** | 명 서식지, 피신처
동 보호하다, 피하다 | ▶ a natural **shelter** 자연 서식지
▶ **shelter** an abandoned dog 유기견을 보호하다 |

| ★★★ 834 | **expose** | 동 드러내다, 노출시키다 | ▶ **expose** to sunlight 햇빛에 노출시키다 |

| ★★ 835 | **invisible** | 형 눈에 보이지 않는, 형체가 없는
↔ visible | ▶ **invisible** chemicals 눈에 보이지 않는 화학 물질
▶ an **invisible** person 투명 인간 |

| ★★★ 836 | **ecosystem** | 명 생태계 | ▶ the marine **ecosystem** 해양 생태계 |

★★★ 교과서+고1 학력 평가 10회 이상 수록   ★★ 5~9회 수록   ★ 1~4회 수록

★ 837	**endangered** [형] 멸종 위기에 처한	▶ **endangered** animals 멸종 위기에 처한 동물
★ 838	**crisis** [명] 위기, 고비	▶ a financial **crisis** 재정 위기 ▶ overcome a **crisis** 위기를 극복하다
★ 839	**reusable** [형] 재사용할 수 있는	▶ a **reusable** cup 재사용할 수 있는 컵
★★★ 840	**impact** [명] 영향, 충격 [동] ~에 영향을 주다, 충격을 주다	▶ a great **impact** 큰 충격 ▶ **impact** an ecosystem 생태계에 영향을 주다

831 > 840

[스토리] 공부한 단어들을 하나의 스토리 안에서 확인해 보세요.

▶ Environmental pollution is a big **threat** to **wildlife**. ▶ Climate change takes away animals' natural **shelters**, and wild plants are **exposed** to **invisible** chemicals. ▶ The **ecosystem** keeps changing, and many species have become **endangered**. ▶ How can we overcome this **crisis**? ▶ The answer lies in our hands. ▶ Our small actions, such as using **reusable** products, can greatly **impact** the environment.

▶ 환경 오염은 야생 동물에게 큰 위협이다. ▶ 기후 변화는 동물들의 자연 서식지를 없애고, 야생 식물들은 보이지 않는 화학 물질에 노출된다. ▶ 생태계는 계속 변화하고 있고 다양한 종들은 멸종 위기에 처했다. ▶ 우리는 어떻게 이 위기를 극복할 수 있을까? ▶ 답은 우리의 손에 있다. ▶ 재사용할 수 있는 제품을 사용하는 것과 같은 우리의 작은 행동들이 환경에 큰 영향을 줄 수 있다.

1. marine ....

2. trillion ....

3. scatter ....

4. visible ....

5. hardly ....

6. micro ....

7. critical ....

8. threaten ....

9. poisonous ....

10. swallow ....

11. leftover ....

12. dump ....

13. rubbish ....

14. landfill ....

15. bury ....

16. restore ....

17. environmentally ....

18. dispose of ....

19. use up ....

20. take up ....

21. wildlife ....

22. threat ....

23. shelter ....

24. expose ....

25. invisible ....

26. ecosystem ....

27. endangered ....

28. crisis ....

29. reusable ....

30. impact ....

1. 해양의 ....

2. 1조, 무수한 양 ....

3. 흩뿌리다 ....

4. (눈에) 보이는, 가시적인 ....

5. 거의 ~ 아니다 ....

6. 미세한 ....

7. 비판적인, 심각한 ....

8. 위협하다 ....

9. 유독한 ....

10. 삼키다, 제비 ....

11. 먹다 남은, 남은 음식 ....

12. (쓰레기를) 버리다 ....

13. 쓰레기, 헛소리 ....

14. 쓰레기 매립(지) ....

15. 묻다 ....

16. 복구하다 ....

17. 환경적으로 ....

18. ~을 처리하다, 폐기하다 ....

19. 다 써버리다 ....

20. (시간·공간을) 차지하다 ....

21. 야생 동물 ....

22. 위협 ....

23. 서식지, 보호하다 ....

24. 드러내다, 노출시키다 ....

25. 눈에 보이지 않는 ....

26. 생태계 ....

27. 멸종 위기에 처한 ....

28. 위기 ....

29. 재사용할 수 있는 ....

30. 충격, 영향을 주다 ....

★ 841	**biology**	명 생물학	▶ marine **biology** 해양 생물학
★★★ 842	**cell**	명 세포, (작은) 칸, 조직	▶ blood **cells** 혈액 세포 ▶ a terrorist **cell** 테러 조직
★ 843	**unit**	명 단위, 부서, 부대	▶ a **unit** of weight 무게 단위 ▶ a police **unit** 경찰 부대
★ 844	**digest**	동 소화하다, 완전히 이해하다	▶ **digest** nutrients 영양분을 소화하다 ▶ **digest** information 정보를 완전히 이해하다
★★★ 845	**exist**	동 존재하다	▶ **exist** in space 우주에 존재하다
★★★ 846	**certain**	형 특정한, 확실한, 어느 정도의 ↔ uncertain	▶ a **certain** day 특정한 날 ▶ a **certain** amount 어느 정도의 양

★ 847	**nerve**	몡 신경, 긴장	▶ **nerve** cells 신경 세포

★ 848	**electrical**	혱 전기의, 전기를 이용하는	▶ **electrical** signals 전기 신호 ▶ an **electrical** fault 전기 결함

★★★ 849	**for instance**	예를 들어 = for example	▶ I visited many cities, **for instance**, Seoul. 나는 많은 도시에 방문했는데, 예를 들어 서울이 있다.

★★★ 850	**on one's own**	혼자서, 자력으로	▶ study **on my own** 나 혼자서 공부하다(독학하다)

841 > 850

[스토리] 공부한 단어들을 하나의 스토리 안에서 확인해 보세요.

▶ In **biology**, a **cell** is the smallest **unit** that can live **on its own**. ▶ Some cells can **digest** nutrients by themselves. ▶ More than 75 trillion cells **exist** in the human body, and each performs **certain** tasks. ▶ **For instance**, **nerve** cells deliver chemicals and **electrical** signals that produce thoughts and movements.

▶ 생물학에서 세포는 자력으로 살 수 있는 가장 작은 단위입니다. ▶ 어떤 세포들은 스스로 영양분을 소화할 수 있습니다. ▶ 75조 개가 넘는 세포들이 인간의 몸에 존재하며, 각각의 세포는 특정한 임무를 수행합니다. ▶ 예를 들어, 신경 세포는 생각과 움직임을 만들어내는 화학 물질과 전기 신호를 전달합니다.

★★★ 851	**physics**	명 물리학	▸ the laws of **physics** 물리학의 법칙
★★ 852	**ray**	명 광선, 선, 빛살	▸ the sun's **rays** 태양 광선 ▸ an x-**ray** image 엑스선 사진
★★★ 853	**mixture**	명 혼합, 혼합물	▸ a **mixture** of ingredients 여러 재료의 혼합
★ 854	**separation**	명 분리, 구분, 헤어짐 → separate 동 분리하다	▸ a long **separation** 오랜 헤어짐 ▸ **separation** anxiety 분리 불안
★★ 855	**particle**	명 입자, 작은 조각, 티끌	▸ tiny **particles** 아주 작은 입자 ▸ plastic **particles** 플라스틱 입자
★★ 856	**shade**	명 그늘, 색조 동 그늘지게 하다	▸ a vivid **shade** 선명한 색조 ▸ rest in the **shade** 그늘 밑에서 쉬다

** 857	**bounce**	통 (공이) 튀다, 튕기다, (빛이) 반사하다 명 튀어오름, 도약	▶ **bounce** a ball 공을 튕기다 ▶ The light is **bounced**. 빛은 반사된다.
** 858	**instantly**	부 즉각, 즉시	▶ **instantly** connect 즉시 연결하다
* 859	**hence**	부 따라서, 앞으로	▶ ten years **hence** 앞으로 10년 후 ▶ **Hence**, the answer is 0. 따라서, 정답은 0이다.
* 860	**in a word**	한마디로 (말해서)	▶ **In a word**, it was amazing! 한마디로, 굉장했어!

851 > 860

[**스토리**] 공부한 단어들을 하나의 스토리 안에서 확인해 보세요.

▶ Why is the sky blue? ▶ **In a word**, it's because of the **physics** of sunlight. ▶ The sun's **rays** look white, but they are actually a **mixture** of all colors. ▶ When sunlight hits the Earth's atmosphere, color **separation** occurs. ▶ Tiny **particles** in the air **instantly** scatter the light, and blue- and violet-colored light is most **bounced** around the Earth. ▶ **Hence**, the sky appears as a **shade** of blue.

▶ 왜 하늘은 푸를까요? ▶ 한마디로, 그것은 햇빛의 물리학 때문입니다. ▶ 태양 광선은 하얗게 보이지만, 그것들은 사실 모든 색깔의 혼합입니다. ▶ 햇빛이 지구의 대기에 닿으면, 색의 분리가 일어납니다. ▶ 공기 중의 작은 입자들이 즉시 빛을 흩어지게 하고, 파란색과 보라색 빛이 지구 주위에 가장 많이 반사됩니다. ▶ 따라서 하늘은 푸른 색조로 나타납니다.

★★★ 861	**chemistry**	명 화학, 화학적 성질, 궁합	▷ a **chemistry** experiment 화학 실험 ▷ have good **chemistry** 궁합이 잘 맞다
★ 862	**extinguish**	동 (불을) 끄다, 없애다	▷ a fire **extinguisher** 소화기 ▷ **extinguish** hope 희망을 없애다
★ 863	**explosion**	명 폭발, 폭파 → explode 동 폭발하다	▷ a gas **explosion** 가스 폭발
★★★ 864	**drop**	동 떨어지다, 그만두다 명 방울, 감소	▷ **drop** a class 수업 수강을 취소하다 ▷ a **drop** of rain 빗방울
★★ 865	**flame**	명 불길, 불꽃	▷ a candle **flame** 촛불
★★★ 866	**reaction**	명 반응	▷ **reaction** time 반응 시간 ▷ a chemical **reaction** 화학 반응

| ★★★ 867 | **structure** | 명 구조, 구조물 | ▸ a chemical **structure** 화학 구조 |
| | | | ▸ sentence **structure** 문장 구조 |

| ★ 868 | **density** | 명 밀도, 농도 | ▸ population **density** 인구 밀도 |

| ★ 869 | **explode** | 동 폭발하다, 폭발시키다 = burst | ▸ **explode** a bomb 폭탄을 폭발시키다 |
| | | | ▸ **explode** into tears 눈물을 터뜨리다 |

| ★ 870 | **put out** | (불을) 끄다, 내보내다 = extinguish 동 끄다 | ▸ **put out** a fire 불을 끄다 |
| | | | ▸ **put out** new products 신상품을 출시하다 |

861 > 870

[스토리] 공부한 단어들을 하나의 스토리 안에서 확인해 보세요.

▸ If a pan of oil catches on fire, never try to **extinguish** it with water. ▸ When hot oil meets water, an **explosion** occurs. ▸ Even a **drop** of water can cause a **flame**. ▸ But why does this **reaction** happen? ▸ It's all about **chemistry**. ▸ Oil and water have different chemical **structures** and **densities**, so they don't mix. ▸ Thus, water can't **put out** burning oil, and it can **explode**.

▸ 만약 팬 위의 기름에 불이 붙었다면, 절대 물로 그것을 끄려고 시도하지 마세요. ▸ 뜨거운 기름이 물을 만나면, 폭발이 일어납니다. ▸ 심지어 한 방울의 물도 불길을 일으킬 수 있습니다. ▸ 그런데 왜 이런 반응이 일어날까요? ▸ 이것은 모두 화학에 관한 것입니다. ▸ 기름과 물은 서로 다른 화학적 구조와 밀도를 가지고 있어서, 그것들은 섞이지 않습니다. ▸ 그래서 물은 끓는 기름을 끌 수 없고, 이것은 폭발할 수 있습니다.

1. biology ....

2. cell ....

3. unit ....

4. digest ....

5. exist ....

6. certain ....

7. nerve ....

8. electrical ....

9. for instance ....

10. on one's own ....

11. physics ....

12. ray ....

13. mixture ....

14. separation ....

15. particle ....

16. shade ....

17. bounce ....

18. instantly ....

19. hence ....

20. in a word ....

21. chemistry ....

22. extinguish ....

23. explosion ....

24. drop ....

25. flame ....

26. reaction ....

27. structure ....

28. density ....

29. explode ....

30. put out ....

[뜻]-[단어] 확인하기
다음 우리말 뜻에 맞는 영어 단어를 써 보세요.

1. 생물학 ....

2. 세포 ....

3. 단위, 부대 ....

4. 소화하다 ....

5. 존재하다 ....

6. 특정한 ....

7. 신경, 긴장 ....

8. 전기의 ....

9. 예를 들어 ....

10. 혼자서, 자력으로 ....

11. 물리학 ....

12. 광선, 선 ....

13. 혼합 ....

14. 분리, 헤어짐 ....

15. 입자, 작은 조각 ....

16. 그늘, 색조 ....

17. (공이) 튀다, (빛이) 반사하다 ....

18. 즉시 ....

19. 따라서, 앞으로 ....

20. 한마디로 ....

21. 화학, 궁합 ....

22. (불을) 끄다, 없애다 ....

23. 폭발, 폭파 ....

24. 떨어지다, 방울 ....

25. 불길, 불꽃 ....

26. 반응 ....

27. 구조 ....

28. 밀도 ....

29. 폭발하다, 폭발시키다 ....

30. (불을) 끄다, 내보내다 ....

★★ 871	**manned**	혱 유인의(사람을 실은) ↔ unmanned	▶ a **manned** spacecraft 유인 우주선
★★ 872	**spaceflight**	몡 우주 비행	▶ manned **spaceflight** 유인 우주 비행
★ 873	**spacecraft**	몡 우주선 = spaceship	▶ launch a **spacecraft** 우주선을 발사하다 ▶ an unmanned **spacecraft** 무인 우주선
★ 874	**aboard**	뷔 젠 ~에 탄, 탑승한 = on board	▶ **aboard** a flight 비행기에 탑승한 ▶ Welcome **aboard**! 탑승을 환영합니다!
★★★ 875	**exploration**	몡 탐사, 탐험 → explore 동 탐험하다	▶ moon **exploration** 달 탐사
★ 876	**spacesuit**	몡 우주복	▶ wear a **spacesuit** 우주복을 입다

★ 877	**duration**	명 지속, (지속되는) 기간	▶ **duration** of flight 비행 기간
★ 878	**reside**	동 살다, 거주하다 → **resident** 명 거주자	▶ **reside** abroad 해외에 거주하다
★★★ 879	**mission**	명 임무	▶ carry out a **mission** 임무를 수행하다
★★ 880	**laboratory**	명 실험실, 연구소(lab)	▶ a food **lab** 식품 연구소 ▶ a safe **laboratory** 안전한 실험실

871 > 880

[스토리] 공부한 단어들을 하나의 스토리 안에서 확인해 보세요.

▶ **Spaceflight** has a long history. ▶ In 1969, the first **manned spacecraft** landed on the moon. ▶ Two crew members were **aboard** the spacecraft, and they carried out an **exploration** of the moon wearing **spacesuits**. ▶ Since the 1970s, longer-**duration** spaceflight has become possible. ▶ Since 2000, astronauts have **resided** aboard the International Space Station. ▶ Their **mission** is to complete experiments in the space **laboratory**.

▶ 우주 비행은 긴 역사를 가지고 있다. ▶ 1969년에 첫 유인 우주선이 달에 착륙했다. ▶ 두 명의 선원이 우주선에 탑승했고, 그들은 우주복을 입고 달 탐사를 수행했다. ▶ 1970년대부터 더 긴 시간의 우주 비행이 가능해졌다. ▶ 2000년부터는 우주 비행사들이 국제 우주 정거장에 탑승해 거주해 왔다. ▶ 그들의 임무는 우주 연구소에서 실험을 완수하는 것이다.

881 ★★ **accidentally**
부 우연히, 실수로
→ accidental 형 우연한
▶ **accidentally** cut one's finger 실수로 손가락을 베다
▶ **accidentally** discover a cave
우연히 동굴을 발견하다

882 ★ **unidentified**
형 신원 불명의, 확인되지 않은
↔ identified
▶ an **unidentified** flying object
미확인 비행 물체(UFO)

883 ★★ **existence**
명 존재, 실재
→ exist 동 존재하다
▶ notice my **existence**
나의 존재를 알아채다

884 ★ **alien**
형 외계의, 이질적인
명 외계인
▶ an **alien** civilization
외계 문명
▶ the existence of **aliens**
외계인의 존재

885 ★★★ **perhaps**
부 아마, 어쩌면
▶ **Perhaps** you know me.
아마 너는 날 알 거야.

886 ★★ **enormous**
형 거대한, 막대한
▶ **enormous** size
거대한 크기
▶ **enormous** power
막대한 권력

★★★ 교과서+고1 학력 평가 10회 이상 수록   ★★ 5~9회 수록   ★ 1~4회 수록

| ★★★ 887 | **outer** | 형 바깥쪽의, 외부의 ↔ inner 형 내부의 | ▸ **outer** space
외계(우주)
▸ **outer** clothes
겉옷 |

| ★★★ 888 | **yet** | 부 아직
접 그렇지만 | ▸ I don't know **yet**.
아직 모르겠어.
▸ It's small **yet** strong.
이것은 작지만 강하다. |

| ★ 889 | **persistent** | 형 끈질긴, 지속적인 → persist 동 지속되다 | ▸ **persistent** rain
지속적인 비 |

| ★★ 890 | **incredible** | 형 믿기 어려운, 놀랄 만한 | ▸ **incredible** scenery
믿기 어려운 풍경
▸ an **incredible** story
놀랄 만한 이야기 |

881 > 890

[**스토리**] 공부한 단어들을 하나의 스토리 안에서 확인해 보세요.

▸ Have you ever **accidentally** seen an **unidentified** flying object(UFO)? ▸ Some people say UFOs may prove the **existence** of **aliens**. ▸ **Perhaps** humans are not alone in the **enormous** universe. ▸ No creatures from **outer** space have been discovered **yet**. ▸ If we find an alien creature through our **persistent** exploration of the universe, it would be an **incredible** experience.

▸ 당신은 우연히 미확인 비행 물체를 본 적이 있나요? ▸ 어떤 사람들은 UFO가 외계인의 존재를 증명할지도 모른다고 말합니다. ▸ 어쩌면 인간은 거대한 우주에 홀로 있지 않을지도 모릅니다. ▸ 아직 외계에서 어떤 생명체도 발견되지 않았습니다. ▸ 만약 우리가 지속적인 우주 탐사로 외계 생명체를 찾는다면, 그것은 놀랄 만한 경험일 것입니다.

MP3

★
891 **cosmic**

| 형 우주의, 어마어마한

▸ a **cosmic** scale
어마어마한 규모

▸ **cosmic** law
우주의 법칙

★★
892 **phenomenon**

| 명 현상

→ **phenomena** (복수형)

▸ natural **phenomena**
자연 현상

▸ a cosmic **phenomenon**
우주 현상

★★★
893 **hole**

| 명 구덩이, 구멍

▸ dig a **hole**
구덩이를 파다

▸ a button**hole**
단춧구멍

★★
894 **intense**

| 형 극심한, 강력한

= extreme

▸ **intense** cold
극심한 추위

▸ **intense** gravity
강력한 중력

★★★
895 **absorb**

| 동 흡수하다, 빨아들이다

▸ **absorb** water
물을 빨아들이다

▸ **absorb** knowledge
지식을 흡수하다

★★★
896 **theory**

| 명 이론, 가설

▸ the Big Bang **theory**
빅뱅 이론

▸ develop a **theory**
이론을 발전시키다

★★★ **교과서+고1 학력 평가** 10회 이상 수록　★★ 5~9회 수록　★ 1~4회 수록

★ 897	**astronomer**	명 천문학자 → **astronomy** 명 천문학	▶ an ancient **astronomer** 고대 천문학자
★★ 898	**massive**	형 거대한, 대규모의	▶ a **massive** event 대규모 행사
★ 899	**dense**	형 빽빽한, 밀도가 높은 → **density** 명 밀도	▶ a **dense** jungle 빽빽한 정글 ▶ calorie-**dense** foods 칼로리가 높은 음식
★★★ 900	**since then**	그때부터, 그 이후로	▶ **Since then**, my life has changed. 그 이후로, 내 삶은 변했다.

891 > 900

[**스토리**] 공부한 단어들을 하나의 스토리 안에서 확인해 보세요.

▶ In the past, scientists claimed the existence of a **cosmic phenomenon** called a black **hole**. ▶ They claimed that black holes have **intense** gravity and **absorb** everything, even light. ▶ Black holes were just a **theory** before one was discovered in 1971. ▶ **Since then, astronomers** have identified many **massive** and **dense** black holes.

▶ 과거에 과학자들은 블랙홀이라는 우주 현상의 존재를 주장했습니다. ▶ 그들은 블랙홀이 강력한 중력을 가지고 있어 모든 것, 심지어 빛마저도 빨아들인다고 주장했습니다. ▶ 블랙홀은 1971년에 하나가 발견되기 전까지 단지 이론에 불과했습니다. ▶ 그 이후로, 천문학자들은 거대하고 밀도 높은 여러 블랙홀들을 확인했습니다.

[단어]-[뜻] 확인하기
다음 영어 단어에 맞는 우리말 뜻을 써 보세요.

1. manned ....
2. spaceflight ....
3. spacecraft ....
4. aboard ....
5. exploration ....

6. spacesuit ....
7. duration ....
8. reside ....
9. mission ....
10. laboratory ....

11. accidentally ....
12. unidentified ....
13. existence ....
14. alien ....
15. perhaps ....

16. enormous ....
17. outer ....
18. yet ....
19. persistent ....
20. incredible ....

21. cosmic ....
22. phenomenon ....
23. hole ....
24. intense ....
25. absorb ....

26. theory ....
27. astronomer ....
28. massive ....
29. dense ....
30. since then ....

D
AY 30

1. 유인의 ....

2. 우주 비행 ....

3. 우주선 ....

4. 탑승한 ....

5. 탐사, 탐험 ....

6. 우주복 ....

7. 지속, (지속되는) 기간 ....

8. 살다, 거주하다 ....

9. 임무 ....

10. 실험실, 연구소 ....

11. 우연히, 실수로 ....

12. 확인되지 않은 ....

13. 존재 ....

14. 외계의, 외계인 ....

15. 아마, 어쩌면 ....

16. 거대한, 막대한 ....

17. 바깥쪽의, 외부의 ....

18. 아직, 그렇지만 ....

19. 지속적인 ....

20. 믿기 어려운, 놀랄 만한 ....

21. 우주의, 어마어마한 ....

22. 현상 ....

23. 구덩이, 구멍 ....

24. 극심한, 강력한 ....

25. 흡수하다, 빨아들이다 ....

26. 이론 ....

27. 천문학자 ....

28. 거대한, 대규모의 ....

29. 빽빽한, 밀도가 높은 ....

30. 그 이후로 ....

★ 901	**geography**	몡 지리(학), 지형	▷ world **geography** 세계 지리
★ 902	**continent**	몡 대륙	▷ the **continent** of Africa 아프리카 대륙 ▷ across the **continent** 대륙을 가로질러
★ 903	**division**	몡 분할, 구분, 나눗셈 → divide 동 나누다	▷ the **division** of power 권력의 분할 ▷ the **division** sign 나눗셈 부호(÷)
★★★ 904	**location**	몡 장소, 위치 → locate 동 (특정 위치에) 두다	▷ a secret **location** 비밀 장소
★ 905	**geographic**	혱 지리의, 지리학의	▷ **geographic** location 지리학적 위치 ▷ **geographic** information 지리 정보
★ 906	**significantly**	뷔 상당히, 중요하게	▷ **significantly** important 상당히 중요한

★★★ 907 **current**	형 현재의, 지금의 명 흐름, 기류	▶ **current** events 현재 진행 중인 행사(시사) ▶ ocean **current** 바다의 흐름(해류)
★ 908 **moisture**	명 수분, 습기 → moist 형 촉촉한	▶ remove **moisture** 습기를 제거하다 ▶ provide **moisture** 수분을 공급하다
★ 909 **humid**	형 습한	▶ a **humid** summer 습한 여름
★★ 910 **be close to**	~에 가깝다, 인접하다	▶ **be close to** the border 국경에 인접하다

901 > 910

[**스토리**] 공부한 단어들을 하나의 스토리 안에서 확인해 보세요.

▶ In **geography**, seven **continents** and five oceans are the main **divisions** of the Earth's surface. ▶ Korea **is close to** the Pacific Ocean and is part of the Asian continent. ▶ Korea's **geographic location significantly** affects its climate. ▶ As the Pacific Ocean's **currents** deliver heat and **moisture**, Korea experiences hot and **humid** summers.

▶ 지리학에서 7개의 대륙과 5개의 대양은 지구 표면의 주요한 구분이다. ▶ 한국은 태평양과 인접해 있으며, 아시아 대륙의 일부이다. ▶ 한국의 지리학적 위치는 기후에 상당히 영향을 끼친다. ▶ 태평양 해류가 열기와 습도를 전달해 한국은 덥고 습한 여름을 겪는다.

★★★ 911	**polar**	형 극지방의, (자석의) 양극의	▶ a **polar** bear 북극곰 ▶ **polar** nights 극야 현상
★★★ 912	**region**	명 지방, 지역	▶ the polar **regions** 극지방
★ 913	**globe**	명 세계, 지구(본), 구체	▶ travel around the **globe** 세계를 여행하다
★★★ 914	**pole**	명 막대기, (지구의) 극	▶ a fishing **pole** 낚싯대 ▶ the South **Pole** 남극
★★★ 915	**northern**	형 북쪽에 위치한, 북부의	▶ **northern** regions 북부 지역
★★★ 916	**southern**	형 남쪽에 위치한, 남부의	▶ **Southern** Europe 남부 유럽

** 917	**Arctic**	형 북극의, 극도로 추운 명 북극	▶ the **Arctic** Ocean 북극해 ▶ the **Arctic** region 북극 지역
** 918	**Antarctica**	명 남극 → Antarctic 형 남극의	▶ the continent of **Antarctica** 남극 대륙
919	**latitude**	명 위도	▶ be on the same **latitude** 같은 위도에 위치하다
** 920	**darkness**	명 암흑, (색의) 짙음	▶ total **darkness** 완전한 암흑

911 > 920

[**스토리**] 공부한 단어들을 하나의 스토리 안에서 확인해 보세요.

▶ The **polar regions** are the coldest areas on Earth. ▶ They are located at the ends of the **globe**, known as the North and South **Poles**. ▶ The **northern** polar region is called the **Arctic**, and the **southern** polar region is called the continent of **Antarctica**. ▶ As their **latitudes** are very high, the polar regions have polar nights, where **darkness** lasts for more than 24 hours.

▶ 극지방은 지구에서 가장 추운 지역이다. ▶ 그곳은 지구의 양쪽 끝에 위치하는데, 북극과 남극이라고 알려져 있다. ▶ 북쪽에 위치한 극지방은 북극이라고 불리고, 남쪽에 위치한 극지방은 남극 대륙이라고 불린다. ▶ 극지방의 위도가 매우 높기 때문에 극지방에는 극야 현상이 있는데, 그곳에서는 24시간 이상 암흑이 지속된다.

| ★★ 921 | **geographical** | 형 지리적인 → geography 명 지리 | ▶ **geographical** changes 지리적 변화 |

| ★★★ 922 | **zone** | 명 지역, 구역, 지대 = region | ▶ geographical **zone** 지리적 구역 ▶ comfort **zone** 안전지대 |

| ★ 923 | **blossom** | 명 꽃, 개화 동 꽃을 피우다 | ▶ cherry **blossom** 벚꽃 ▶ The flower has **blossomed**. 꽃이 폈다. |

| ★★ 924 | **tropical** | 형 열대 지방의, 열대의 | ▶ **tropical** zones 열대 지역 |

| ★★★ 925 | **totally** | 부 완전히, 전적으로 | ▶ **totally** new 완전히 새로운 ▶ I **totally** agree. 난 전적으로 동의해. |

| ★ 926 | **sunbathe** | 동 일광욕을 하다 | ▶ **sunbathe** on the beach 해변에서 일광욕을 하다 |

★★★ 교과서+고1 학력 평가 10회 이상 수록   ★★ 5~9회 수록   ★ 1~4회 수록

927 ★	**shiver**	동 (추위에) 떨다 명 전율, 오한	▸ **shiver** with cold 추위에 떨다 ▸ feel a **shiver** 전율을 느끼다
928 ★	**snowstorm**	명 눈보라	▸ get caught in a **snowstorm** 눈보라 속에 갇히다
929 ★★★	**in addition**	게다가, 덧붙여	▸ **In addition**, there is one more thing to say. 덧붙여 하나 더 말할 것이 있다.
930 ★★	**on the other side of**	~의 반대편에	▸ **on the other side of the Earth** 지구 반대편에

921 > 930

[스토리] 공부한 단어들을 하나의 스토리 안에서 확인해 보세요.

▸ The Earth's climate varies by **geographical zone**. ▸ When we enjoy the flower **blossoms**, people in **tropical** areas are experiencing extreme heat. ▸ **In addition**, the weather can be **totally** different in each location. ▸ While some people **sunbathe** in warm sunlight, people **on the other side of** the Earth **shiver** in **snowstorms**.

▸ 세계 기후는 지리적 구역에 따라 다르다. ▸ 우리가 꽃이 피는 것을 즐길 때, 열대 지역의 사람들은 극심한 더위를 겪고 있다. ▸ 게다가, 날씨는 각 위치에 따라 완전히 다를 수도 있다. ▸ 어떤 사람들이 따뜻한 햇볕 아래에서 일광욕을 하는 반면, 지구 반대편 사람들은 눈보라 속에서 떨고 있다.

1. geography ....

2. continent ....

3. division ....

4. location ....

5. geographic ....

6. significantly ....

7. current ....

8. moisture ....

9. humid ....

10. be close to ....

11. polar ....

12. region ....

13. globe ....

14. pole ....

15. northern ....

16. southern ....

17. Arctic ....

18. Antarctica ....

19. latitude ....

20. darkness ....

21. geographical ....

22. zone ....

23. blossom ....

24. tropical ....

25. totally ....

26. sunbathe ....

27. shiver ....

28. snowstorm ....

29. in addition ....

30. on the other side of ....

[뜻]-[단어] 확인하기
다음 우리말 뜻에 맞는 영어 단어를 써 보세요.

1. 지리(학), 지형 ....

2. 대륙 ....

3. 구분, 나눗셈 ....

4. 장소, 위치 ....

5. 지리의, 지리학의 ....

6. 상당히 ....

7. 현재의, 흐름 ....

8. 수분, 습기 ....

9. 습한 ....

10. ~에 가깝다, 인접하다 ....

11. 극지방의 ....

12. 지방, 지역 ....

13. 세계, 지구(본) ....

14. 막대기, (지구의) 극 ....

15. 북부의 ....

16. 남부의 ....

17. 북극의, 북극 ....

18. 남극 ....

19. 위도 ....

20. 암흑 ....

21. 지리적인 ....

22. 지역, 구역 ....

23. 개화, 꽃을 피우다 ....

24. 열대의 ....

25. 완전히 ....

26. 일광욕을 하다 ....

27. (추위에) 떨다, 전율 ....

28. 눈보라 ....

29. 게다가, 덧붙여 ....

30. ~의 반대편에 ....

★ 931	**fermented**	형 발효된 → ferment 동 발효시키다	▶ a **fermented** food 발효 음식
★ 932	**cuisine**	명 요리, 요리법	▶ Korean **cuisine** 한국 요리
★★ 933	**spice**	명 양념, 향신료, 묘미 동 양념을 치다	▶ hot **spices** 매운 양념 ▶ the **spice** of life 인생의 묘미
★★★ 934	**vary**	동 (서로) 다르다, 달라지다	▶ **vary** among cultures 문화에 따라 다르다
★★ 935	**relative**	명 친척 형 비교의, 상대적인	▶ my nearest **relatives** 나의 가장 가까운 친척 ▶ in **relative** terms 상대적인 측면에서
★ 936	**pickle**	명 피클 동 (소금 등에) 절이다	▶ cucumber **pickles** 오이 피클 ▶ **pickle** onions in soy sauce 양파를 간장에 절이다

★★★ 교과서+고1 학력 평가 10회 이상 수록   ★★ 5~9회 수록   ★ 1~4회 수록

★★★ 937	**preserve**	동 보존하다, 저장하다	▶ **preserve** gimchi 김치를 저장하다 ▶ **preserve** our heritage 우리의 유산을 보존하다
★ 938	**preservation**	명 보존, 저장	▶ environmental **preservation** 환경 보존
939	**fermentation**	명 발효 → ferment 동 발효시키다	▶ the **fermentation** process 발효 과정
★ 940	**hand down**	~을 물려주다, 전하다	▶ be **handed down** from my grandmother 우리 할머니로부터 전해오다

931 > 940

[**스토리**] 공부한 단어들을 하나의 스토리 안에서 확인해 보세요.

▶ Gimchi is a **fermented** food that is an essential part of Korean **cuisine**. ▶ The **spices** used to make gimchi **vary** by region, and each recipe is **handed down** among Korean families. ▶ Every year, many Koreans share gimchi with their **relatives**. ▶ They **pickle** cabbage to **preserve** gimchi for winter. ▶ Gimchi refrigerators are widely used for the **preservation** and **fermentation** of food.

▶ 김치는 한국 요리에 필수적인 부분인 발효 음식이다. ▶ 김치를 만드는 데 사용되는 양념은 지역마다 다르고, 각 조리법은 한국 가정마다 전해져 내려온다. ▶ 매년 많은 한국 사람들은 그들의 친척과 김치를 나눈다. ▶ 그들은 겨울 동안 김치를 저장하기 위해 배추를 절인다. ▶ 김치냉장고는 음식의 저장과 발효를 위해 널리 사용된다.

★★★ 941	**pop**	몡 팝 (음악), 펑 (소리) 혱 대중적인(popular) 동 펑 하고 터지다, 불쑥 나타나다	▶ **pop** culture 대중문화 ▶ a **pop**-up store 갑자기 나타난 매장(임시 매장)
★★ 942	**worldwide**	혱 세계적인 뷔 세계적으로	▶ a **worldwide** movie star 세계적인 영화배우 ▶ spread **worldwide** 세계적으로 퍼지다
★ 943	**cosmetics**	몡 화장품	▶ natural **cosmetics** 천연 화장품
★★ 944	**originate**	동 비롯되다, 유래하다	▶ **originate** from Korea 한국에서 유래하다
★ 945	**globally**	뷔 전 세계적으로 = worldwide	▶ succeed **globally** 전 세계적으로 성공하다
★★★ 946	**especially**	뷔 특히, 특별히	▶ I like music, **especially** K-pop. 나는 음악, 특히 케이팝을 좋아한다.

★ 947	**mainstream**	명 주류, 대세 형 주류의, 대세의	▶ **mainstream** music 주류 음악 ▶ move into the **mainstream** 대세가 되다
★ 948	**addictive**	형 중독성 있는	▶ **addictive** melodies 중독성 있는 멜로디
★★★ 949	**western**	형 서쪽에 위치한, 서양의	▶ **Western** countries 서양 국가
★ 950	**distinctive**	형 독특한, 구별되는	▶ a **distinctive** accent 독특한 억양 ▶ **distinctive** features 독특한 특징

941 > 950

[**스토리**] 공부한 단어들을 하나의 스토리 안에서 확인해 보세요.

▶ Korean **pop** culture has become popular **worldwide**. ▶ Music, **cosmetics**, and foods that **originated** in Korea are spreading **globally**. ▶ This stands out, **especially** in the music industry. ▶ Korean popular music, also known as K-pop, has become **mainstream** music. ▶ Its **addictive** melodies and perfect group dance routines, which are **distinctive** features of K-pop, are the reason for its popularity in **Western** countries.

▶ 한국의 대중문화는 세계적으로 인기를 얻었다. ▶ 한국에서 유래된 음악, 화장품, 음식은 세계적으로 퍼지고 있다. ▶ 이것은 특히 음악 산업에서 두드러진다. ▶ 케이팝(K-pop)이라고도 알려진 한국 대중음악은 주류 음악이 되었다. ▶ 중독성 있는 멜로디와 완벽한 군무는 케이팝의 독특한 특징으로, 서양 국가에서 케이팝이 인기가 있는 이유이다.

★★
951 **heritage** 　명 유산 　▶ cultural **heritage**
문화유산

★
952 **intangible** 　형 실체 없는, 무형의 　▶ **intangible** heritage
↔ tangible 　무형 유산

★★
953 **convey** 　동 전하다, 운반하다 　▶ **convey** the truth
진실을 전하다
▶ a **conveyer** belt
운반[컨베이어] 벨트

★
954 **patriotic** 　형 애국적인 　▶ **patriotic** folk songs
애국적인 민요

★★
955 **martial** 　형 싸움의, 전쟁의 　▶ **martial** arts
무술

956 **legacy** 　명 유산, 상속 　▶ continue a **legacy**
= heritage 　유산을 계승하다

★★★ 교과서 + 고1 학력 평가 10회 이상 수록　★★ 5~9회 수록　★ 1~4회 수록

★★ 957	**characteristic**	명 특징 형 특유의 = feature 명 특징	▶ unique **characteristics** 독특한 특징 ▶ a **characteristic** way of walking 특유의 걸음걸이
★★ 958	**symbolize**	동 상징하다 → symbol 명 상징	▶ **symbolize** good fortune 행운을 상징하다
★ 959	**acknowledge**	동 인정하다 = admit	▶ **acknowledge** the value 가치를 인정하다
★★ 960	**pride**	명 자랑스러움, 자부심	▶ take **pride** 자부심을 가지다 ▶ sense of **pride** 자긍심

951 > 960

[**스토리**] 공부한 단어들을 하나의 스토리 안에서 확인해 보세요.

▶ **Intangible** cultural **heritage** is **conveyed** from generation to generation. ▶ **Patriotic** folk songs and **martial** arts are examples of our intangible **legacy**. ▶ Our heritage **symbolizes** the **characteristics** of Korea. ▶ When we **acknowledge** the value of our heritage, we can take **pride** in being Korean.

▶ 무형 문화유산은 대대로 전해진다. ▶ 애국적인 민요와 무술은 우리의 무형 유산의 예이다. ▶ 우리의 유산은 한국의 특징을 상징한다. ▶ 우리가 우리 유산의 가치를 인정할 때, 우리는 한국인으로서의 자부심을 가질 수 있다.

1. fermented ....

2. cuisine ....

3. spice ....

4. vary ....

5. relative ....

6. pickle ....

7. preserve ....

8. preservation ....

9. fermentation ....

10. hand down ....

11. pop ....

12. worldwide ....

13. cosmetics ....

14. originate ....

15. globally ....

16. especially ....

17. mainstream ....

18. addictive ....

19. western ....

20. distinctive ....

21. heritage ....

22. intangible ....

23. convey ....

24. patriotic ....

25. martial ....

26. legacy ....

27. characteristic ....

28. symbolize ....

29. acknowledge ....

30. pride ....

[뜻]-[단어] 확인하기
다음 우리말 뜻에 맞는 영어 단어를 써 보세요.

1. 발효된 ....

2. 요리, 요리법 ....

3. 양념, 향신료 ....

4. (서로) 다르다 ....

5. 친척, 상대적인 ....

6. 피클, (소금 등에) 절이다 ....

7. 보존하다, 저장하다 ....

8. 보존, 저장 ....

9. 발효 ....

10. ~을 물려주다 ....

11. 팝 (음악), 펑 하고 터지다 ....

12. 세계적인, 세계적으로 ....

13. 화장품 ....

14. 비롯되다, 유래하다 ....

15. 전 세계적으로 ....

16. 특히 ....

17. 주류, 대세의 ....

18. 중독성 있는 ....

19. 서양의 ....

20. 독특한 ....

21. 유산 ....

22. 실체 없는, 무형의 ....

23. 전하다, 운반하다 ....

24. 애국적인 ....

25. 싸움의, 전쟁의 ....

26. 유산, 상속 ....

27. 특징, 특유의 ....

28. 상징하다 ....

29. 인정하다 ....

30. 자랑스러움, 자부심 ....

---

961 ★ **pointy**

형 (끝이) 뾰족한

▸ **pointy** ears
뾰족한 귀

---

962 ★★★ **roof**

명 지붕

▸ a flat **roof**
평평한 지붕

▸ a leaking **roof**
물이 새는 지붕

---

963 ★ **rainfall**

명 강우(량)

▸ average **rainfall**
평균 강우량

---

964 ★ **angle**

명 각도, 기울기
동 (어떤 각도로) 움직이다

▸ a 90-degree **angle**
90도 각도

▸ a high-**angle** roof
높은 기울기의 지붕

---

965 ★ **prevention**

명 예방, 방지
→ **prevent** 동 예방하다

▸ crime **prevention**
범죄 예방

▸ **prevention** of damage
피해 예방

---

966 ★★ **typical**

형 전형적인, 일반적인

▸ a **typical** businessman
전형적인 사업가

▸ in a **typical** way
전형적인 방법으로

★ 967	**interior**	명 실내, (건축) 인테리어 형 실내의, 내부의 ↔ exterior 형 외부의	▶ **interior** design 인테리어 디자인 ▶ **interior** decorations 실내 장식
★★ 968	**ceiling**	명 천장	▶ a high **ceiling** 높은 천장
969	**attic**	명 다락(방)	▶ a small **attic** 작은 다락방
★★ 970	**dwell** dwelt (dwelled) - dwelt (dwelled)	동 살다, 거주하다 = reside	▶ **dwell** in a city 도시에 살다 ▶ water-**dwelling** plants 물에 사는 식물

961 > 970

[**스토리**] 공부한 단어들을 하나의 스토리 안에서 확인해 보세요.

▶ Dutch buildings have **pointy roofs** because the Netherlands often has heavy **rainfall**. ▶ The high-**angle** roofs are useful for the **prevention** of damage from heavy rain. ▶ This **typical** style of Dutch roof influences the **interior** design as well. ▶ Most buildings have high **ceilings** and small **attics** at the top. ▶ This shows that the climate influences the type of homes people **dwell** in.

▶ 네덜란드의 건물들은 뾰족한 지붕을 가지고 있는데, 네덜란드는 자주 높은 강우량을 보이기 때문이다. ▶ 높은 기울기의 지붕들은 폭우로부터의 피해 예방에 유용하다. ▶ 이러한 전형적인 양식의 네덜란드 지붕은 인테리어 디자인에도 영향을 준다. ▶ 대부분의 건물이 높은 천장과, 꼭대기에 있는 작은 다락방을 가지고 있다. ▶ 이것은 기후가 사람들이 사는 집의 종류에 영향을 준다는 것을 보여준다.

건축 문화

MP3

★
971 **frequent**

형 빈번한, 잦은

→ **frequently** 부 자주

▶ **frequent** earthquakes
빈번한 지진

★★★
972 **architect**

명 건축가

▶ a Spanish **architect**
스페인 건축가

★★
973 **resistance**

명 저항(력), 반대

→ **resist** 동 저항하다

▶ water **resistance**
물의 저항

▶ **resistance** to power
권력에 대한 저항

★
974 **reinforce**

동 강화하다, 보강하다

▶ **reinforce** the structure
구조를 보강하다

★★★
975 **frame**

명 틀
동 틀에 넣다,
누명을 씌우다

▶ a picture **frame**
액자

▶ be **framed** for robbery
강도 누명을 쓰다

★★
976 **construct**

동 건설하다, 구성하다

▶ **construct** a dam
댐을 건설하다

▶ **construct** a story line
줄거리를 구성하다

★ 977	**flexible**	혱 유연한, 신축성 있는 → flexibility 몡 유연성	▸ **flexible** materials 유연한 재료 ▸ a **flexible** schedule 유연한(변동 가능한) 일정
★★★ 978	**force**	몡 (물리적인) 힘 동 강요하다	▸ work**force** 노동력 ▸ **force** a choice 선택을 강요하다
★★ 979	**endure**	동 견디다, 지속되다	▸ **endure** strong winds 강풍을 견디다
★★★ 980	**vibration**	몡 진동, 흔들림	▸ reduce **vibration** 진동을 감소시키다

971 > 980

[**스토리**] 공부한 단어들을 하나의 스토리 안에서 확인해 보세요.

▸ In Japan, earthquakes are **frequent**, so **architects** design buildings to have **resistance** against shaking. ▸ They **reinforce** the structures with solid **frames**. ▸ And the buildings are **constructed** with **flexible** materials that absorb shock and transfer the **forces** of an earthquake. ▸ These designs help the buildings **endure** strong **vibrations**.

▸ 일본에서는 지진이 빈번해서, 건축가들은 건물들이 흔들림에 저항력을 갖도록 설계한다. ▸ 그들은 견고한 틀로 구조를 보강한다. ▸ 그리고 그 건물들은 충격을 흡수하고 지진의 힘을 옮기는 유연한 재료로 건설된다. ▸ 이러한 설계는 건물이 강한 진동을 견딜 수 있도록 도와준다.

건축 문화

네덜란드 일본 고대그리스
981 > 990

MP3

★★
981
temple

명 신전, 사원

▶ a Buddhist **temple**
불교 사원

★★★
982
reflect

동 반사하다,
(거울이 상을) 비추다,
나타내다[반영하다]

▶ **reflect** the light
빛을 반사하다
▶ **reflect** thoughts
생각을 반영하다

★
983
historic

형 역사적인, 역사적으로
중요한

→ historical 형 역사의

▶ a **historic** building
역사적인 건축물

★★★
984
construction

명 건축, 공사, 구조

→ construct 동 건설하다

▶ **construction** costs
공사비
▶ **construction**
equipment
건축 장비

★
985
assemble

동 모으다, 조립하다

▶ **assemble** a shelf
선반을 조립하다

★★
986
marble

명 대리석, 구슬

▶ white **marble** floors
하얀 대리석 바닥
▶ play **marbles**
구슬치기를 하다

★ 987	**remains**	뗑 나머지, 유적, 유해

▶ human **remains**
사람의 유해

▶ dig up the **remains** of an ancient building
고대 건축물의 유적을 발굴하다

★★ 988	**column**	뗑 기둥, 기고문[칼럼]

▶ stone **columns**
돌 기둥

▶ a newspaper **column**
신문 칼럼

★★★ 989	**foundation**	뗑 토대, 기초, 설립 → found 똉 설립하다

▶ a solid **foundation**
견고한 기초

★ 990	**symbolic**	뗑 상징적인, 상징하는 → symbolize 똉 상징하다

▶ **symbolic** objects
상징적인 물건

981 > 990

[**스토리**] 공부한 단어들을 하나의 스토리 안에서 확인해 보세요.

▶ The Parthenon is a **temple** that **reflects** the history and culture of ancient Greece. ▶ This **historic** building was built without modern **construction** equipment. ▶ Altogether it took nine years to **assemble** the white **marble** temple. ▶ Although the temple has been damaged, the **remains** still have a solid structure. ▶ And the **columns** built upon the **foundation** are **symbolic** of ancient Greek culture.

▶ 파르테논은 고대 그리스의 역사와 문화를 반영하는 신전이다. ▶ 이 역사적인 건축물은 현대 건축 장비 없이 지어졌다. ▶ 이 하얀 대리석 신전을 조립하는 데 총 9년이 걸렸다. ▶ 비록 신전은 훼손되었지만, 그 유적은 여전히 견고한 구조를 가지고 있다. ▶ 그리고 그 토대 위에 세워진 기둥들은 고대 그리스 문화를 상징한다.

1. pointy ....

2. roof ....

3. rainfall ....

4. angle ....

5. prevention ....

6. typical ....

7. interior ....

8. ceiling ....

9. attic ....

10. dwell ....

11. frequent ....

12. architect ....

13. resistance ....

14. reinforce ....

15. frame ....

16. construct ....

17. flexible ....

18. force ....

19. endure ....

20. vibration ....

21. temple ....

22. reflect ....

23. historic ....

24. construction ....

25. assemble ....

26. marble ....

27. remains ....

28. column ....

29. foundation ....

30. symbolic ....

[뜻]-[단어] 확인하기
다음 우리말 뜻에 맞는 영어 단어를 써 보세요.

1. (끝이) 뾰족한 ....

2. 지붕 ....

3. 강우(량) ....

4. 각도, 기울기 ....

5. 예방, 방지 ....

6. 전형적인, 일반적인 ....

7. 인테리어, 실내의 ....

8. 천장 ....

9. 다락(방) ....

10. 살다, 거주하다 ....

11. 빈번한 ....

12. 건축가 ....

13. 저항(력) ....

14. 강화하다 ....

15. 틀, 누명을 씌우다 ....

16. 건설하다, 구성하다 ....

17. 유연한 ....

18. (물리적인) 힘, 강요하다 ....

19. 견디다 ....

20. 진동 ....

21. 신전, 사원 ....

22. 반사하다, 반영하다 ....

23. 역사적인 ....

24. 건축, 공사 ....

25. 모으다, 조립하다 ....

26. 대리석, 구슬 ....

27. 유적, 유해 ....

28. 기둥 ....

29. 토대, 기초 ....

30. 상징적인 ....

| ★
991 | **resume** | 명 이력서(résumé)
동 다시 시작하다,
재개하다 | ▶ write a **resume**
이력서를 쓰다
▶ **resume** negotiations
협상을 재개하다 |

| ★★★
992 | **suit** | 명 정장, 한 세트, 소송
동 어울리다, ~에 맞다 | ▶ wear a **suit**
정장을 입다
▶ It **suits** you.
당신에게 어울려요.
(잘 어울려요.) |

| ★★
993 | **occupation** | 명 직업, (토지 등의) 점령
→ **occupy** 동 차지하다 | ▶ State your **occupation**.
직업을 기입하세요. |

| ★
994 | **browse** | 동 둘러보다, 훑어보다 | ▶ **browse** job listings
직업 목록을 훑어보다
▶ I am just **browsing**.
(쇼핑 중에) 그냥 구경 중이에요. |

| ★★★
995 | **option** | 명 선택지, 옵션 | ▶ job **options**
직업 선택지
▶ choose an **option**
옵션을 고르다 |

| ★
996 | **profession** | 명 전문직 | ▶ the legal **profession**
법률직(법조인) |

| ★★★ 997 | **eliminate** | 동 제거하다, 없애다 = remove | ▶ **eliminate** moisture 습기를 제거하다 |
| | | | ▶ **eliminate** a noise 소음을 제거하다 |

| ★ 998 | **seek out** | ~을 찾아내다 | ▶ **seek out** a spy 스파이를 찾아내다 |

| ★ 999 | **narrow down** | (범위를) 좁히다 | ▶ **narrow down** the options 선택지를 좁히다 |

| ★ 1000 | **in accordance with** | ~에 따라, 맞게 | ▶ **in accordance with** my abilities 나의 능력에 맞게 |

991 > 1000

[**스토리**] 공부한 단어들을 하나의 스토리 안에서 확인해 보세요.

▶ I'm writing a **resume** to get a job. ▶ However, I'm unsure whether I can **seek out** a position that **suits** me. ▶ What **occupation** can I apply for? ▶ I **browse** the job listings and **narrow down** my job **options**. ▶ Then I **eliminate** the list of **professions** that aren't **in accordance with** my abilities.

▶ 나는 취직을 위해 이력서를 쓰고 있다. ▶ 하지만 나에게 맞는 자리를 찾아낼 수 있을지 모르겠다. ▶ 나는 어떤 직업에 지원할 수 있을까? ▶ 나는 직업 목록을 살펴보고 직업 선택지를 좁힌다. ▶ 그런 다음 나는 나의 능력에 맞지 않는 전문직 목록을 없앤다.

★
1001 **workplace**

명 직장, 일터

▶ a safe **workplace**
안전한 일터

★
1002 **contract**

명 계약서
동 계약하다

▶ sign a **contract**
계약서에 서명하다

★
1003 **negotiate**

동 협상하다, 성사시키다

→ negotiation 명 협상

▶ **negotiate** a salary
연봉을 협상하다

▶ **negotiate** a deal
거래를 성사시키다

★
1004 **commute**

명 통근 (거리)
동 출퇴근[통근]하다

▶ **commute** time
통근 시간

▶ **commute** by bus
버스로 출퇴근하다

★
1005 **employ**

동 고용하다, 이용하다

▶ **employ** people
사람들을 고용하다

▶ **employ** a simple rule
간단한 규칙을 이용하다

★
1006 **employer**

명 고용주

↔ employee

▶ my former **employer**
나의 이전 고용주

★★★ 교과서＋고1 학력 평가 10회 이상 수록　★★ 5~9회 수록　★ 1~4회 수록

★ 1007	**dismiss**	동 해고하다, 묵살하다	▶ **dismiss** an employee 직원을 해고하다 ▶ **dismiss** an idea 의견을 묵살하다
★ 1008	**supervise**	동 감독하다, 관리하다	▶ **supervise** elections 선거를 감독하다 ▶ **supervise** a project 프로젝트를 관리하다
★ 1009	**keen**	형 열망하는, 열정적인, 예리한	▶ a **keen** player 열정적인 선수 ▶ **keen** observation skills 예리한 관찰력
★ 1010	**in-depth**	형 면밀한, 심층의	▶ an **in-depth** interview 심층 면접

1001 > 1010

[**스토리**] 공부한 단어들을 하나의 스토리 안에서 확인해 보세요.

▶ Companies hire people through **in-depth** interviews. ▶ When a company finds a suitable candidate, it signs a **contract** with them and **negotiates** their salary. ▶ And they provide a **workplace** where employees can **commute** to. ▶ **Employers** can **employ** people and also **dismiss** them. ▶ Employers **supervise** their employees to see how **keen** they are with their work.

▶ 기업은 심층 면접을 통해 사람을 뽑는다. ▶ 적합한 지원자를 찾으면, 기업은 그들과 계약하고 연봉을 협상한다. ▶ 그리고, 그들은 직원들이 통근할 수 있는 일터를 제공한다. ▶ 고용주는 사람들을 고용할 수도 있고, 해고할 수도 있다. ▶ 고용주들은 얼마나 직원들이 일에 열정적인지 보기 위해 그들을 감독한다.

| ★★ 1011 | **cooperative** | 형 협력하는, 협동하는 → cooperation 명 협력 | ▶ **cooperative** activities 협력 활동 |

| ★★ 1012 | **collaborate** | 동 협력하다 = cooperate | ▶ **collaborate** with an artist 예술가와 협력하다 |

| ★★ 1013 | **objective** | 명 목적, 목표 형 객관적인 | ▶ **objective** facts 객관적인 사실 ▶ my primary **objective** 나의 주된 목표 |

| ★★★ 1014 | **diversity** | 명 다양성 | ▶ religious **diversity** 종교 다양성 |

| ★ 1015 | **complement** | 동 보완하다 명 보완, (영문법) 보어 | ▶ **complement** one another 서로를 보완하다 |

| ★★★ 1016 | **assign** | 동 (일·책임을) 부여하다, 맡기다 | ▶ **assign** a task 업무를 부여하다 |

★★★ 교과서+고1 학력 평가 10회 이상 수록   ★★ 5~9회 수록   ★ 1~4회 수록

★★★ 1017	**determine**	동 결정하다, 알아내다	▶ **determine** the future 미래를 결정하다 ▶ **determine** the identity 신원을 알아내다
★ 1018	**fit into**	~에 적응하다, 어울리다	▶ **fit into** a team 팀에 적응하다
★ 1019	**put together**	한데 모으다, 구성하다 = assemble	▶ **put together** a team 팀을 구성하다
★★★ 1020	**associate with**	~와 어울리다[사귀다], 연관되다	▶ **associate with** bad friends 나쁜 친구들과 어울리다

1011 › 1020

[**스토리**] 공부한 단어들을 하나의 스토리 안에서 확인해 보세요.

▶ Most companies consider **cooperative** work important. ▶ Different people are **put together** in a team to **collaborate** and achieve a common **objective**. ▶ The **diversity** of the team members makes them **complement** each other. ▶ The company **assigns** a task to the team. ▶ The members **associate with** each other and **determine** how to work together. ▶ This allows them to **fit into** their new teams.

▶ 대부분의 기업은 협력 작업을 중요하게 생각한다. ▶ 서로 다른 사람들이 협력하고 공통의 목표를 달성하기 위해 한 팀으로 모인다. ▶ 팀 구성원의 다양성은 이들이 서로를 보완하도록 만든다. ▶ 기업은 팀에게 업무를 부여한다. ▶ 구성원들은 서로 어울리며 어떻게 함께 일할 것인가를 결정한다. ▶ 이것이 그들을 그들의 새로운 팀에 적응할 수 있게 한다.

1. resume ....
2. suit ....
3. occupation ....
4. browse ....
5. option ....

6. profession ....
7. eliminate ....
8. seek out ....
9. narrow down ....
10. in accordance with ....

11. workplace ....
12. contract ....
13. negotiate ....
14. commute ....
15. employ ....

16. employer ....
17. dismiss ....
18. supervise ....
19. keen ....
20. in-depth ....

21. cooperative ....
22. collaborate ....
23. objective ....
24. diversity ....
25. complement ....

26. assign ....
27. determine ....
28. fit into ....
29. put together ....
30. associate with ....

1. 이력서, 재개하다 ....
2. 정장, 어울리다 ....
3. 직업, 점령 ....
4. 둘러보다, 훑어보다 ....
5. 선택지 ....

6. 전문직 ....
7. 제거하다 ....
8. ~을 찾아내다 ....
9. (범위를) 좁히다 ....
10. ~에 따라, 맞게 ....

11. 직장, 일터 ....
12. 계약서, 계약하다 ....
13. 협상하다, 성사시키다 ....
14. 통근, 출퇴근하다 ....
15. 고용하다, 이용하다 ....

16. 고용주 ....
17. 해고하다, 묵살하다 ....
18. 감독하다 ....
19. 열정적인, 예리한 ....
20. 면밀한, 심층의 ....

21. 협력하는, 협동하는 ....
22. 협력하다 ....
23. 목표, 객관적인 ....
24. 다양성 ....
25. 보완하다, 보완 ....

26. (일·책임을) 부여하다 ....
27. 결정하다, 알아내다 ....
28. ~에 적응하다 ....
29. 한데 모으다, 구성하다 ....
30. ~와 어울리다, 연관되다 ....

MP3

| ★★★ 1021 | **robotic** | 형 로봇식의, 스스로 움직이는 | ▶ a **robotic** machine 로봇식 기계 |

| ★ 1022 | **rapid** | 형 급격한, 빠른 | ▶ **rapid** growth 급격한 성장
▶ a **rapid** pulse 빠른 맥박 |

| ★ 1023 | **technological** | 형 기술적인 | ▶ **technological** change 기술 변화 |

| ★ 1024 | **ongoing** | 형 계속되는, 진행 중인 | ▶ **ongoing** development 계속되는 개발
▶ an **ongoing** debate 진행 중인 토론 |

| ★★★ 1025 | **replace** | 동 대체하다, 교체하다 | ▶ **replace** a wheel 바퀴를 교체하다
▶ **replace** an employee 직원을 교체하다 |

| ★ 1026 | **labor** | 명 노동(력)
동 (열심히) 일하다, 고생하다 | ▶ human **labor** 인간의 노동력
▶ the **labor** market 노동 시장 |

★★★ 교과서+고1 학력 평가 10회 이상 수록 ★★ 5~9회 수록 ★ 1~4회 수록

★★ 1027	**manufacture**	몡 제조(업), 제품 동 생산하다, 제작하다	▶ car **manufacture** 자동차 제조 ▶ **manufacture** products 제품을 생산하다
★★ 1028	**automatically**	뷔 자동으로	▶ run **automatically** 자동으로 작동하다 ▶ **automatically** turn off 자동으로 꺼지다
★ 1029	**hazard**	몡 위험 (요소) 동 추측하다, 위태롭게 하다	▶ a fire **hazard** 화재 위험 요소 ▶ **hazard** a guess 추측하다
★★ 1030	**generate**	동 만들어 내다, 발생시키다	▶ **generate** new jobs 새로운 일자리를 창출하다

1021 > 1030

[스토리] 공부한 단어들을 하나의 스토리 안에서 확인해 보세요.

▶ We are experiencing **rapid technological** change. ▶ With the **ongoing** development, **robotic** machines are now **replacing** human **labor** in **manufacturing**. ▶ They help factories run **automatically**. ▶ This may seem like a **hazard** since robots are taking away people's jobs. ▶ But this change can also **generate** new jobs.

▶ 우리는 급격한 기술 변화를 경험하고 있다. ▶ 계속되는 개발로, 로봇식 기계는 이제 제조업에서 인간의 노동력을 대체하고 있다. ▶ 그것들은 공장이 자동으로 작동하도록 돕는다. ▶ 이것은 위험 요소처럼 보일 수도 있는데, 로봇이 사람들의 직업을 빼앗고 있기 때문이다. ▶ 하지만 이 변화는 또한 새로운 직업들도 창출해 낼 수 있다.

★★★ 1031	**intelligence**	명 지능, 정보	▶ artificial **intelligence** 인공 지능(AI)
★★★ 1032	**enable**	동 ~을 할 수 있게 하다	▶ **enable** the users to download 사용자들이 다운로드할 수 있게 하다
★★★ 1033	**perceive**	동 인지하다, 감지하다	▶ **perceive** a risk 위험 요소를 감지하다
★ 1034	**manual**	형 수동의 명 설명서	▶ a **manual** camera 수동 카메라 ▶ a user **manual** 사용자 설명서
★★★ 1035	**interaction**	명 상호 작용 → interact 동 상호 작용하다	▶ social **interaction** 사회적 상호 작용
★★★ 1036	**frequently**	부 자주, 빈번하게, 흔히 → frequent 형 빈번한	▶ **frequently** visit my family 나의 가족을 자주 방문하다

★★
1037 **analysis**

명 분석

→ **analyze** 동 분석하다

▸ data **analysis**
데이터 분석

★★★
1038 **function**

명 기능, 함수

동 기능하다, 작동하다

▸ a **function** of the body
신체 기능

▸ **function** properly
제대로 작동하다

★★
1039 **preference**

명 선호(도), 취향

→ **prefer** 동 선호하다

▸ personal **preference**
개인적 선호도

▸ my music **preference**
나의 음악 취향

★
1040 **prediction**

명 예측, 예견

→ **predict** 동 예측하다

▸ make a **prediction**
예측하다

1031 > 1040

[스토리] 공부한 단어들을 하나의 스토리 안에서 확인해 보세요.

▸ Artificial **intelligence**(AI) makes machines smarter. ▸ AI technology **enables** machines to **perceive** the environment and make decisions. ▸ AI doesn't operate by a fixed **manual**. ▸ Instead, it develops through **interaction** with humans. ▸ AI is **frequently** used in our daily lives. ▸ For example, AI data **analysis** tools **function** in online stores. ▸ They analyze customer **preferences** and recommend products based on **prediction**.

▸ 인공 지능은 기계를 더 똑똑하게 만든다. ▸ AI 기술은 기계가 환경을 인지하고 결정을 내릴 수 있게 한다. ▸ AI는 정해진 설명서대로 작동하지 않는다. ▸ 대신에 그것은 사람과의 상호 작용을 통해 발달한다. ▸ AI는 우리의 일상에서 빈번하게 사용된다. ▸ 예를 들어, AI 데이터 분석 도구는 온라인 상점에서 작동한다. ▸ 그것들은 고객의 선호도를 분석하고, 예측에 기반해 상품을 추천한다.

★★★ 1041	**virtual**	혱 사실상의, 가상의	▶ **virtual** reality 가상 현실(VR)
★ 1042	**continuously**	뷔 계속해서, 끊임없이	▶ **continuously** change 끊임없이 변화하다
★★ 1043	**progress**	몡 진전, 진척 동 앞으로 나아가다, 진행하다	▶ make **progress** 진척을 보이다 ▶ The ship **progresses**. 배는 앞으로 나아간다.
★★ 1044	**remote**	혱 외딴, 먼, 원격의 = isolated 혱 외딴	▶ **remote** areas 멀리 떨어진(외딴) 지역 ▶ a **remote** control 원격 조정(리모컨)
★ 1045	**illusion**	몡 환상, 착각	▶ create an **illusion** 환상을 만들다
★★ 1046	**graphic**	몡 그래픽 혱 그래픽의, 도표의	▶ computer **graphics** 컴퓨터 그래픽 ▶ **graphic** design 그래픽 디자인

★★★ 교과서＋고1 학력 평가 10회 이상 수록   ★★ 5~9회 수록   ★ 1~4회 수록

★ 1047	**limitless**	혱 무한한 ↔ limited	▶ **limitless** possibilities 무한한 가능성

★ 1048	**emerge**	동 드러나다, 나타나다, 부상하다 = appear	▶ The truth **emerges**. 진실은 드러난다. ▶ **emerge** from the fog 안개 속에서 드러나다

★★ 1049	**innovative**	혱 혁신적인, 획기적인	▶ an **innovative** technology 혁신적인 기술

★★★ 1050	**be similar to**	~와 비슷하다, 유사하다	▶ **be similar to** reality 현실과 유사하다

1041 > 1050

[스토리] 공부한 단어들을 하나의 스토리 안에서 확인해 보세요.

▶ Computer technology for **virtual** reality(VR) is **continuously** making **progress**. ▶ The artificial environments created in VR can **be** very **similar to** reality. ▶ VR can allow us to experience **remote** areas. ▶ Through VR, we also can experience a visual **illusion** made of **graphics**. ▶ The possibilities are **limitless**. ▶ Thus, VR has **emerged** as an important **innovative** technology for video games.

▶ 가상 현실에 대한 컴퓨터 기술은 계속해서 진척을 보이고 있다. ▶ VR에 만들어진 가상 환경은 현실과 매우 유사할 수 있다. ▶ VR은 우리가 멀리 떨어진 지역을 경험하게 해줄 수 있다. ▶ VR을 통해서 우리는 또한 그래픽으로 만들어진 시각적 환상을 경험할 수 있다. ▶ 가능성은 무한하다. ▶ 그래서 VR은 비디오 게임에 있어 중요한 혁신적인 기술로 부상했다.

1. robotic ....

2. rapid ....

3. technological ....

4. ongoing ....

5. replace ....

6. labor ....

7. manufacture ....

8. automatically ....

9. hazard ....

10. generate ....

11. intelligence ....

12. enable ....

13. perceive ....

14. manual ....

15. interaction ....

16. frequently ....

17. analysis ....

18. function ....

19. preference ....

20. prediction ....

21. virtual ....

22. continuously ....

23. progress ....

24. remote ....

25. illusion ....

26. graphic ....

27. limitless ....

28. emerge ....

29. innovative ....

30. be similar to ....

1. 로봇식의 ....
2. 급격한, 빠른 ....
3. 기술적인 ....
4. 계속되는, 진행 중인 ....
5. 대체하다 ....

6. 노동(력) ....
7. 제조(업), 생산하다 ....
8. 자동으로 ....
9. 위험 (요소) ....
10. 만들어 내다 ....

11. 지능, 정보 ....
12. ~을 할 수 있게 하다 ....
13. 인지하다, 감지하다 ....
14. 수동의, 설명서 ....
15. 상호 작용 ....

16. 자주, 빈번하게 ....
17. 분석 ....
18. 기능, 작동하다 ....
19. 선호(도), 취향 ....
20. 예측 ....

21. 가상의 ....
22. 끊임없이 ....
23. 진척, 앞으로 나아가다 ....
24. 외딴, 원격의 ....
25. 환상 ....

26. 그래픽, 도표의 ....
27. 무한한 ....
28. 드러나다, 나타나다 ....
29. 혁신적인 ....
30. ~와 비슷하다 ....

도표*

MP3

★★
1051

chart

명 차트, 도표, 그래프
동 기록하다

▶ a pie **chart**
원그래프

▶ a music **chart**
음악 차트(순위표)

★★
1052

usage

명 사용(량), 사용법

▶ **usage** time
사용 시간

▶ data **usage**
데이터 사용량

★
1053

steadily

부 꾸준히

▶ increase **steadily**
꾸준히 증가하다

★★★
1054

peak

명 정점, 최고조
형 절정기의
동 최고조에 달하다

▶ reach the **peak**
최고조에 달하다

▶ the **peak** of my career
내 경력의 정점

★★
1055

rapidly

부 빠르게

→ rapid 형 빠른

▶ decline **rapidly**
빠르게 감소하다

★★★
1056

moreover

부 게다가, 더욱이

▶ He's smart and, **moreover**, a good leader.
그는 똑똑하고, 게다가 훌륭한 리더이다.

★★★ 교과서+고1 학력 평가 10회 이상 수록   ★★ 5~9회 수록   ★ 1~4회 수록

★ 1057	**multiply**	동 곱하다, 배가 되다, (수·양이) 크게 증가 하다, 번식하다	▶ **multiply** 7 by 6 7에 6을 곱하다 ▶ **multiply** rapidly 빠르게 증가하다(번식하다)
★★★ 1058	**gap**	명 틈, 격차, 차이	▶ a huge **gap** 큰 격차
★★ 1059	**decline**	명 감소 동 감소하다, 거절하다 = decrease 동 감소하다	▶ a rapid **decline** 급격한 감소 ▶ **decline** by 20 percent 20% 감소하다
★★★ 1060	**tendency**	명 경향, 추세, 동향	▶ a growing **tendency** 증가하는 추세
★★★ 1061	**rank**	명 계급 동 (순위를) 차지하다	▶ the highest **rank** 가장 높은 계급 ▶ **rank** the lowest 가장 낮은 순위를 차지하다
★★★ 1062	**entirely**	부 완전히, 전부	▶ **entirely** impossible 완전히 불가능한
★★ 1063	**in turn**	결과적으로[결국], 차례대로	▶ **In turn**, it made a profit. 결국, 그것은 이익을 냈다. ▶ call names **in turn** 차례대로 이름을 부르다

| ★★
1064 | **in particular** | 특히 | ▶ I like red, **in particular**.
나는 특히 빨간색을 좋아한다. |

| ★★★
1065 | **compared to** | ~와 비교하여 | ▶ **compared to** the previous year
지난해와 비교하여 |

1051 > 1065　[**스토리**] 공부한 단어들을 하나의 스토리 안에서 확인해 보세요.

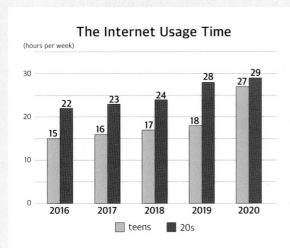

The Internet Usage Time

This **chart** shows the Korean youth's average Internet **usage** time from 2016 to 2020. Over this period, Internet usage time **steadily** increased and, **in turn**, reached its **peak** in 2020. **In particular**, it **rapidly** rose between 2019 and 2020. **Moreover**, teens' Internet usage time in 2020 has **multiplied** **compared to** 2016. The usage time **gap** between the two age groups **declined** in 2020 compared to 2016. However, the usage time for youths in their 20s **ranked** higher than for teens, and this **tendency** has not **entirely** changed.

이 차트는 2016년부터 2020년까지 한국 청소년들의 평균 인터넷 사용 시간을 보여준다. 이 기간 동안, 인터넷 사용 시간은 꾸준히 증가했고, 결과적으로 2020년에 최고조에 달했다. 특히, 이것은 2019년에서 2020년 사이에 급증했다. 게다가 2020년 십 대의 인터넷 사용 시간은 2016년에 비해 크게 증가했다. 두 연령 그룹의 인터넷 사용 시간 차이는 2016년도와 비교할 때 2020년에 감소했다. 그러나 20대의 사용 시간은 십 대보다 높은 순위를 차지했으며, 이러한 경향은 완전히 변하지는 않았다.

*2017년 3월 고1 학력 평가 변형

***
1066 **graph**

명 그래프, 도표
= chart

▶ a bar **graph**
막대그래프

***
1067 **least**

형 가장 적은, 최소의
명 최소

▶ at **least** 30 minutes
최소 30분
▶ win the **least** medals
가장 적은 메달을 획득하다

***
1068 **among**

전 (셋 이상의 것) 사이에, ~에 둘러싸인

▶ **among** teens
십 대 사이에서
▶ a lake **among** the trees
나무로 둘러싸인 호수

***
1069 **twice**

부 두 번, 두 배로

▶ **twice** a month
한 달에 두 번
▶ **twice** as many as mine
내 것보다 두 배 많은

***
1070 **exactly**

부 정확하게, (대답) 맞아[정확해]

▶ hit the ball **exactly**
정확하게 공을 치다
▶ **Exactly**.
맞아, 정확해.

**
1071 **overall**

형 종합적인, 전반적인
부 종합적으로
명 (한 벌로 된) 작업복, 멜빵바지

▶ the **overall** mood
전반적인 분위기
▶ an **overall** percentage
종합적인 퍼센티지

★★★ 1072	**above**	전 ~보다 위에, ~ 이상 형 위의, 앞서 말한 부 위에, 이상으로	▶ **above** my head 내 머리 위로 ▶ the **above** graph 위의 그래프
★★★ 1073	**the number of**	~의 수	▶ **the number of** people 사람들의 수
★★★ 1074	**according to**	~에 따르면, 의하면	▶ **according to** the graph 그래프에 따르면 ▶ **according to** the article 기사에 의하면
★ 1075	**in total**	총, 전체적으로	▶ There is 100 dollars **in total**. 총 100달러가 있다.
★★ 1076	**except for**	~을 제외하고	▶ **except for** me 나를 제외하고[빼고]
★★★ 1077	**when it comes to**	~의 경우, ~에 대해서는	▶ **when it comes to** health 건강에 대해서는
★★ 1078	**followed by**	뒤이어, 잇달아	▶ It was cloudy, **followed by** storms. 날씨가 흐렸고, 뒤이어 태풍이 왔다.

★★★ 1079	**the same as**	~와 마찬가지로	▶ **the same as** before 예전과 마찬가지로

★★ 1080	**in terms of**	~에 관해서는, ~ 면에서	▶ **in terms of** price 가격 면에서

1066 > 1080 **[스토리]** 공부한 단어들을 하나의 스토리 안에서 확인해 보세요.

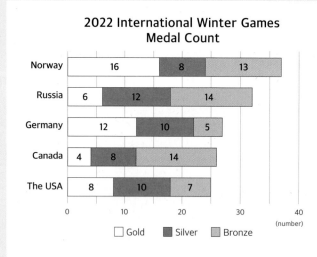

The **graph** shows **the number of** medals won by the top five countries at the 2022 International Winter Games. **According to** the graph, Norway won the most medals **in total**. **Except for** Norway, no other country won more than 15 gold medals. **When it comes to** silver medals, Russia topped the medal count at 12, **followed by** Germany and the USA with 10. Russia won 14 bronze medals, **the same as** Canada. Canada won the **least among** the five countries **in terms of** gold medals. Norway won **exactly twice** as many gold medals as the USA. **Overall**, each of the five countries won **above** 20 medals.

이 그래프는 2022년 동계 세계 대회에서 상위 5개국이 획득한 메달 수를 보여준다. 그래프에 따르면 노르웨이는 전체적으로 가장 많은 메달을 획득했다. 노르웨이를 제외하고 15개 이상의 금메달을 딴 국가는 없었다. 은메달의 경우, 러시아가 12개의 메달로 가장 높은 순위를 차지했고, 독일과 미국이 10개로 뒤를 따랐다. 러시아는 캐나다와 마찬가지로 14개의 동메달을 땄다. 캐나다는 금메달에 관해서는 5개국 중에 가장 적은 메달을 획득했다. 노르웨이는 미국보다 정확히 두 배 많은 금메달을 땄다. 전체적으로 각 5개 국가는 20개 이상의 메달을 획득했다. *2018년 6월 고1 학력 평가 변형

[단어]-[뜻] 확인하기
다음 영어 단어에 맞는 우리말 뜻을 써 보세요.

1. chart ....

2. usage ....

3. steadily ....

4. peak ....

5. rapidly ....

6. moreover ....

7. multiply ....

8. gap ....

9. decline ....

10. tendency ....

11. rank ....

12. entirely ....

13. in turn ....

14. in particular ....

15. compared to ....

16. graph ....

17. least ....

18. among ....

19. twice ....

20. exactly ....

21. overall ....

22. above ....

23. the number of ....

24. according to ....

25. in total ....

26. except for ....

27. when it comes to ....

28. followed by ....

29. the same as ....

30. in terms of ....

[뜻]-[단어] 확인하기
다음 우리말 뜻에 맞는 영어 단어를 써 보세요.

1. 차트, 도표 ....
2. 사용(량) ....
3. 꾸준히 ....
4. 정점, 최고조에 달하다 ....
5. 빠르게 ....
6. 게다가, 더욱이 ....
7. 곱하다, 크게 증가하다 ....
8. 틈, 격차 ....

9. 감소, 감소하다 ....
10. 경향, 추세 ....
11. 계급, (순위를) 차지하다 ....
12. 완전히, 전부 ....
13. 결국, 차례대로 ....
14. 특히 ....
15. ~와 비교하여 ....

16. 그래프, 도표 ....
17. 가장 적은, 최소 ....
18. 사이에, ~에 둘러싸인 ....
19. 두 번, 두 배로 ....
20. 정확하게, (대답) 맞아 ....
21. 전반적인, 종합적으로 ....
22. ~보다 위에, 위의 ....
23. ~의 수 ....

24. ~에 따르면 ....
25. 총, 전체적으로 ....
26. ~을 제외하고 ....
27. ~의 경우 ....
28. 뒤이어 ....
29. ~와 마찬가지로 ....
30. ~에 관해서는, ~ 면에서 ....

1.   다음 문장에서 밑줄 친 단어의 의미를 고르시오.

> More than **20 trillion** pieces of plastic are scattered in the ocean.

① 2조   ② 20억   ③ 20조
④ 200억   ⑤ 200만

2.   다음 단어들과 가장 관계가 있는 단어로 알맞은 것은?

> • pole   • latitude   • continent

① density   ② biology   ③ chemistry
④ physics   ⑤ geography

3.   빈칸에 공통으로 들어갈 말로 가장 알맞은 것은?

> • Avoid _____ foods for your health.
> • _____ intelligence makes machines smarter.

① virtual   ② tropical   ③ artificial
④ electrical   ⑤ poisonous

4. 짝 지어진 단어의 관계가 나머지와 <u>다른</u> 것은?

① appear : emerge   ② burst : explode

③ aboard : on board   ④ remove : eliminate

⑤ phenomenon : phenomena

5. 단어의 영어 풀이가 알맞지 <u>않은</u> 것은?

① rapid: very fast

② force: physical strength

③ shiver: to shake because of cold

④ peak: the highest part of something

⑤ crisis: a situation that is easy to deal with

6. 서로 반대되는 뜻을 가진 단어끼리 짝 지어진 것은?

ⓐ poison : poisonous

ⓑ limited : limitless

ⓒ manned : unmanned

ⓓ employer : employee

ⓔ phenomenon : phenomena

① ⓐ, ⓑ   ② ⓑ, ⓔ   ③ ⓐ, ⓒ, ⓓ

④ ⓑ, ⓒ, ⓓ   ⑤ ⓒ, ⓓ, ⓔ

7. 우리말에 맞게 빈칸에 들어갈 말로 알맞은 것은?

> Microplastics are _____ visible.
> 미세 플라스틱은 눈에 거의 보이지 않는다.

① totally   ② hardly   ③ rapidly

④ frequently   ⑤ accidentally

8. 빈칸에 들어갈 말로 가장 적절한 것은?

> Blue- and violet-colored lights is most bounced around the
> Earth. _____, the sky appears as a shade of blue.

① Hence   ② Overall   ③ For instance

④ Moreover   ⑤ Except for

9. 괄호 (A), (B), (C)에 들어갈 말이 순서대로 짝 지어진 것은?

> - Landfills **(A)(take up / hand down)** a lot of space.
> - Water can't **(B)(put out / put together)** burning oil.
> - The **(C)(northern / southern)** polar region is called the Arctic.

	(A)	(B)	(C)
①	take up	put out	northern
②	take up	put out	southern
③	take up	put together	northern
④	hand down	put out	northern
⑤	hand down	put together	southern

중학 내신 실전 문제 〈 정답 〉

1

1. ③
2. ④
3. ⑤
4. ①
5. ③
6. ②
7. ③
8. ②
9. ③
10. ①

2

1. ①
2. ④
3. ②
4. ④
5. ②
6. ⑤
7. ①
8. ③
9. ⑤
10. ②

3

1. ②
2. ④
3. ③
4. ③
5. ①
6. ②
7. ④
8. ①
9. ③

4

1. ③
2. ⑤
3. ③
4. ⑤
5. ⑤
6. ④
7. ②
8. ①
9. ①

INDEX

키 중학

영단어

쓰면서
익히는 **워크북**

2권 / 중학 3학년 · 예비 고등

교육 R&D에 앞서가는
 키출판사

키중학 영단어
워크북

2권 / 중학 3학년 · 예비 고등

★ **스토리 받아쓰기** MP3파일을 듣고,
빈칸에 알맞은 단어를 써 스토리를 완성하세요.

MP3

1	freshman	11	management	21	resolution
2	arrangement	12	limited	22	scholarship
3	adjust	13	categorize	23	independent
4	introduction	14	task	24	mature
5	auditorium	15	urgency	25	general
6	curriculum	16	importance	26	accomplish
7	regulation	17	devote	27	specific
8	senior	18	majority	28	motivate
9	promote	19	ignore	29	toward
10	look forward to	20	productive	30	aim to

학교생활 1 » 10

I'm a ^{1}_____ in high school. I need to make ^{2}_____ to ^{3}_____ to my new school life. There will be a school ^{4}_____ held in the ^{5}_____. The school ^{6}_____ and ^{7}_____ will be announced. ^{8}_____ students will ^{9}_____ school clubs. I'm ^{10}_____ it.

나는 고등학교 **신입생**이다. 나는 나의 새로운 학교생활에 **적응하기** 위해 **준비**를 해야 한다. **강당**에서 열리는 학교 **소개**가 있을 것이다. 학교 **교육 과정**과 **규칙**이 안내될 것이다. **선배**들이 학교 동아리를 **홍보할** 것이다. 나는 그것**을 기대하고 있다**.

Time ___¹¹___ is important in school life. Time is ___¹²___ , so you should ___¹³___ your ___¹⁴___ based on their ___¹⁵___ and ___¹⁶___ . Then, ___¹⁷___ a ___¹⁸___ of your time to the most important task. ___¹⁹___ less important things. This will be a ___²⁰___ way of managing your time.

학교생활에서 시간 **관리**는 중요합니다. 시간은 **한정적**이어서 여러분은 여러분의 **일들**을 **긴급함**과 **중요성**에 따라 **분류해야** 합니다. 그런 다음, 여러분의 시간 중 **대부분**을 가장 중요한 일**에 쏟으세요**. 덜 중요한 일은 **무시하세요**. 이렇게 하는 것이 여러분의 시간을 관리하는 **생산적인** 방법이 될 것입니다.

목표 21 » 30

What's your ___²¹___ for this year? Some people might say getting a ___²²___ is their goal for the year. Some might ___³⁰___ be more ___²³___ and ___²⁴___ . However, these are ___²⁵___ resolutions. To ___²⁶___ a goal, make ___²⁷___ plans. This will ___²⁸___ you to move ___²⁹___ your goal.

여러분의 올해 **다짐**은 무엇인가요? 어떤 사람들은 **장학금**을 받는 것이 그들의 올해 목표라고 말할 것입니다. 몇몇은 더 **독립심을 가지고 성숙해지는** 것을 **목표로 할 것입니다**. 하지만, 이것들은 **일반적인** 결심입니다. 목표를 **성취하기** 위해서는 **구체적인** 계획을 세우세요. 그렇게 하는 것이 여러분에게 여러분의 목표를 **향해** 움직이도록 **동기를 부여할** 것입니다.

★ **스토리 받아쓰기**   MP3파일을 듣고,
빈칸에 알맞은 단어를 써 스토리를 완성하세요.

31	sibling	41	pregnant	51	divorce
32	resemble	42	niece	52	abandoned
33	puberty	43	nephew	53	isolated
34	argue	44	identical	54	togetherness
35	annoy	45	entire	55	anniversary
36	adult	46	newborn	56	harsh
37	mentor	47	admire	57	breakup
38	considerate	48	sacrifice	58	insecure
39	adolescence	49	infant	59	honor
40	lean on	50	give birth	60	be dependent on

형제자매 31 » 40

Do you have ^{31}_____? I have an older brother, but we don't
^{32}_____ each other. When he hit ^{33}_____, we ^{34}_____ a
lot. He often ^{35}_____ me. But now, he's a mature ^{36}_____ and
a ^{38}_____ ^{37}_____ to me. I've entered ^{39}_____, and my
brother has become the person I ^{40}_____ the most.

당신은 **형제자매**가 있나요? 저는 오빠가[형이] 있는데, 우리는 서로 안 **닮았어요**. 그가 **사춘기**가 됐을 때,
우리는 많이 **다퉜어요**. 그는 종종 나를 **짜증나게 했어요**. 하지만 이제 그는 성숙한 **어른**이고, 저에게 있어
사려 깊은 조언자예요. 저는 **청소년기**에 접어들었고, 오빠는[형은] 제가 가장 **의지하는** 사람이 되었어요.

새로운 가족 41 » 50

When I heard my older sister had become _____⁴¹_____, I was excited to have a _____⁴²_____ or _____⁴³_____. A couple of months later, we found out that she was having _____⁴⁴_____ twins. On the day my sister _____⁵⁰_____, the _____⁴⁵_____ family gathered to meet the _____⁴⁶_____ babies. I _____⁴⁷_____ my sister and thought of my mom's _____⁴⁸_____. My nieces are _____⁴⁹_____ now, and I look forward to watching them grow up.

우리 언니[누나]가 **임신했다는** 소식을 들었을 때, 나는 **여자 조카**나 **남자 조카**가 생기는 것에 신이 났다. 몇 달 후에 우리는 그녀가 **일란성** 쌍둥이를 가졌다는 것을 알게 됐다. 언니[누나]가 **출산하던** 날, **온** 가족이 **갓난**아기들을 만나려고 모였다. 나는 우리 언니[누나]가 **존경스러웠고**, 우리 엄마의 **희생**에 대해 생각했다. 나의 조카들은 이제 **유아**이고, 나는 그들이 자라는 것을 지켜보는 것을 기대한다.

가족 문제 51 » 60

When my parents got _____⁵¹_____, I felt _____⁵²_____ and _____⁵³_____. I thought that my family had lost its _____⁵⁴_____. And I thought we wouldn't be able to celebrate family _____⁵⁵_____ together anymore. I had to face the _____⁵⁶_____ reality of accepting the _____⁵⁷_____ of my family. However, my parents tried their best not to make me feel _____⁵⁸_____. I _____⁵⁹_____ my parents, and they are the ones I _____⁶⁰_____ most _____.

우리 부모님이 **이혼하셨을** 때, 나는 **버려지고 고립된** 느낌이 들었다. 나는 우리 가족이 **유대**를 잃었다고 생각했다. 그리고 우리가 가족 **기념일**을 더 이상 함께 기념할 수 없을 거라고 생각했다. 나는 가족의 **이별**을 받아들여야 하는 **냉혹한** 현실을 맞닥뜨려야만 했다. 그러나 우리 부모님은 내가 **불안함**을 느끼지 않게 하기 위해 최선을 다하셨다. 나는 우리 부모님을 **존경하고**, 그들은 내가 가장 **의지하는** 분들이다.

★ **스토리 받아쓰기** MP3파일을 듣고, 빈칸에 알맞은 단어를 써 스토리를 완성하세요.

MP3

61	facility	71	spill	81	grocery
62	trim	72	stain	82	nearby
63	professional	73	fabric	83	retail
64	curly	74	repair	84	wholesale
65	bleach	75	sew	85	various
66	trendy	76	weave	86	dairy
67	layer	77	thread	87	reasonable
68	fringe	78	stitch	88	utensil
69	blow-dry	79	spotless	89	appliance
70	be willing to	80	dirt	90	apparel

미용실 61 » 70

I went to a newly opened hair salon to _____[62] my hair. The _____[61] was clean, and they had a team of _____[63] hairdressers. The one who cut my hair had _____[65] _____[64] hair, and I thought it was _____[66]. He _____[67] my hair, cut my _____[68], and _____[69] my hair to make it wavy. It was a pleasant experience, and I _____[70] visit the salon again.

나는 머리를 **다듬기** 위해 새로 문을 연 미용실에 갔다. **시설**은 깨끗했고, **전문** 미용사 팀을 갖추고 있었다. 내 머리를 자른 사람은 **탈색한 곱슬**머리였는데, 나는 그것이 **유행**이라고 생각했다. 그는 내 머리에 **층을 냈고**, **앞머리**를 잘라주었으며, 내 머리에 웨이브를 만들기 위해 **드라이했다**. 그것은 기분 좋은 경험이었고, 나는 다시 그 미용실에 방문**할 의향이 있다**.

세탁소

I ⁷¹_____ coffee on my shirt. I tried to remove the ⁷²_____,
but I ended up damaging the ⁷³_____. I took my shirt to the
laundry, and the laundry worker ⁷⁴_____ my clothes. He had great
⁷⁵_____ skills. He ⁷⁶_____ a tiny cloth with ⁷⁷_____, and
then ⁷⁸_____ it onto the damaged fabric. Now my shirt is
⁷⁹_____ and has no ⁸⁰_____ or stains.

나는 나의 셔츠에 커피를 **쏟았다**. 나는 **얼룩**을 없애려고 노력했지만, 결국 **옷감**을 상하게 했다. 나는 셔츠를 세탁소에 가져갔고, 세탁소 직원은 내 옷을 **수선했다**. 그는 훌륭한 **바느질** 기술을 가졌다. 그는 **실**로 작은 천을 **짜서** 상한 옷감 위에 **꿰맸다**. 이제 내 셔츠는 **완전히 깨끗하고**, **때**나 얼룩도 없다.

슈퍼마켓

My family often goes ⁸¹_____ shopping at a ⁸²_____
supermarket. It's the largest ⁸³_____ store in our town, and it's as
big as a ⁸⁴_____ market. The store sells ⁸⁵_____ food
products, from ⁸⁶_____ to fresh produce. It also sells non-food
goods at a ⁸⁷_____ price. It has a great selection of ⁸⁸_____,
home ⁸⁹_____, and ⁹⁰_____.

우리 가족은 종종 **근처** 슈퍼마켓에 **장**을 보러 간다. 그곳은 우리 동네에서 가장 큰 **소매** 상점이고, **도매** 시장만큼 크다. 상점은 **유제품**부터 신선 제품까지 **다양한** 식품을 판다. 그곳은 또한 음식이 아닌 상품들도 **합리적인** 가격에 판매한다. 그곳에는 다양한 종류의 **식기**, 가전**제품**, **의류**가 있다.

91	stadium	101	accessible	111	field
92	league	102	pace	112	section
93	pitcher	103	period	113	offensive
94	batter	104	defense	114	defender
95	assist	105	offense	115	locate
96	final	106	shot	116	toss
97	farther	107	defensive	117	competitive
98	contribute	108	handle	118	foul
99	dramatic	109	teamwork	119	penalty
100	root for	110	opponent	120	engage in

야구 91 » 100

My family often goes to the baseball ⁹¹_____. We are huge fans of a Major ⁹²_____ team. The team has great ⁹³_____ and ⁹⁴_____. All the players always show great teamwork, ⁹⁵_____ each other during play. We've never missed their ⁹⁶_____ match. In the latest match, the player I'm ¹⁰⁰_____ hit the ball ⁹⁷_____ than ever. It was a home run, and it ⁹⁸_____ to a ⁹⁹_____ victory.

우리 가족은 종종 야구 **경기장**에 간다. 우리는 한 메이저 **리그** 팀의 엄청난 팬이다. 그 팀에는 훌륭한 **투수**와 **타자**가 있다. 모든 선수들은 경기 중에 서로를 **도우며**, 항상 훌륭한 팀워크를 보여준다. 우리는 한 번도 그들의 **결승** 경기를 놓친 적이 없다. 가장 최근 경기에서 내가 **응원하는** 선수가 그 어느 때보다도 **멀리** 공을 쳤다. 그것은 홈런이었고, **극적인** 승리에 **기여했다**.

Basketball is an _____101_____ and very fast-_____102_____ sport. A basketball game is made up of four 12-minute _____103_____. Each team has players for _____104_____ and _____105_____. Any player can take a _____106_____ at the basket, and _____107_____ players can steal the ball. _____108_____ the ball well and showing great _____109_____ are key basketball skills. The team that scores more than the _____110_____ wins the game.

농구는 **접하기 쉽고, 속도**가 매우 빠른 스포츠이다. 농구 경기는 네 번의 12분짜리 **경기 시간**으로 구성된다. 각 팀에는 **수비**와 **공격**을 위한 선수들이 있다. 어떤 선수든지 골대에 **슛**을 쏠 수 있으며, **수비**수는 공을 가로챌 수 있다. 공을 잘 **다루고** 좋은 **팀워크**를 보여주는 것이 농구의 핵심 기술이다. **상대**보다 더 많이 득점한 팀이 경기에서 승리한다.

Eleven players from each football team are on the _____111_____. In the front _____112_____, the _____113_____ players are getting ready. The _____114_____ and the goalkeeper are _____115_____ in the back. Before starting a match, a referee _____116_____ a coin to decide which team gets the ball first. Then the teams _____120_____ a _____117_____ game for ninety minutes. Sometimes, the referee calls _____118_____ and gives _____119_____.

각 축구팀의 11명의 선수가 **경기장**에 있습니다. 앞쪽 **구역**에는 **공격**수가 준비하고 있습니다. **수비수들**과 골키퍼는 뒤쪽에 **위치합니다**. 경기를 시작하기 전에, 심판은 어떤 팀이 공을 먼저 가질 것인지 결정하기 위해 동전을 **던집니다**. 그리고 두 팀은 90분 동안 **치열한** 경기**에 참여합니다**. 때때로, 심판은 **반칙**을 선언하고 **페널티 킥**을 줍니다.

121	overnight	131	resort	141	overseas
122	highway	132	ideal	142	requirement
123	trail	133	coastline	143	departure
124	winding	134	dawn	144	document
125	site	135	horizon	145	valid
126	shore	136	speechless	146	insurance
127	campfire	137	reserve	147	identification
128	container	138	souvenir	148	currency
129	sunset	139	terminal	149	local
130	set up	140	arrival	150	just in case

캠핑 121 » 130

I went camping with my family and stayed ¹²¹_____. We drove on the ¹²²_____ and passed several ¹²⁴_____ ¹²³_____. When we arrived at the camping ¹²⁵_____, it was late in the evening. We ¹³⁰_____ a tent next to the ¹²⁶_____ and lit a ¹²⁷_____. Then we opened a food ¹²⁸_____ and warmed the food over the fire. We enjoyed our meal while watching the ¹²⁹_____.

나는 가족과 함께 캠핑을 가서 **하룻밤 동안** 머물렀다. 우리는 **고속 도로** 위를 달렸고, **구불구불한 산길을** 여러 개 지났다. 우리가 캠핑 **장소**에 도착했을 때는 늦은 저녁이었다. 우리는 **해변** 옆에 텐트를 **설치하고** **모닥불**을 지폈다. 그런 다음, 우리는 음식 **용기**를 열어 음식을 불에 데웠다. **일몰**을 바라보며 우리는 식사를 즐겼다.

Why not spend your vacation at our [131]_____? We offer [132]_____ vacations. Jog along the [133]_____ and breathe in the fresh air at [134]_____. Enjoy a peaceful morning, watching the sun rise above the [135]_____. The amazing views of nature will leave you [136]_____ [137]_____ a room now and receive a free [138]_____. [139]_____ pick-up service upon your [140]_____ is included.

저희 **리조트**에서 휴가를 보내는 건 어떠세요? 저희는 **이상적인** 휴가를 제공합니다. **새벽**에 **해안 지대**를 따라 조깅하고, 신선한 공기를 마셔 보세요. 해가 **수평선** 위로 떠오르는 것을 보며 평화로운 아침을 만끽하세요. 자연의 놀라운 경치는 여러분을 **말문이 막히게** 할 것입니다. 지금 방을 **예약하고** 무료 **기념품**을 받으세요. **도착** 시 **터미널** 마중 서비스가 포함되어 있습니다.

Are you planning an [141]_____ trip? Then, you must prepare the [142]_____ before your [143]_____. Passports and [145]_____ travel [144]_____ are necessary. Buying travel [146]_____ and making a copy of your [147]_____ is helpful for safe travel. Remember to take a small amount of money in [149]_____ [148]_____ as well, [150]_____.

당신은 **해외**여행을 계획하고 있나요? 그렇다면, **출발**하기 전에 **필요한 것들**을 준비해야 합니다. 여권과 **유효한** 여행 **서류들**이 필요합니다. 여행 **보험**을 드는 것과 **신분증** 사본을 만드는 것은 안전한 여행에 도움이 됩니다. **만약을 대비해 현지 통화**로 소액의 돈을 가져가는 것도 잊지 마세요.

151	convenience	161	shipment	171	claim
152	access	162	trace	172	electronic
153	directly	163	parcel	173	delivery
154	purchase	164	package	174	offer
155	seller	165	unpack	175	whereas
156	retailer	166	commerce	176	expense
157	diverse	167	guarantee	177	postal
158	advantage	168	misdeliver	178	extra
159	deal	169	disadvantage	179	charge
160	comparison	170	on time	180	in person

온라인 쇼핑 151 » 160

Many people enjoy the _____[151]_____ of online shopping. It's easy to _____[152]_____ an online store, and customers can _____[154]_____ goods _____[153]_____ from _____[155]_____. They can also search for items from _____[157]_____ _____[156]_____. Another great _____[158]_____ is that customers can get a better _____[159]_____ through price _____[160]_____.

많은 사람들이 온라인 쇼핑의 **편리함**을 즐깁니다. 온라인 상점에 **접속하는** 것은 쉽고, 소비자들은 **판매자**로부터 **바로** 상품을 **구매할** 수 있습니다. 그들은 또한 **다양한 소매상들**의 상품을 검색할 수 있습니다. 또 다른 큰 **장점**은 소비자들이 가격 **비교**를 통해 더 좋은 **거래**를 할 수 있다는 것입니다.

After purchasing goods online, customers can _____[162] the _____[161] of their _____[163]. They wait for the _____[164] to be delivered and look forward to _____[165] it. However, online _____[166] does not _____[167] that the item will arrive _____[170]. It might get lost, become damaged, or be _____[168]. This is a big _____[169] of online shopping.

온라인에서 상품을 구매한 다음에, 소비자들은 그들의 **소포 배송**을 **추적할** 수 있습니다. 그들은 **소포**가 배송되기를 기다리고 포장을 **풀기**를 고대합니다. 그러나, 온라인 **상거래**는 상품이 **제시간에** 도착하는 것을 **보장하지** 않습니다. 그것은 분실될 수도 있고, 파손되거나 혹은 **잘못 배달될지도** 모릅니다. 이것이 온라인 쇼핑의 큰 **단점**입니다.

Through _____[172] commerce, customers purchase products without seeing them _____[180]. This is why refunds are often _____[171] online after the _____[173] of items. In-store purchases _____[174] easy returns for free, _____[175] returning items purchased online takes more time and requires more _____[176]. For example, customers may be _____[179] _____[178] _____[177] fees.

전자 상거래를 통해 소비자들은 상품을 **직접** 보지 않고 구매합니다. 이것이 상품 **배송** 후에 온라인에서 환불이 종종 **요청되는** 이유입니다. 매장 내 구매는 쉬운 반품을 무료로 **제공하는 반면**, 온라인에서 구매한 물품을 반품하는 것은 시간이 더 많이 걸리고 **비용**도 더 많이 듭니다. 예를 들어, 소비자들은 **추가 우편** 요금을 **청구받을지도** 모릅니다.

181	bend	191	physical	201	injure
182	apart	192	flexibility	202	workout
183	thigh	193	strengthen	203	careless
184	shift	194	switch	204	gear
185	relieve	195	technique	205	protective
186	muscle	196	occupy	206	fitness
187	tension	197	press	207	palm
188	preparation	198	cliff	208	wrist
189	essential	199	firmly	209	pain
190	warm up	200	straighten	210	posture

준비 운동 181 » 190

Let's _____(190)_____ our bodies. Stand with your legs wide _____(182)_____.

_____(181)_____ your left knee until you feel a stretch in your right

_____(183)_____. Hold for a second, then _____(184)_____ your weight to the

other side. This will _____(185)_____ _____(186)_____ _____(187)_____. Don't

forget that warming up is _____(189)_____ _____(188)_____ for every

workout.

우리 몸을 풀어줍시다. 다리를 넓게 **벌리고** 서주세요. 오른쪽 **허벅지**가 당기는 느낌이 들 때까지 왼쪽 무릎을 **굽혀주세요**. 잠시 멈춰 있다가 무게를 다른 쪽으로 **옮겨주세요**. 이것은 **근육**의 **긴장**을 **완화해 줄** 것입니다. 몸을 풀어주는 것은 모든 운동을 위한 **필수적인 준비**라는 것을 잊지 마세요.

암벽 등반 191 » 200

Rock climbing is a great _____ [191] activity for improving _____ [192]

and _____ [193] the body. But it requires learning some _____ [195]:

1. _____ [194] your hand positions only when your feet are secure. 2.

When you move, _____ [197] your feet _____ [199] against the rocks

they _____ [196]. 3. When hanging on a _____ [198] for a long time,

_____ [200] your arms.

암벽 등반은 **유연성**을 높이고 몸을 **더 튼튼하게 하는** 데 좋은 **신체** 활동입니다. 하지만 이것은 몇 가지 **기술**을 배우는 것을 필요로 합니다. 1. 당신의 발이 안전할 때에만 손의 위치를 **바꾸세요.** 2. 움직일 때에는, 발이 **차지하고 있는** 바위에 대고 발을 **단단히 누르세요.** 3. **절벽**에 오래 매달릴 때에는, 팔을 **곧게 펴세요.**

운동 장비 201 » 210

Have you ever _____ [201] yourself during a _____ [202]? It might be

because you were _____ [203] about wearing _____ [205]

_____ [204]. When using _____ [206] equipment, you should wear

gloves. They will protect your _____ [207] and _____ [208]. If you

have knee _____ [209] when bending your legs, knee supports will help

strengthen your _____ [210].

여러분은 **운동** 중에 **부상을 당한** 적이 있나요? 이것은 아마도 여러분이 **보호** 장비를 착용하는 것에 **부주의했기** 때문일지도 모릅니다. **신체 단련** 기구를 사용할 때에는 장갑을 착용해야 합니다. 그것들은 여러분의 **손바닥**과 **손목**을 보호할 것입니다. 만약 여러분이 다리를 굽힐 때 무릎 **통증**이 있다면, 무릎 보호대가 **자세**를 강화하도록 도와줄 것입니다.

211	nutritious	221	checkup	231	disease
212	enhance	222	illness	232	collapse
213	digestive	223	sickness	233	immediate
214	organ	224	painful	234	assistance
215	immune	225	cancer	235	pulse
216	artificial	226	treatment	236	chest
217	processed	227	suitable	237	tilt
218	contain	228	prescribe	238	breath
219	protein	229	drug	239	repeat
220	thirsty	230	surgery	240	procedure

식습관 211 » 220

Many nutritionists say that eating ____²¹¹ food can ____²¹²
our health. It's good for our ____²¹³ ____²¹⁴ and helps
strengthen our ____²¹⁵ systems. Here are some ways to maintain a
healthy diet: 1. Avoid ____²¹⁶ sweeteners and ____²¹⁷ foods.
2. Regularly eat foods that ____²¹⁸ ____²¹⁹, such as eggs and
fish. 3. Drink enough water so that you don't get ____²²⁰.

많은 영양학자들은 **영양가가 높은** 음식을 섭취하는 것이 우리의 건강을 **향상시킬** 수 있다고 말합니다. 이 것은 우리의 **소화 기관**에 좋고, 우리의 **면역** 체계를 강화하는 데 도움을 줍니다. 여기 건강한 식습관을 유지하는 몇 가지 방법이 있습니다. 1. **인공** 감미료와 **가공**식품을 피하세요. 2. 달걀과 생선처럼 **단백질을 포함한** 음식을 주기적으로 섭취하세요. 3. 여러분이 **갈증이 나지** 않도록 충분한 물을 섭취하세요.

질병 치료 221 » 230

We see a doctor for many reasons, from regular _____²²¹ to even treating _____²²⁴ _____²²² like _____²²⁵. Whatever _____²²³ we have, the doctors will give us a _____²²⁷ _____²²⁶. They can _____²²⁸ _____²²⁹ and perform _____²³⁰. What we need to do is follow their advice.

우리는 정기 건강 **검진**부터 심지어 **암** 같은 **고통스러운 질병**을 치료하는 것에 이르기까지 다양한 이유로 병원에 간다. 우리가 어떤 **질병**을 앓고 있든지 간에 의사들은 우리에게 **적절한 치료**를 할 것이다. 그들은 **약**을 **처방할** 수 있고, **수술**을 할 수 있다. 우리가 해야 하는 것은 그들의 조언을 따르는 것이다.

심폐 소생술 231 » 240

A heart attack can happen to anyone, even if they don't have heart _____²³¹. CPR can provide _____²³³ medical support when a person _____²³² because of a heart attack. Before starting CPR, call 119 for _____²³⁴, and check for a _____²³⁵. Then start pushing down on the center of the _____²³⁶. After pushing on the chest 30 times, _____²³⁷ the person's head, and give short rescue _____²³⁸. _____²³⁹ the CPR _____²⁴⁰ until the person starts breathing again.

심장 마비는 심장**병**을 앓고 있지 않아도 누구에게나 일어날 수 있습니다. CPR은 어떤 사람이 심장 마비로 **쓰러졌을** 때 **즉각적인** 의료 지원을 제공할 수 있습니다. CPR을 시작하기 전에 119에 **도움**을 요청하고 **맥박**을 확인하세요. 그런 다음, **흉부**의 중앙을 누르기 시작하세요. 흉부를 30번 누르고 난 뒤 환자의 고개를 **기울여** 짧은 구조 **호흡**을 하세요. 그 사람이 다시 호흡을 시작할 때까지 CPR **절차**를 **반복하세요**.

★ **스토리 받아쓰기** MP3파일을 듣고,
빈칸에 알맞은 단어를 써 스토리를 완성하세요.

MP3

241	dear	251	client	261	employee
242	pleased	252	subscribe	262	department
243	invitation	253	membership	263	bulletin
244	celebration	254	expire	264	attach
245	address	255	renew	265	survey
246	envelope	256	annual	266	response
247	beverage	257	standard	267	cooperation
248	reply	258	upcoming	268	on behalf of
249	permission	259	respond	269	fill out
250	drop by	260	be supposed to	270	best regards

초대 241 » 250

241
_____ Neighbors,

We're 242 _____ to send you an 243 _____ to the 244 _____ of our new store opening. The party will be held at the 245 _____ on the 246 _____ this Saturday. Food and 247 _____ will be provided. There's no need to 248 _____. We also have 249 _____ to use the local parking lot, so feel free to 250 _____.

Sincerely,
Amy Lee, Owner - Lee's Flower Shop

이웃분들**께**,
여러분께 저희의 새로운 가게 개업 **축하 행사 초대장**을 보낼 수 있어 **기쁩**니다. 파티는 이번 주 토요일에 **봉투**에 적힌 **주소**에서 열릴 예정입니다. 음식과 **음료**가 제공될 것입니다. **답장하실** 필요는 없습니다. 저희는 또한 지역 주차장을 사용해도 된다는 **허가**를 받았으니, 부담 없이 **들러주세요**.
Lee's 꽃집 주인, Amy Lee 드림

안내 251 » 260

Dear ____251____,

Thank you for ____252____ to our gym ____253____. Your membership ____260____ ____254____ soon, but you can ____255____ now and get a 20% discount on the ____256____ membership. With the ____257____ membership, you can take ____258____ yoga lessons for free. If you have any questions, please ____259____ to this email.

Yours sincerely, Gym Membership Services

고객님께,

저희 체육관 **회원권**을 **구독해** 주셔서 감사합니다. 고객님의 회원권은 곧 **만료될 예정이지만**, 지금 **갱신하면**, **연간** 회원권을 20% 할인받으실 수 있습니다. **일반** 회원권으로 **다가오는** 요가 수업을 무료로 들으실 수 있습니다. 궁금한 점이 있으시다면, 이 이메일로 **답신해주세요**.

진심을 담아서, 체육관 회원 서비스팀

요청 261 » 270

Dear ____261____,

I'm writing ____268____ the Marketing ____262____. As you've seen on the ____263____ board, we're looking for a new team member. Please ____269____ the ____264____ ____265____ if you're interested. We look forward to your ____266____. Thank you for your ____267____.

____270____,

Alex Kim, Marketing Manager

직원분들께,

마케팅 **부서를 대표해** 씁니다. **게시**판에서 보셨듯이, 저희는 새로운 팀원을 찾고 있습니다. 관심이 있으시다면, **첨부한 설문 조사를 작성해** 주세요. **답장**을 고대합니다. **협조해** 주셔서 감사합니다.

안부를 전하며,

Alex Kim, 마케팅 매니저

271	fairy	281	mythology	291	biography
272	tale	282	widespread	292	autobiography
273	imaginary	283	fictional	293	lifetime
274	adventurous	284	author	294	alive
275	fellow	285	unknown	295	describe
276	magical	286	verbally	296	significant
277	encounter	287	romantic	297	ambition
278	courage	288	tragedy	298	struggle
279	defeat	289	deal with	299	achievement
280	tragic	290	pass along	300	inspire

동화 271 » 280

²⁷¹_____ ²⁷²_____ are stories written for children. They are usually about ²⁷³_____ worlds and ²⁷⁴_____ characters. ²⁷⁵_____ characters often appear, such as wizards with ²⁷⁶_____ powers. In the middle of the story, the characters always ²⁷⁷_____ something evil and use their ²⁷⁸_____ to ²⁷⁹_____ it. Generally, fairy tales do not have ²⁸⁰_____ endings.

동화는 아이들을 위해 쓰인 이야기이다. 그것들은 보통 **상상 속** 세계와 **모험심이 강한** 인물들에 관한 것이다. **마법의** 힘을 가진 마법사와 같은 **동료** 캐릭터들이 종종 등장한다. 이야기의 중간에 등장인물들은 항상 사악한 것에 **맞서고**, 그것을 **물리치기** 위해 그들의 **용기**를 사용한다. 일반적으로 동화에는 **비극적인** 결말이 없다.

신화 281 » 290

281 _____ is based on 282 _____ stories about gods and heroes. Myths are mostly 283 _____ and 289 _____ early history. The 284 _____ are usually 285 _____. This is because the stories have been 290 _____ 286 _____. Both fairy tales and myths can include 287 _____ stories, but, unlike fairy tales, myths often end in 288 _____.

신화는 신과 영웅에 대해 **널리 알려진** 이야기를 바탕으로 한다. 신화는 대부분 **허구이고** 초기의 역사**를 다룬다. 작가들**은 주로 **알려져 있지 않**다. 이것은 이야기들이 **구두로 전달되어** 왔기 때문이다. 동화와 신화는 모두 **낭만적인** 이야기를 담을 수 있지만, 신화는 동화와 다르게 종종 **비극**으로 끝난다.

자서전 291 » 300

A 291 _____ is a story about the events of someone's 293 _____. These stories can be about people who are dead or still 294 _____. Some people write 292 _____, which are stories about their own lives. Both biographies and autobiographies are non-fictional, and they 295 _____ 296 _____ events. The stories tell us about a person's 297 _____, 298 _____, and 299 _____. They also 300 _____ readers.

전기는 어떤 사람의 **일생**의 사건에 관한 이야기이다. 이 이야기들은 죽은 사람에 관한 것일 수도 있고 혹은 아직 **살아 있는** 사람에 대한 것일 수도 있다. 어떤 사람들은 **자서전**을 쓰는데, 이것은 그들 자신의 삶에 대한 이야기이다. 전기와 자서전 모두 허구가 아니며, 그것들은 **중요한** 사건들을 **서술한다**. 그 이야기들은 우리에게 한 사람의 **야망**과 **투쟁**, **성취**에 대해 말해준다. 그것들은 또한 독자들에게 **영감을 준다**.

301	dwarf	311	maze	321	riddle
302	voyage	312	entrance	322	noble
303	sailor	313	hesitate	323	aggressive
304	sink	314	path	324	dare
305	hollow	315	complicated	325	loyalty
306	disturb	316	wander	326	emperor
307	confused	317	broad	327	embarrassed
308	anxious	318	fancy	328	majesty
309	empire	319	servant	329	odd
310	pass out	320	pass through	330	uncertain

난쟁이 301 » 310

In the middle of a _____[302]_____, a _____[303]_____ met a huge storm. His ship _____[304]_____ into the deep ocean, and the sailor _____[310]_____. When he opened his _____[305]_____ eyes, _____[301]_____ were standing around watching him. One of the dwarfs said, "Oops, did we _____[306]_____ you?" The sailor was _____[307]_____ and asked with an _____[308]_____ voice, "Where am I?" The dwarf replied, "You are in the Dwarf _____[309]_____!"

항해 도중, 한 **선원**이 큰 태풍을 만났다. 그의 배는 깊은 바닷속으로 **가라앉았고**, 그 선원은 **의식을 잃었다.** 그가 **움푹 팬** 눈을 떴을 때, **난쟁이들**이 그의 주위에 서서 그를 지켜보고 있었다. 난쟁이 중 한 명이 말했다. "어머, 저희가 **방해했나요?**" 선원은 **혼란스러워하며 불안한** 목소리로 물었다. "여기가 어디죠?" 난쟁이가 대답했다. "당신은 난쟁이 **왕국**에 있죠!"

The dwarfs took the sailor to the ___₃₁₂___ of a ___₃₁₁___. He ___₃₁₃___ to step onto the ___₃₁₄___, but he had no other choice. He ___₃₂₀___ the ___₃₁₅___ paths between the high maze walls. As he ___₃₁₆___ the ___₃₁₇___ maze, a ___₃₁₈___ garden appeared. In the garden, a man was walking with his ___₃₁₉___.

난쟁이들은 선원을 **미로**의 **입구**로 데려갔다. 그는 그 **길**에 들어서기를 **망설였지만**, 다른 선택의 여지가 없었다. 그는 높은 미로 벽 사이의 **복잡한 길들을 빠져나갔다**. 그가 **넓은** 미로를 **헤매던** 중 **화려한** 정원이 나타났다. 그 정원에는 한 남자가 그의 **하인**과 함께 걷고 있었다.

The man looked like a ___₃₂₂___. Someone shouted with an ___₃₂₃___ voice, "How ___₃₂₄___ you! Show your ___₃₂₅___ to the ___₃₂₆___!" The sailor was ___₃₂₇___ but said calmly, "Your ___₃₂₈___, I'm just lost." Then the Emperor said, "I see. I'll let you know the way out if you solve a ___₃₂₁___. It's an ___₃₂₉___ number. If you take away a letter, the number becomes even. What number is it?" The sailor was ___₃₃₀___ but said, "It's seven."

그 남자는 **귀족**처럼 보였다. 누군가 **공격적인** 목소리로 소리쳤다. "네가 **감히**! 황제께 **충성**을 보여라!" 선원은 **당황했지만** 침착하게 말했다. "**폐하**, 저는 단지 길을 잃었을 뿐입니다." 그러자 황제가 말했다. "그렇군. 네가 **수수께끼**를 풀면 출구를 알려주겠다. 이것은 **홀수**이다. 만약 네가 글자 하나를 빼면 이것은 짝수가 되지. 이 숫자는 무엇이냐?" 그 선원은 **자신이 없었지만** 대답했다. "그것은 숫자 7이옵니다."

331	detective	341	fame	351	content
332	laptop	342	popularity	352	widely
333	episode	343	cast	353	translation
334	official	344	attractive	354	storage
335	trailer	345	stunt	355	extensive
336	release	346	celebrity	356	approachable
337	previous	347	romance	357	hilarious
338	subtitle	348	adapt	358	bond
339	script	349	spoil	359	copyright
340	summary	350	plot	360	creation

드라마 331 » 340

These days, watching a ___331___ series on my ___332___ is what I like to do the most. I've finished watching all the ___333___. An ___334___ ___335___ for the next season has just been ___336___. I've watched the ___337___ episodes so many times that now I can watch them without Korean ___338___. I can remember all the lines in the ___339___. I'm thinking of making a ___340___ video and uploading it online.

요즘 **노트북**으로 **수사물**을 보는 것이 내가 가장 하기 좋아하는 일이다. 나는 모든 **에피소드**를 다 봤다. 다음 시즌의 **공식 예고편**이 방금 막 **공개됐다**. 나는 **이전** 에피소드들을 아주 여러 번 봐서 이제는 한국어 **자막** 없이도 그것들을 볼 수 있다. 나는 **대본**의 모든 대사들을 기억할 수 있다. 나는 **요약** 영상을 만들어 온라인에 올리는 것을 생각 중이다.

The series I watched is a popular show, and the ___[343]___ members enjoy ___[341]___ and ___[342]___. They are ___[344]___ and have a talent for doing ___[345]___. They are all ___[346]___ on social media. Yesterday, one actor posted about her new ___[347]___ series, which has been ___[348]___ from a novel. She ___[349]___ a bit of the ___[350]___, and I can't wait to see it.

내가 본 시리즈는 인기 있는 프로그램이고, **출연진**들은 **명성**과 **인기**를 누리고 있다. 그들은 **매력적이며 스턴트** 연기를 하는 것에 소질이 있다. 그들은 모두 SNS에서 **유명인**이다. 어제 한 배우가 그녀의 새로운 **로맨스** 시리즈에 대한 글을 올렸는데, 그 시리즈는 소설을 **각색한** 것이다. 그녀는 **줄거리** 중 일부를 **스포했고**, 나는 그것을 보는 것이 너무 기다려진다.

Online video ___[351]___ is ___[352]___ watched these days. ___[353]___ are offered in many different languages, and the videos don't take up much ___[354]___ space on our computers. This makes the ___[355]___ amount of content easily ___[356]___. Sharing ___[357]___ videos helps build a strong ___[358]___ with others. However, we should all be aware of ___[359]___ laws when sharing such ___[360]___.

요즘 온라인 영상 **콘텐츠**가 **널리** 시청된다. **번역**은 다양한 언어로 제공되고, 영상은 컴퓨터의 많은 **저장** 공간을 차지하지 않는다. 이것이 **광범위한** 양의 콘텐츠에 쉽게 **접근할 수 있도록** 만든다. **웃긴** 영상들을 공유하는 것은 다른 사람들과 강한 **유대**를 형성하는 데 도움을 준다. 그러나 우리는 모두 그러한 **창작물들**을 공유할 때 **저작권**법에 유의해야 한다.

361	masterpiece	371	rhythmic	381	choir
362	compose	372	impress	382	pitch
363	orchestra	373	unexpected	383	unite
364	harmony	374	melody	384	musical
365	instrument	375	tempo	385	rehearsal
366	grand	376	lively	386	overwhelming
367	conductor	377	constantly	387	combine
368	direct	378	complexity	388	lyric
369	string	379	extraordinary	389	anthem
370	tune	380	combination	390	chant

오케스트라 361 » 370

Many classical ____361____ were ____362____ for ____363____. The orchestra makes ____364____ with diverse ____365____. The sounds they make are ____366____. The orchestra is usually led by a ____367____ who ____368____ the performance. And ____369____ instruments usually lead the ____370____.

많은 고전적인 **명곡들**은 **오케스트라**를 위해 **작곡되었다**. 오케스트라는 다양한 **악기**로 **화음**을 만든다. 그들이 만드는 소리는 **웅장하다**. 오케스트라는 보통 공연을 **총괄하는 지휘자**가 이끈다. 그리고 **현**악기가 대개 **선율**을 이끈다.

재즈 371 » 380

Jazz is one of the most _____[371]_____ genres of music. It _____[372]_____ listeners with _____[373]_____ rhythms and _____[374]_____. The _____[375]_____ can be very slow or fast and _____[376]_____. The melody _____[377]_____ changes. People enjoy its _____[378]_____ and _____[379]_____ _____[380]_____ of sounds.

재즈는 가장 **리드미컬한** 음악 장르 중 하나이다. 이것은 **예기치 못한** 리듬과 멜로디로 듣는 사람들에게 **감명을 준다**. **박자**는 아주 느릴 수도 있고, 혹은 빠르고 **활기찰** 수도 있다. 멜로디는 **끊임없이** 변한다. 사람들은 이것의 **복잡함**과 **평범하지 않은** 소리의 **조합**을 즐긴다.

합창 381 » 390

You may have heard songs performed by a _____[381]_____. The vocals are layered from low to high _____[382]_____. The sounds are _____[383]_____ in one _____[384]_____ performance, which requires many _____[385]_____. People are impressed by the _____[386]_____ sounds _____[387]_____ with meaningful _____[388]_____. This is why a choir often sings national _____[389]_____ and _____[390]_____.

당신은 **합창단**의 노래를 들어본 적이 있을 것이다. 목소리는 낮은 **음**부터 높은 음까지 쌓인다. 소리들은 하나의 **음악** 공연에서 **합쳐지는데**, 이것은 수많은 **리허설**이 필요하다. 사람들은 의미 있는 **가사**와 **결합된 압도적인** 소리에 감명받는다. 이것이 합창단이 종종 **국가**나 **성가곡**을 부르는 이유이다.

391	exhibition	401	outstanding	411	abstract
392	sculpture	402	landscape	412	imitate
393	admission	403	portrait	413	visually
394	guide	404	impressive	414	distort
395	available	405	photograph	415	inaccurate
396	collection	406	description	416	vivid
397	explanation	407	figure	417	atmosphere
398	guideline	408	illustrate	418	creativity
399	enjoyable	409	appreciate	419	stand out
400	on display	410	feature	420	at a glance

전시회 391 » 400

The Modern Art Gallery is opening a new _____[391]. Paintings and _____[392] by young artists will be _____[400]. _____[393] is free, and audio _____[394] are _____[395] on the app. Explore the _____[396] with detailed _____[397]. Please follow our visitor _____[398] to ensure an _____[399] visit for all.

현대 미술관이 새로운 **전시**를 개최합니다. 젊은 예술가들의 그림과 **조각들**이 **전시될** 예정입니다. **입장료**는 무료이며, 오디오 **가이드**는 앱에서 **이용할 수 있**습니다. 상세한 **설명**과 함께 **컬렉션**을 관람하세요. 모두의 **즐거운** 방문을 위해 방문자 **지침**을 따라주세요.

작품 감상 401 » 410

I took a gallery tour and saw some _____401_____ works of art. The beautiful _____402_____ and realistic _____403_____ were _____404_____. I thought some portraits were actual _____405_____ before reading the _____406_____. The descriptions explained who the _____407_____ were and what the artists wanted to _____408_____. They helped me _____409_____ the paintings _____410_____ in the gallery.

나는 미술관 투어를 했고 몇몇 **눈에 띄는** 예술 작품들을 보았다. 아름다운 **풍경화**와 사실적인 **초상화**가 **인상적**이었다. 나는 **설명**을 읽기 전에는 몇몇 초상화가 실제 **사진**이라고 생각했다. 그 설명은 **인물들**이 누구였는지, 예술가가 **보여주고** 싶었던 것이 무엇이었는지 말해줬다. 그것들은 내가 갤러리에 **전시된** 그림들을 **감상하는** 데 도움을 주었다.

추상화 411 » 420

The _____411_____ paintings _____419_____ to me in the exhibition, too. I couldn't understand their meaning _____420_____ because abstract art doesn't _____412_____ reality. Various objects were _____413_____ _____414_____, and the _____415_____ shapes and _____416_____ colors created a unique _____417_____. It was interesting to experience the _____418_____ of artists.

전시회에서 **추상화**들도 나의 **눈에 띄었다**. 추상 미술은 현실을 **모방하지** 않기 때문에 나는 **한눈에** 그 의미를 이해할 수 없었다. 다양한 사물이 **시각적으로 왜곡되어 있었고**, **부정확한** 모양과 **강렬한** 색채가 독특한 **분위기**를 자아냈다. 예술가들의 **창의성**을 경험하는 것은 흥미로웠다.

★ **스토리 받아쓰기** MP3파일을 듣고,
빈칸에 알맞은 단어를 써 스토리를 완성하세요.

MP3

421 religion	431 settle	441 strict
422 ethnic	432 pray	442 forbidden
423 border	433 bless	443 taboo
424 ritual	434 silence	444 veil
425 worship	435 priest	445 religious
426 praise	436 preach	446 conventional
427 faith	437 prayer	447 faithful
428 relief	438 graceful	448 decade
429 miracle	439 holy	449 fate
430 glory	440 derive from	450 deny

종교 421 » 430

There are more than 1,000 ₄₂₁ _____ around the world. Religions usually vary depending on the ₄₂₂ _____ group. They also can be divided by nations' ₄₂₃ _____ . Religions have ₄₂₄ _____ and followers. The followers gather to ₄₂₅ _____ and ₄₂₆ _____ their gods. They have ₄₂₇ _____ , and it brings ₄₂₈ _____ to their daily lives. But some chase after ₄₂₉ _____ and ₄₃₀ _____ after death.

세계에는 천 개 이상의 **종교**가 있다. 종교는 보통 **민족** 집단에 따라 다르다. 그것들은 또한 국**경**에 따라 나뉠 수 있다. 종교에는 **의식**과 신도들이 있다. 신도들은 그들의 신을 **예배하고 찬양하기** 위해 모인다. 그들은 **믿음**을 가지고 있고, 그것은 그들의 일상에 **안도감**을 준다. 하지만 어떤 사람들은 **기적**이나 사후의 **영광**을 좇기도 한다.

Christmas, which is _____[440] Christianity, is celebrated worldwide. This means that Christianity has _____[431] in many countries. Many followers gather every Sunday, _____[432] in _____[434], and _____[433] each other. The _____[435] _____[436] and lead the _____[437] in church. Christians believe it is a _____[438] and _____[439] act to worship God.

기독교에서 **유래된** 크리스마스는 세계적으로 기념된다. 이것은 기독교가 많은 나라에 **정착했다는** 것을 의미한다. 많은 신도들이 일요일마다 모여 **조용**히 **기도하고**, 서로를 **축복한다**. **성직자들**은 교회에서 **설교하고 기도**를 이끈다. 기독교인들은 이것이 신을 예배하는 **은혜롭고 신성한** 행동이라고 믿는다.

Some religions have _____[441] rules. Eating beef is _____[442] in Hinduism, and drinking alcohol is _____[443] in Islam. Muslim women wear a _____[444] over their hair for _____[445] reasons. These are _____[446] rules, and _____[447] followers have kept these rules for many _____[448]. Many still think following the rules is their _____[449], but some _____[450] it.

어떤 종교들은 **엄격한** 규칙을 가지고 있다. 힌두교에서는 소고기를 먹는 것이 **금지되어** 있고, 이슬람교에서는 술을 마시는 것이 **금기**이다. 이슬람 여성들은 **종교적인** 이유로 그들의 머리카락을 가리는 **베일**을 쓴다. 이것들은 **관습적인** 규칙이며, **신앙심이 깊은** 신도들이 수**십 년** 동안 그 규칙들을 지켜왔다. 많은 사람들은 여전히 규칙을 따르는 것이 그들의 **운명**이라고 생각하지만, 몇몇 사람들은 그것을 **거부한다**.

451	election	461	diplomacy	471	conflict
452	occasion	462	negotiation	472	invader
453	politics	463	representative	473	colony
454	candidate	464	agenda	474	troop
455	campaign	465	criticize	475	military
456	promotion	466	advocate	476	conduct
457	poster	467	benefit	477	weapon
458	particular	468	political	478	nuclear
459	position	469	resolve	479	violence
460	democracy	470	barrier	480	hopeless

선거 451 » 460

451 _____ are one of the most important 452 _____ in 453 _____. The 454 _____ each run election 455 _____ and make 457 _____ for 456 _____. Citizens vote to elect a 458 _____ candidate. And the candidate who has the most votes takes the 459 _____. This is how 460 _____ works.

선거는 **정치**에서 가장 중요한 **행사** 중 하나이다. **후보자들**은 각각 선거 **운동**을 펼치고 **홍보**를 위해 **포스터**를 만든다. 시민들은 **특정한** 후보를 선출하기 위해 투표한다. 그리고 가장 많은 표를 받은 후보자가 **자리**를 차지한다. 이것이 **민주주의**가 작용하는 방식이다.

461 _____ is a 462 _____ skill between nations. 463 _____ of both governments discuss international 464 _____. They 465 _____ or 466 _____ for each other to gain 468 _____ 467 _____. Diplomacy is also used to 469 _____ problems and break down 470 _____ between countries.

외교는 국가 간의 **협상** 기술이다. 두 정부의 **대표들**이 국제적 **안건**에 대해 논의한다. 그들은 **정치적인 이득**을 얻기 위해 서로를 **비판하거나 옹호한다**. 외교는 또한 문제를 **해결하여** 국가 간의 **장애물**을 허물기 위해서도 사용된다.

The worst form of international 471 _____ is war. There have been many wars fought due to 472 _____ and conflicts over 473 _____ throughout history. Almost all countries have 475 _____ 474 _____ and 476 _____ military exercises. Some countries also have 478 _____ 477 _____. However, no one wants 479 _____ or a 480 _____ war.

국제적 **갈등**의 최악의 형태는 전쟁이다. 역사를 통틀어서 **침략자들**과 **식민지**를 둘러싼 갈등으로 인해 일어난 많은 전쟁이 있었다. 거의 대부분의 국가가 **군대**를 가지고 있고, 군사 훈련을 **수행한다**. 어떤 국가들은 **핵무기**도 가지고 있다. 하지만 그 누구도 **폭력**과 **희망 없는** 전쟁을 원하지 않는다.

481	population	491	urban	501	multi
482	approximately	492	rural	502	mono
483	billion	493	industrial	503	immigrate
484	rate	494	affect	504	immigrant
485	birth	495	growth	505	circumstance
486	decrease	496	opportunity	506	cultural
487	average	497	resident	507	boundary
488	influence	498	expand	508	transfer
489	youth	499	nearly	509	difference
490	generation	500	move into	510	embrace

인구 481 » 490

482 _____ 7.9 483 _____ people live on Earth. The 481 _____ is growing, but that doesn't mean the 485 _____ 484 _____ is increasing. The birth rate is actually 486 _____, and the 487 _____ age is going up. This 488 _____ our society. Both the 489 _____ and elders feel a huge 490 _____ gap between them.

약 **79억** 명의 사람들이 지구에 살고 있다. **인구**는 증가하고 있지만, 그것이 **출생률**이 증가하고 있다는 것을 의미하지는 않는다. 사실 출생률은 **감소하고 있고**, **평균** 연령은 높아지고 있다. 이것은 우리 사회**에 영향을 미친다**. **청년들**과 노인들 모두 그들 사이의 큰 **세대** 차이를 느낀다.

도시화 491 » 500

_____ development _____ population
in _____491_____ areas. Many people leave _____492_____ areas and
_____500_____ cities for job _____496_____. The number of _____497_____
in cities keeps _____498_____. For example, Seoul has _____499_____ 10
million residents.

산업 발전은 **도시** 지역의 인구 **증가에 영향을 미친다**. 많은 사람이 **시골** 지역을 떠나 취업 **기회**를 위해 도시**로 이동한다**. 도시 **거주자** 수는 계속 **늘어나고 있다**. 예컨대, 서울에는 **거의** 천만 명의 거주민이 있다.

다문화 501 » 510

Many people _____503_____ to new countries to find better _____505_____
to live in. As the number of _____504_____ grows, _____506_____
_____507_____ weaken. Many societies are _____508_____ from a
_____502_____-cultural society to a _____501_____-cultural society. In
multi-cultural communities, we need to _____510_____ cultural
_____509_____.

많은 사람이 살기에 더 좋은 **환경**을 찾기 위해 새로운 나라로 **이주한다**. **이민자**의 수가 늘어나면서 **문화적 경계**도 약해진다. 많은 사회가 **단일** 문화 사회에서 **다문화** 사회로 **바뀌고 있다**. 다문화 공동체에서 우리는 문화적 **차이**를 **포용할** 필요가 있다.

★ **스토리 받아쓰기** MP3파일을 듣고,
빈칸에 알맞은 단어를 써 스토리를 완성하세요.

MP3

511	detail	521	prize	531	inconvenience
512	below	522	register	532	renovation
513	participation	523	applicant	533	unavailable
514	per	524	submit	534	alternative
515	material	525	entry	535	exclude
516	certificate	526	via	536	notice
517	registration	527	deadline	537	reservation
518	beforehand	528	submission	538	enroll
519	further	529	inform	539	accompany
520	sign up	530	check out	540	no later than

캠프 511 » 520

The Summer Art Camp will be held from July 23rd to 25th.

Please refer to the ⁵¹¹_____ ⁵¹²_____.

◆ ⁵¹³_____ fee: $80 ⁵¹⁴_____ student

(includes art ⁵¹⁵_____ and ⁵¹⁶_____)

◆ ⁵¹⁷_____: Please ⁵²⁰_____ ⁵¹⁸_____ by e-mail.

※ For ⁵¹⁹_____ information, please visit our website.

여름 미술 캠프가 7월 23일부터 25일까지 열립니다. **아래 세부 사항**을 참고해 주세요.

◆ **참가**비: 한 학생**당** 80달러 (미술 **재료**와 **수료증** 포함)

◆ **등록**: 이메일로 **사전에 등록해주세요.**

※ **추가** 정보를 원하시면, 저희 웹사이트를 방문하세요.

대회 521 » 530

Get a chance to sing on the air and win _____[521] money!

How to _____[522]:

All _____[523] should record two songs and _____[524] the audio files _____[526] e-mail. (Only one _____[525] per person is accepted.) The _____[527] for _____[528] is April 7th. Applicants will be _____[529] of the results on the last day of May.

※ _____[530] our website for more information.

방송에서 노래하고 **상금을** 탈 기회를 잡으세요!

등록 방법: 모든 **신청자는** 두 곡을 녹음하고 이메일을 **통해** 오디오 파일을 **제출해야** 합니다. (한 사람당 하나의 **출품작만** 접수됩니다.) **제출 기한은** 4월 7일입니다. 지원자들은 5월의 마지막 날에 결과를 **통지받을** 것입니다.

※ 자세한 내용은 저희 웹 사이트를 **확인하세요.**

박물관 531 » 540

We apologize for any _____[531] caused during the _____[532].

The museum tour is now _____[533], but we offer a free book-making activity as an _____[534]. (_____[535] admission fees.)

_____[536]:

• _____[537] are required to participate.

Please _____[538] _____[540] 7 days before your visit.

• Children must be _____[539] by an adult.

보수 공사 중에 발생한 모든 **불편사항에** 대해 사과드립니다. 박물관 투어는 현재 **이용할 수 없지만,** **대안**으로 무료 책 만들기 활동을 제공합니다. (입장료 **별도**)

알림: • 참가하기 위해서는 **예약이** 필요합니다. **늦어도** 방문 7일 전**까지는 등록해** 주세요.

• 어린이는 반드시 어른을 **동반해야** 합니다.

★ 스토리 받아쓰기 MP3파일을 듣고, 빈칸에 알맞은 단어를 써 스토리를 완성하세요.

MP3

541 rob	551 violate	561 demonstrate
542 suspicious	552 accidental	562 confess
543 attack	553 accuse	563 commit
544 robbery	554 protest	564 intention
545 estimate	555 innocent	565 admit
546 victim	556 doubt	566 deceive
547 incident	557 investigative	567 conscience
548 horrible	558 conceal	568 sue
549 investigation	559 assume	569 trial
550 track down	560 be involved in	570 punish

은행 강도 541 » 550

Last night, a local bank was _____[541]_____. Two _____[542]_____ men _____[543]_____ the bank, and four people were injured. The amount of money taken in the _____[544]_____ is _____[545]_____ to be 200 million won in cash. The _____[546]_____ of the _____[547]_____ said that it was a _____[548]_____ experience. Police have set up a special _____[549]_____ team to _____[550]_____ the suspects.

어젯밤, 지역 은행이 **강도를 당했다**. 두 명의 **수상한** 남자들이 은행을 **공격했고**, 네 명이 다쳤다. **강도** 피해 금액은 현금 2억 원으로 **추산된다**. **사건**의 **피해자들**은 그것이 **끔찍한** 경험이었다고 말했다. 경찰은 용의자들을 **찾아내기** 위해 특별 **수사** 팀을 꾸렸다.

A black car was caught _____[551]_____ a traffic law not far from the crime scene. The police did not believe this was _____[552]_____. They stopped the car and _____[553]_____ the men inside of robbing the bank. The men _____[554]_____ that they were _____[555]_____, but the police _____[556]_____ them. Meanwhile, _____[557]_____ officers discovered an attempt to _____[558]_____ evidence at the bank. They _____[559]_____ that a bank employee _____[560]_____ the incident.

검은색 승용차 한 대가 범죄 현장에서 멀지 않은 곳에서 교통 법규를 **위반해** 붙잡혔다. 경찰은 이것이 **우연이라고** 생각하지 않았다. 그들은 차를 멈춰 세우고, 차 안의 남성들에게 은행 강도 **혐의를 제기했다**. 남성들은 그들이 **결백하다고 주장했으나**, 경찰은 그들을 **의심했다**. 한편, **조사관**은 은행에서 증거를 **숨기려는** 시도를 발견했다. 그들은 은행 직원이 사건**에 연루되었다고 추정했다**.

The police found evidence _____[561]_____ who was responsible for the crime. The suspects _____[562]_____ that they had _____[563]_____ the bank robbery. They stated, "We had no _____[564]_____ of harming anyone." After further investigation, the bank employee _____[565]_____ that she had _____[566]_____ the bank. She said, "I had a guilty _____[567]_____ about the robbery." The bank has since _____[568]_____ the employee. She will be sent to _____[569]_____ and _____[570]_____ for her crimes.

경찰은 누가 범죄에 책임이 있는지 **입증하는** 증거를 찾았다. 용의자들은 그들이 은행 강도를 **저질렀다고 자백했다**. 그들은 "우리는 누구도 다치게 할 **의도**가 없었어요."라고 진술했다. 추가 조사 후에 은행 직원은 그녀가 은행을 **속였다고 인정했다**. 그녀는 "저는 절도에 대해 **양심**의 가책을 느꼈습니다"라고 말했다. 은행은 그 후 직원을 **고소했다**. 그녀는 **재판**에 보내져 그녀의 범죄에 대해 **처벌받을** 것이다.

571	welfare	581	project	591	unforgettable
572	charity	582	hardship	592	needy
573	homeless	583	obtain	593	undergo
574	poverty	584	educate	594	shortage
575	supportive	585	recruit	595	infection
576	donate	586	lack	596	warmly
577	donation	587	voluntarily	597	distribute
578	sustainable	588	mentee	598	filter
579	second-hand	589	gain	599	grateful
580	spend on	590	meaningful	600	ordinary

지역 봉사 571 » 580

The community ⁵⁷¹＿＿＿＿＿＿ center is opening a ⁵⁷²＿＿＿＿＿＿ shop. All profits will be ⁵⁸⁰＿＿＿＿＿＿ food for the ⁵⁷³＿＿＿＿＿＿ and people suffering from ⁵⁷⁴＿＿＿＿＿＿. Please be ⁵⁷⁵＿＿＿＿＿＿ by any unwanted items and purchasing ⁵⁷⁹＿＿＿＿＿＿ goods. Your ⁵⁷⁷＿＿＿＿＿＿ and purchases will help make a ⁵⁷⁸＿＿＿＿＿＿ community.

지역 **복지**관이 **자선** 가게를 엽니다. 모든 수익금은 **노숙자**들과 **가난**으로부터 고통받는 사람들을 위한 음식**에 쓰일** 것입니다. 사용하지 않는 어떤 물품이든 **기부하고 중고** 물품을 구매함으로써 **지원해**주세요. 여러분의 **기부**와 구매는 **지속 가능한** 지역 사회를 만드는 데 도움을 줄 것입니다.

I joined the Art Mentoring ⁵⁸¹＿＿＿＿＿＿. The project supports students who face ⁵⁸²＿＿＿＿＿＿ in getting an art education. Through this project, students can ⁵⁸³＿＿＿＿＿＿ the opportunity to be ⁵⁸⁴＿＿＿＿＿＿ in art. The project ⁵⁸⁵＿＿＿＿＿＿ volunteers and sends them to wherever there is a ⁵⁸⁶＿＿＿＿＿＿ of art teachers. I am teaching art ⁵⁸⁷＿＿＿＿＿＿, and I have five ⁵⁸⁸＿＿＿＿＿＿. I'm happy to ⁵⁸⁹＿＿＿＿＿＿ ⁵⁹⁰＿＿＿＿＿＿ experience by sharing my talent with others.

나는 예술 멘토링 **프로젝트**에 참여했다. 이 프로젝트는 예술 교육을 받는 데 있어 **어려움**에 직면한 학생들을 지원한다. 이 프로젝트를 통해서 학생들은 예술 **교육을 받을** 기회를 **얻을** 수 있다. 이 프로젝트는 자원봉사자들을 **모집해** 예술 교사가 **부족**한 곳이면 어디든지 그들을 보낸다. 나는 **자발적으로** 미술을 가르치고 있고, 5명의 **멘티**가 있다. 나는 나의 재능을 다른 사람들과 나눔으로써 **의미 있는** 경험을 **얻게** 되어 기쁘다.

I had an ⁵⁹¹＿＿＿＿＿＿ experience this summer. I volunteered abroad and helped the ⁵⁹²＿＿＿＿＿＿. They were ⁵⁹³＿＿＿＿＿＿ a ⁵⁹⁴＿＿＿＿＿＿ of clean water. I was surprised to see that many children had ⁵⁹⁵＿＿＿＿＿＿ from viruses caused by dirty water. The people ⁵⁹⁶＿＿＿＿＿＿ welcomed the volunteers, and we ⁵⁹⁷＿＿＿＿＿＿ water ⁵⁹⁸＿＿＿＿＿＿. I feel ⁵⁹⁹＿＿＿＿＿＿ that having clean water is ⁶⁰⁰＿＿＿＿＿＿ in my daily life.

이번 여름에 나는 **잊을 수 없는** 경험을 했다. 나는 해외 봉사를 했고, **어려운** 사람들을 도왔다. 그들은 깨끗한 물의 **부족을 겪고 있었다**. 나는 많은 아이들이 더러운 물 때문에 바이러스에 **감염**되었다는 것을 알고 놀랐다. 사람들은 자원봉사자들을 **따뜻하게** 맞이해줬고, 우리는 정수 **필터를 나누어 주었다**. 나는 나의 일상에 깨끗한 물이 있다는 것이 **평범한** 일이라는 것에 **감사했다**.

601 freedom	611 equality	621 ethical
602 deserve	612 fairly	622 individual
603 justice	613 gender	623 awareness
604 liberty	614 racial	624 ethics
605 responsibility	615 disability	625 respectful
606 permit	616 blind	626 attitude
607 status	617 obstacle	627 kindness
608 slave	618 ensure	628 yield
609 barely	619 independence	629 manner
610 take for granted	620 regardless of	630 consist of

자유 601 » 610

601 _____ is a right that everyone 602 _____. Many people fought for 603 _____ and 604 _____, and all of us have the 605 _____ to protect our rights. Some people may 610 _____ freedom _____. However, it wasn't 606 _____ to people of all 607 _____ in the past. There were 608 _____ who had no freedom, and women 609 _____ had any rights at all.

자유는 모두가 **누릴 자격이 있는** 권리입니다. 많은 사람들이 **정의**와 **자유**를 위해 싸웠고, 우리 모두는 우리의 권리를 지켜야 하는 **책임**을 가지고 있습니다. 어떤 사람들은 자유를 **당연한 것으로 여길**지도 모릅니다. 하지만, 과거에는 모든 **지위**의 사람들에게 이것이 **허락되지** 않았습니다. 자유가 없는 **노예들**이 있었고, 여성들은 그 어떤 권리도 **거의** 갖지 **못했**습니다.

평등 611 » 620

_____611_____ is not about just treating people _____612_____. Equality means everyone can be the same _____620_____, _____614_____ differences, or _____615_____. Think about _____616_____ people walking with a cane, scanning their path for _____617_____ and marks on the road. The marks, mostly yellow and bumpy, _____618_____ blind people's equality and _____619_____ in walking.

평등은 단지 사람들을 **공정하게** 대하는 것에 관한 것이 아닙니다. 평등은 모든 사람이 **성별**, **인종** 차이, 혹은 **장애와 상관없이** 같아질 수 있는 것을 의미합니다. **시각 장애를 가진** 사람이 지팡이를 짚고 걸어 다니며, 길 위의 **장애물**과 표시들을 살피려고 그들의 길을 훑는 것을 생각해 보세요. 대부분 노랗고 울퉁불퉁한 그 표시들은 걷기에 있어서 시각 장애인들의 평등과 **독립성**을 **보장합니다**.

존중 621 » 630

What makes an _____621_____ society? It all depends on the _____622_____ that a society _____630_____. Having the _____623_____ that everyone is different is key to social _____624_____. We should treat others with a _____625_____ _____626_____ and show _____627_____. Have you ever _____628_____ your seat to an elderly person or a pregnant woman? If so, you already behave in an ethical _____629_____.

무엇이 **윤리적인** 사회를 만들까요? 그것은 모두 사회**를 구성하고 있는** 개인들에게 달렸습니다. 모두가 다르다는 것을 **인식**하는 것이 사회적 **윤리**의 핵심입니다. 우리는 다른 사람을 **예의 바른 태도**로 대하고 **친절함**을 보여야 합니다. 당신은 노인이나 임산부에게 당신의 자리를 **양보한** 적이 있나요? 그렇다면, 당신은 이미 윤리적인 **방식**으로 행동하고 있는 것입니다.

MP3

631 persuade	641 presentation	651 interview
632 emotion	642 oppose	652 confidence
633 logic	643 rude	653 appeal
634 practical	644 offend	654 passion
635 convince	645 situation	655 exaggerate
636 establish	646 tense	656 assess
637 credibility	647 logical	657 genuine
638 favor	648 basis	658 potential
639 outcome	649 emphasize	659 colleague
640 back up	650 loosen up	660 possibility

설득 631 » 640

How can we ₆₃₁_____ others? Some people use ₆₃₂_____. Some people ₆₄₀_____ their ideas with ₆₃₃_____. However, the most ₆₃₄_____ approach to ₆₃₅_____ others is ₆₃₆_____ ₆₃₇_____. Do them ₆₃₈_____ and build a friendly relationship. This will give you your ideal ₆₃₉_____.

우리는 어떻게 다른 사람들을 **설득할** 수 있을까요? 어떤 사람들은 **감정**을 이용합니다. 어떤 사람들은 그들의 생각을 **논리**로 **뒷받침합니다**. 하지만, 다른 사람들에게 **확신을 주는** 가장 **현실적인** 방법은 **신뢰**를 **쌓는 것**입니다. 그들에게 **호의**를 베풀고, 친밀한 관계를 쌓으세요. 이것이 여러분들에게 이상적인 **결과**를 줄 것입니다.

발표 641 » 650

Giving a <u>_____</u>⁶⁴¹ requires various communication skills. The presenter should deliver their message clearly in any <u>_____</u>⁶⁴⁵, even if listeners <u>_____</u>⁶⁴² the speaker's idea. However, do not <u>_____</u>⁶⁴⁴ listeners with a <u>_____</u>⁶⁴³ attitude. Attempt to <u>_____</u>⁶⁵⁰ the <u>_____</u>⁶⁴⁶ atmosphere and grab the audience's attention. Use a <u>_____</u>⁶⁴⁷ <u>_____</u>⁶⁴⁸, and keep <u>_____</u>⁶⁴⁹ your message.

<u>**발표**</u>하는 것은 다양한 의사소통 기술을 필요로 합니다. 발표자는 어떤 **상황**에서든, 가령 청중이 화자의 생각을 <u>**반대하더라도**</u> 분명하게 그들의 메시지를 전달해야 합니다. 하지만, <u>**무례한**</u> 태도로 듣는 사람의 <u>**기분을 상하게 하지**</u> 마세요. <u>**긴장된**</u> 분위기를 <u>**풀도록**</u> 시도해 보고, 청중이 집중할 수 있도록 해보세요. <u>**논리적 근거**</u>를 사용하고 계속해서 메시지를 <u>**강조하세요**</u>.

면접 651 » 660

Here are some tips for a successful job <u>_____</u>⁶⁵¹. First, have <u>_____</u>⁶⁵². Make yourself <u>_____</u>⁶⁵³ to the interviewers and show them your <u>_____</u>⁶⁵⁴. Second, don't <u>_____</u>⁶⁵⁵ your experience. The interviewers will <u>_____</u>⁶⁵⁶ how <u>_____</u>⁶⁵⁷ you are. Lastly, be polite. The interviewers are looking for a <u>_____</u>⁶⁵⁸ <u>_____</u>⁶⁵⁹. Remember that there is a <u>_____</u>⁶⁶⁰ of you working with these people.

성공적인 취업 **면접**을 위한 몇 가지 조언이 있습니다. 첫째, <u>**자신감**</u>을 가지세요. 스스로가 면접관의 <u>**관심을 끌**</u> 수 있게 하고, 그들에게 당신의 <u>**열정**</u>을 보여주세요. 두 번째로 당신의 경험을 <u>**과장하지**</u> 마세요. 면접관들은 당신이 얼마나 <u>**진솔한지**</u>를 <u>**평가할**</u> 것입니다. 마지막으로 예의 바르게 행동하세요. 면접관들은 <u>**잠재적인 동료**</u>를 찾고 있습니다. 당신이 이 사람들과 함께 일할 <u>**가능성**</u>이 있다는 것을 기억하세요.

MP3

661	distinguish	671	grief	681	empathy
662	talkative	672	anger	682	pity
663	easygoing	673	discouraging	683	possess
664	humorous	674	miserable	684	depressed
665	witty	675	panic	685	comfort
666	laughter	676	burst	686	thoughtful
667	passive	677	sorrow	687	tease
668	seemingly	678	frustration	688	blame
669	indifferent	679	embarrassing	689	jealous
670	prefer	680	lose one's temper	690	envy

성격 661 » 670

Personality ⁶⁶¹ _____ one person from another. Some people are ⁶⁶² _____ and ⁶⁶³ _____. They are ⁶⁶⁴ _____, and their ⁶⁶⁵ _____ words often bring people ⁶⁶⁶ _____. Others are quiet and ⁶⁶⁷ _____ in conversations. They might be ⁶⁶⁸ _____ ⁶⁶⁹ _____, but they may just ⁶⁷⁰ _____ to listen rather than talk.

성격은 한 사람을 다른 사람들로부터 **구별한다**. 어떤 사람들은 **수다스럽고 털털하다**. 그들은 **재미있고**, 그들의 **재치 있는** 말들은 종종 사람들에게 **웃음**을 가져온다. 다른 어떤 사람들은 조용하고 대화에 **소극적이다**. 그들은 **겉보기엔 무관심해** 보일 수도 있지만, 그들은 단지 말하는 것보다 듣는 **것을 좋아할지**도 모른다.

감정 671 » 680

We all express emotions, such as love, _____[671]_____, and _____[672]_____. For example, when we encounter a _____[673]_____ situation, we may feel _____[674]_____ or even start to _____[675]_____. Some might _____[676]_____ into tears and show _____[677]_____. Others might _____[680]_____ and express _____[678]_____. Expressing feelings is natural and should not be seen as _____[679]_____.

우리는 모두 사랑, **슬픔**, **화**와 같은 감정들을 표현한다. 예를 들어, 우리가 **실망스러운** 상황을 마주했을 때, 우리는 **비참한** 느낌이 들지도 모르며, 심지어 **공포를 느끼기** 시작할지도 모른다. 어떤 사람들은 눈물을 **터뜨리고**, **슬픔**을 드러낼지도 모른다. 다른 어떤 사람들은 **화를 내고**, **좌절감**을 표출할 수도 있다. 감정을 표현하는 것은 자연스러운 것이고, **당황스럽게** 여겨져서는 안 된다.

공감 681 » 690

Some people _____[683]_____ a good sense of _____[681]_____. They show _____[682]_____ for others who have difficulties. If their friends feel _____[684]_____, they will _____[685]_____ them with _____[686]_____ words. When someone makes a mistake, they don't _____[687]_____ or _____[688]_____ them. They feel happy for the success of others rather than feeling _____[689]_____ or _____[690]_____ them.

어떤 사람들은 뛰어난 **공감** 능력을 **지니고** 있다. 그들은 어려움을 겪는 사람들에게 **연민**을 드러낸다. 만약 그들의 친구가 **우울해**한다면, 그들은 **사려 깊은** 말로 그들을 **위로할** 것이다. 어떤 사람이 실수했을 때, 그들은 그들을 **놀리거나 비난하지** 않는다. 그들은 다른 사람들의 성공에 **질투하고** 그들을 **부러워하기**보다는 행복해한다.

691 advertise	701 psychology	711 means
692 commercial	702 stimulate	712 effective
693 expectation	703 appetite	713 commonly
694 target	704 advertisement	714 persuasion
695 fascinate	705 emotional	715 discourage
696 scent	706 impression	716 visual
697 pleasant	707 method	717 concern
698 satisfaction	708 effect	718 sympathy
699 at the same time	709 maximize	719 provoke
700 result in	710 eye-catching	720 touching

광고 691 » 700

Companies _____[691] their products and, _____[699], try to meet the _____[693] of _____[694] consumers. Have you ever seen shampoo _____[692] on TV? Long shiny hair _____[695] people, and the image of flowers with a _____[697] _____[696] grabs their attention. Consumers feel _____[698] when watching these commercials, which _____[700] more purchases.

회사들은 그들의 상품을 **광고하고, 동시에 타깃** 소비자의 **기대**를 충족시키려 노력합니다. 여러분은 TV에서 샴푸 **광고**를 본 적이 있나요? 길고 빛나는 머리카락은 사람들의 **마음을 사로잡고, 기분 좋은 향기**를 가진 꽃 이미지는 그들의 관심을 끕니다. 소비자들은 이러한 광고를 보면서 **만족감**을 느끼는데, 이것은 **결과적으로** 더 많은 구매**로 이어집니다**.

심리 701 » 710

Most commercials use _____[701] to influence people. For example, food commercials often use the color red to _____[702] people's _____[703]. Toy _____[704] attract the attention of kids with colorful, _____[710] characters. During the holiday season, ads are usually more _____[705] and give a friendly _____[706]. All of these _____[707] _____[709] the _____[708] of advertising.

대부분의 광고는 사람들에게 영향을 주기 위해 **심리**를 이용합니다. 예를 들어, 음식 광고는 사람들의 **식욕**을 **자극하기** 위해 빨간색을 자주 사용합니다. 장난감 **광고**는 **눈길을 사로잡는** 형형색색의 캐릭터로 아이들의 관심을 끕니다. 휴가철에 광고들은 보통 더 **감성적이고**, 친근한 **인상**을 줍니다. 이러한 모든 **방법들**은 광고 **효과**를 **극대화합니다**.

공익 광고 711 » 720

Advertising is an _____[712] _____[711] to raise people's awareness. Many advertising campaigns are _____[713] created for the public good. In public ads, various _____[714] skills are used. A campaign that _____[715] smoking uses strong _____[716] aids to stress health _____[717]. Blood donation ads _____[719] _____[718] with _____[720] stories.

광고는 사람들의 의식을 높이는 데 **효과적인 수단**입니다. 많은 광고 캠페인이 **흔히** 공익을 위해서 만들어집니다. 공익 광고에서는 다양한 **설득** 기술이 사용됩니다. 흡연을 **막는** 캠페인은 건강에 대한 **우려**를 강조하기 위해 강력한 **시각** 자료를 사용합니다. 헌혈 광고는 **감동적인** 이야기로 **동정심**을 **유발합니다**.

721	instruction	731	slip	741	passerby
722	roadway	732	operate	742	crosswalk
723	sidewalk	733	usual	743	smash
724	rush	734	fatal	744	crush
725	pedestrian	735	wrap	745	pavement
726	cautious	736	spiky	746	speeding
727	intersection	737	wheel	747	tiredness
728	lane	738	brake	748	fault
729	tunnel	739	seldom	749	caution
730	keep an eye out	740	lead to	750	pull over

운전 721 » 730

There are traffic ⁷²¹＿＿＿＿＿ that drivers must follow. 1. Stay on ⁷²²＿＿＿＿＿ and not on ⁷²³＿＿＿＿＿. 2. Obey traffic signs, and don't ⁷²⁴＿＿＿＿＿ at yellow lights. 3. ⁷³⁰＿＿＿＿＿ for cyclists and ⁷²⁵＿＿＿＿＿. 4. Be very ⁷²⁶＿＿＿＿＿ when you cross ⁷²⁷＿＿＿＿＿. 5. Don't change ⁷²⁸＿＿＿＿＿ in a ⁷²⁹＿＿＿＿＿.

운전자들이 반드시 따라야 하는 교통 **지침들**이 있습니다. 1. **인도**가 아닌, **차도**로 주행하세요. 2. 교통 표지판을 준수하고, 노란불에 **서두르지** 마세요. 3. 자전거 타는 사람들과 **보행자**를 **살피세요**. 4. **교차로**를 건널 때에는 더욱 **조심**하세요. 5. **터널**에서는 **차선**을 바꾸지 마세요.

On snowy days, cars _____⁷³¹ easily on the icy roads. _____⁷³² a vehicle is more difficult than _____⁷³³, and it often _____⁷⁴⁰ various accidents. So, drivers should prepare for icy conditions to prevent _____⁷³⁴ accidents. _____⁷³⁵ _____⁷³⁶ chains around the vehicle's _____⁷³⁷ to prevent them from slipping. And remember, the _____⁷³⁸ pedal _____⁷³⁹ operates right away on cold days.

눈 오는 날에는 빙판길에서 차가 쉽게 **미끄러집니다**. 차량을 **작동시키는** 것은 **평소**보다 더 어렵고, 그것은 종종 다양한 사고**로 이어집니다**. 그래서 운전자들은 **치명적인** 사고를 막기 위해 빙판길에 대비해야 합니다. 바퀴가 미끄러지는 것을 방지하기 위해 **뾰족뾰족한** 체인을 차량의 **바퀴에 두르세요**. 그리고 **브레이크** 페달이 추운 날씨에는 **좀처럼** 바로 작동하지 **않는**다는 것을 기억하세요.

Last night, a car ran through a red light and rushed onto the _____⁷⁴⁵ at a _____⁷⁴². Fortunately, there were no _____⁷⁴¹ at the crosswalk at the time. The car _____⁷⁴³ into the barrier before the pavement, and its front end was _____⁷⁴⁴. _____⁷⁴⁶ due to _____⁷⁴⁷ was likely the cause of the accident, and the driver admitted _____⁷⁴⁸. The police _____⁷⁴⁹ drivers to _____⁷⁵⁰ and take a rest when they feel tired.

어젯밤 **횡단보도**에서 차 한 대가 빨간불을 무시하고 달려 **인도**로 돌진했습니다. 다행히 그때 횡단보도에는 **행인**이 없었습니다. 그 차량은 인도 앞 장애물을 **들이받았고**, 차의 앞부분도 **찌그러졌습니다**. **피로**에 의한 **과속**이 사고의 원인인 것으로 보였고, 운전자는 **잘못**을 인정했습니다. 경찰은 운전자들에게 피곤할 때는 **차를 세우고** 휴식을 취하라고 **경고합니다**.

751	alter	761	finance	771	invest
752	spending	762	financial	772	trade
753	necessity	763	wage	773	stock
754	discard	764	calculate	774	beneficial
755	exceed	765	asset	775	expert
756	allowance	766	earnings	776	advise
757	evaluate	767	investment	777	risky
758	impulse	768	loan	778	burden
759	on the spot	769	repay	779	real estate
760	the other day	770	put aside	780	save up

소비 751 » 760

I'm trying to _____⁷⁵¹ my bad _____⁷⁵² habits. I usually buy items _____⁷⁵⁹ without considering if they are a _____⁷⁵³.
_____⁷⁶⁰, I bought some items I already owned because I thought I had _____⁷⁵⁴ them. My spending often _____⁷⁵⁵ my _____⁷⁵⁶. So, I started _____⁷⁵⁷ every purchase, and it allowed me to reduce _____⁷⁵⁸ purchases.

나는 나의 나쁜 **소비** 습관을 **바꾸려고** 노력하고 있다. 나는 보통 그것들이 **필수품**인지 고민하지 않고, **즉석에서** 물건들을 산다. **며칠 전에는** 이미 내가 가지고 있던 몇몇 물건들을 내가 **버렸다고** 생각하고 샀다. 내 소비는 종종 내 **용돈**을 **초과한다**. 그래서 나는 모든 구매를 **검토하기** 시작했고, 이것은 내가 **충동**구매를 줄일 수 있게 했다.

Personal _____[761]_____ is important to everyone regardless of their _____[763]_____. It's not just about _____[764]_____ your _____[765]_____. It's about managing your _____[766]_____ effectively. Here are some tips to gain the best _____[762]_____ outcome: 1. _____[770]_____ some of your earnings for the future. 2. Start your _____[767]_____ with a strategy. 3. Only take out _____[768]_____ for amounts you can _____[769]_____.

개인의 **재정**은 그들의 **임금**과 상관없이 모두에게 중요하다. 이것은 단지 당신의 **자산**을 **계산하는** 것에 관한 것이 아니다. 이것은 당신의 **소득**을 효과적으로 관리하는 것에 관한 것이다. 가장 좋은 **재정적인** 결과를 얻을 수 있는 몇 가지 조언이 있다. 1. 미래를 위해 당신의 수입 일부**를 저축하라**. 2. 전략을 가지고 **투자**를 시작하라. 3. 당신이 **갚을** 수 있는 만큼만 **대출**을 받아라.

Some people _____[771]_____ their income in _____[773]_____ or the _____[779]_____ market. Investing is necessary for personal finance, but it's not always _____[774]_____. Financial _____[775]_____ _____[776]_____ people to _____[780]_____ money before they invest. They also warn people that _____[777]_____ investments often lead to a financial _____[778]_____.

어떤 사람들은 그들의 소득을 **주식 거래**나 **부동산** 시장에 **투자한다**. 투자는 개인의 재정을 위해 필요하지만, 이것이 항상 **유익한** 것은 아니다. 재정 **전문가들**은 사람들에게 투자하기 전에 돈을 **모으라고 조언한다**. 그들은 또한 사람들에게 **위험한** 투자는 종종 재정적 **부담**으로 이어진다고 경고한다.

781 unpleasant	791 meditate	801 homesick
782 empty	792 refreshing	802 sigh
783 terrifying	793 gentle	803 uneasy
784 sweaty	794 breeze	804 unfamiliar
785 frightened	795 fragrance	805 surrounding
786 unpredictable	796 relaxed	806 pale
787 hateful	797 restful	807 sorrowful
788 yell	798 interrupt	808 thankful
789 run out of	799 remedy	809 be away
790 chill one's blood	800 at ease	810 get rid of

공포 781 » 790

One rainy night, I heard an __781_____ sound. The house was __782_____, but I felt something move. It was __783_____ and __790_____. I grabbed a flashlight with my __784_____ hands, but it had __789_____ battery. I was __785_____ because everything was __786_____. I __788_____ for help. However, nobody answered, and the __787_____ sound only got louder.

어느 비 오는 밤, 나는 **불쾌한** 소리를 들었다. 집은 **비어** 있었지만, 나는 무언가가 움직이는 것을 느꼈다. 그것은 **무서웠고**, 나의 **간담을 서늘하게 했다**. 나는 **땀이 난** 손으로 손전등을 쥐었지만, 그것은 배터리**가 없었다**. 모든 것이 **예측 불가능했기** 때문에 나는 **겁을 먹었다**. 나는 도와 달라고 **소리쳤다**. 하지만, 아무도 대답하지 않았고, **혐오스러운** 소리는 더 커지기만 할 뿐이었다.

I ___ ⁷⁹¹ in the forest. It was ___ ⁷⁹² to calm myself in the ___ ⁷⁹⁴. I could feel the warm sunshine and ___ ⁷⁹³ wind. The ___ ⁷⁹⁵ of the trees made me feel ___ ⁷⁹⁶. The ___ ⁷⁹⁷ atmosphere made me feel ___ ⁸⁰⁰. Nothing was ___ ⁷⁹⁸ my time. It was a good ___ ⁷⁹⁹ for relieving stress.

나는 숲에서 **명상했다**. **산들바람**을 쐬며 나를 차분하게 하는 것은 **상쾌했다**. 나는 따뜻한 햇볕과 **부드러운** 바람을 느낄 수 있었다. 나무의 **향기**는 나를 **편안하게** 했다. **평화로운** 분위기는 나를 **마음이 놓이게** 했다. 아무것도 나의 시간을 **방해하지** 않았다. 이것은 스트레스를 해소하는 데 좋은 **치료 방법**이었다.

I have ___ ⁸⁰⁹ from home because of my job for a year now. At first, I felt very ___ ⁸⁰¹ and often ___ ⁸⁰² with sadness. I felt ___ ⁸⁰³ in my new ___ ⁸⁰⁵, and everything was ___ ⁸⁰⁴. My colleague told me I looked ___ ⁸⁰⁶ and ___ ⁸⁰⁷. She became a good friend and helped me ___ ⁸¹⁰ my homesickness. Now I feel ___ ⁸⁰⁸ that I have a good friend.

나는 나의 직장 때문에 이제 일 년째 집에서 **떨어져 있다**. 처음에 나는 **향수병을** 몹시 **앓았고**, 자주 슬픔에 **한숨을 쉬었다**. 나는 나의 새로운 **환경**에 **불안함을 느꼈고**, 모든 것이 **낯설었다**. 나의 동료는 내가 **안색이 좋지 않고** 슬픔에 **잠겨** 보인다고 말했다. 그녀는 좋은 친구가 되었고 내가 향수병**에서 벗어날** 수 있게 도와주었다. 이제 나는 좋은 친구가 생긴 것에 **감사하다**.

MP3

811	marine	821	leftover	831	wildlife
812	trillion	822	dump	832	threat
813	scatter	823	rubbish	833	shelter
814	visible	824	landfill	834	expose
815	hardly	825	bury	835	invisible
816	micro	826	restore	836	ecosystem
817	critical	827	environmentally	837	endangered
818	threaten	828	dispose of	838	crisis
819	poisonous	829	use up	839	reusable
820	swallow	830	take up	840	impact

해양 오염 811 » 820

More than 20 ⁸¹²_____ pieces of plastic are ⁸¹³_____ across the ocean. They are ⁸¹⁵_____ ⁸¹⁴_____, and we call them ⁸¹⁶_____ plastics. They are a ⁸¹⁷_____ factor of ⁸¹¹_____ pollution and ⁸¹⁸_____ ocean creatures. Microplastics are ⁸¹⁹_____ to these creatures, and they are easy to ⁸²⁰_____.

20**조** 개 이상의 플라스틱 조각들이 온 바다에 **흩뿌려져 있다**. 그것들은 **거의 눈에 보이지 않아서**, 우리는 그것들을 **미세** 플라스틱이라고 부른다. 그것들은 **해양** 오염의 **심각한** 요인이며, 해양 생명체를 **위협한다**. 미세 플라스틱은 이런 생명체들에게 **유독하며**, 그것들은 **삼키기** 쉽다.

쓰레기 821 » 830

Where do <u> 821 </u> food and <u> 823 </u> go? They are usually <u> 822 </u> and <u> 825 </u> in <u> 824 </u>. However, that is not a good way to <u> 828 </u> waste. Landfills <u> 830 </u> a lot of space, and we have already <u> 829 </u> many spaces. <u> 827 </u>, they also cause soil pollution. And we don't know how long it would take to <u> 826 </u> the land.

먹다 남은 음식물과 **쓰레기**는 어디로 갈까? 것들은 보통 **쓰레기 매립지**에 **버려져 묻힌다**. 그러나, 그것은 쓰레기**를 처리하는** 데 있어 좋은 방법이 아니다. 쓰레기 매립지는 많은 공간**을 차지하고**, 우리는 많은 공간을 이미 **다 써버렸다**. **환경적으로**, 그것들은 또한 토양 오염을 일으킨다. 그리고 우리는 그 땅을 **회복시키는** 데 얼마나 오래 걸릴지 모른다.

야생 동물 831 » 840

Environmental pollution is a big <u> 832 </u> to <u> 831 </u>. Climate change takes away animals' natural <u> 833 </u>, and wild plants are <u> 834 </u> to <u> 835 </u> chemicals. The <u> 836 </u> keeps changing, and many species have become <u> 837 </u>. How can we overcome this <u> 838 </u>? The answer lies in our hands. Our small actions, such as using <u> 839 </u> products, can greatly <u> 840 </u> the environment.

환경 오염은 **야생 동물**에게 큰 **위협**이다. 기후 변화는 동물들의 자연 **서식지**를 없애고, 야생 식물들은 **보이지 않는** 화학물질에 **노출된다**. **생태계**는 계속 변화하고 있고 다양한 종들은 **멸종 위기에 처했다**. 우리는 어떻게 이 **위기**를 극복할 수 있을까? 답은 우리의 손에 있다. **재사용할** 수 있는 제품을 사용하는 것과 같은 우리의 작은 행동들이 환경에 큰 **영향을 줄** 수 있다.

841	biology	851	physics	861	chemistry
842	cell	852	ray	862	extinguish
843	unit	853	mixture	863	explosion
844	digest	854	separation	864	drop
845	exist	855	particle	865	flame
846	certain	856	shade	866	reaction
847	nerve	857	bounce	867	structure
848	electrical	858	instantly	868	density
849	for instance	859	hence	869	explode
850	on one's own	860	in a word	870	put out

세포 841 » 850

In _____⁸⁴¹_____, a _____⁸⁴²_____ is the smallest _____⁸⁴³_____ that can live _____⁸⁵⁰_____. Some cells can _____⁸⁴⁴_____ nutrients by themselves. More than 75 trillion cells _____⁸⁴⁵_____ in the human body, and each performs _____⁸⁴⁶_____ tasks. _____⁸⁴⁹_____, _____⁸⁴⁷_____ cells deliver chemicals and _____⁸⁴⁸_____ signals that produce thoughts and movements.

생물학에서 **세포**는 **자력으로** 살 수 있는 가장 작은 **단위**입니다. 어떤 세포들은 스스로 영양분을 **소화할** 수 있습니다. 75조 개가 넘는 세포들이 인간의 몸에 **존재하며**, 각각의 세포는 **특정한** 임무를 수행합니다. **예를 들어**, **신경** 세포는 생각과 움직임을 만들어내는 화학 물질과 **전기** 신호를 전달합니다.

Why is the sky blue? _____[860], it's because of the _____[851] of sunlight. The sun's _____[852] look white, but they are actually a _____[853] of all colors. When sunlight hits the Earth's atmosphere, color _____[854] occurs. Tiny _____[855] in the air scatter the light, and blue- and violet-colored light is most _____[857] around the Earth. _____[859], the sky appears as a _____[856] of blue.

왜 하늘은 푸를까요? **한마디로**, 그것은 햇빛의 **물리학** 때문입니다. 태양 **광선**은 하얗게 보이지만, 그것들은 사실 모든 색깔의 **혼합**입니다. 햇빛이 지구의 대기에 닿으면, 색의 **분리**가 일어납니다. 공기 중의 작은 **입자들**이 **즉시** 빛을 흩어지게 하고, 파란색과 보라색 빛이 지구 주위에 가장 많이 **반사됩니다**. **따라서** 하늘은 푸른 **색조**로 나타납니다.

화학 861 » 870

If a pan of oil catches on fire, never try to _____[862] it with water. When hot oil meets water, an _____[863] occurs. Even a _____[864] of water can cause a _____[865]. But why does this happen? It's all about _____[861]. Oil and water have different chemical _____[867] and _____[868], so they don't mix. Thus, water can't _____[870] burning oil, and it can _____[869].

만약 팬 위의 기름에 불이 붙었다면, 절대 물로 그것을 **끄려고** 시도하지 마세요. 뜨거운 기름이 물을 만나면, **폭발**이 일어납니다. 심지어 한 **방울**의 물도 **불길**을 일으킬 수 있습니다. 그런데 왜 이런 **반응**이 일어날까요? 이것은 모두 **화학**에 관한 것입니다. 기름과 물은 서로 다른 화학적 **구조**와 **밀도**를 가지고 있어서, 그것들은 섞이지 않습니다. 그래서 물은 끓는 기름을 **끌** 수 없고, 이것은 **폭발할** 수 있습니다.

871 manned	881 accidentally	891 cosmic
872 spaceflight	882 unidentified	892 phenomenon
873 spacecraft	883 existence	893 hole
874 aboard	884 alien	894 intense
875 exploration	885 perhaps	895 absorb
876 spacesuit	886 enormous	896 theory
877 duration	887 outer	897 astronomer
878 reside	888 yet	898 massive
879 mission	889 persistent	899 dense
880 laboratory	890 incredible	900 since then

탐험 871 » 880

⁸⁷² _____ has a long history. In 1969, the first ⁸⁷¹ _____ ⁸⁷³ _____ landed on the moon. Two crew members were ⁸⁷⁴ _____ the spacecraft, and they carried out an ⁸⁷⁵ _____ of the moon wearing ⁸⁷⁶ _____. Since the 1970s, longer-spaceflight has become possible. Since 2000, astronauts have ⁸⁷⁸ _____ aboard the International Space Station. Their ⁸⁷⁹ _____ is to complete experiments in the space ⁸⁸⁰ _____.

우주 비행은 긴 역사를 가지고 있다. 1969년에 첫 **유인 우주선**이 달에 착륙했다. 두 명의 선원이 우주선에 **탑승했**고, 그들은 **우주복**을 입고 달 **탐사**를 수행했다. 1970년대부터 더 긴 **시간**의 우주 비행이 가능해졌다. 2000년부터는 우주 비행사들이 국제 우주 정거장에 탑승해 **거주해** 왔다. 그들의 **임무**는 우주 **연구소**에서 실험을 완수하는 것이다.

외계인 881 » 890

Have you ever _____ seen an _____ flying object(UFO)? Some people say UFOs may prove the _____ of _____. _____ humans are not alone in the universe. No creatures from _____ space have been discovered _____. If we find an alien creature through our _____ exploration of the universe, it would be an _____ experience.

당신은 **우연히 미확인** 비행 물체를 본 적이 있나요? 어떤 사람들은 UFO가 **외계인**의 **존재**를 증명할지도 모른다고 말합니다. **어쩌면** 인간은 **거대한** 우주에 홀로 있지 않을지도 모릅니다. **아직 외계**에서 어떤 생명체도 발견되지 않았습니다. 만약 우리가 **지속적인** 우주 탐사로 외계 생명체를 찾는다면, 그것은 **놀랄 만한** 경험일 것입니다.

블랙홀 891 » 900

In the past, scientists claimed the existence of a _____ _____ called a black _____. They claimed that black holes have _____ gravity and _____ everything, even light. Black holes were just a _____ before one was discovered in 1971. _____, _____ have identified many _____ and _____ black holes.

과거에 과학자들은 블랙홀이라는 **우주 현상**의 존재를 주장했습니다. 그들은 블랙홀이 **강력한** 중력을 가지고 있어 모든 것, 심지어 빛마저도 **빨아들인다**고 주장했습니다. 블랙홀은 1971년에 하나가 발견되기 전까지 단지 **이론**에 불과했습니다. **그 이후로**, 천문학자들은 **거대하고 밀도 높은** 여러 블랙홀들을 확인했습니다.

★ 스토리 받아쓰기 MP3파일을 듣고,
빈칸에 알맞은 단어를 써 스토리를 완성하세요.

MP3

901	geography	911	polar	921	geographical
902	continent	912	region	922	zone
903	division	913	globe	923	blossom
904	location	914	pole	924	tropical
905	geographic	915	northern	925	totally
906	significantly	916	southern	926	sunbathe
907	current	917	Arctic	927	shiver
908	moisture	918	Antarctica	928	snowstorm
909	humid	919	latitude	929	in addition
910	be close to	920	darkness	930	on the other side of

지리 901 » 910

In _____⁹⁰¹_____, seven _____⁹⁰²_____ and five oceans are the main

_____⁹⁰³_____ of the Earth's surface. Korea _____⁹¹⁰_____ the Pacific

Ocean and is part of the Asian continent. Korea's _____⁹⁰⁵_____

_____⁹⁰⁴_____ _____⁹⁰⁶_____ affects its climate. As the Pacific Ocean's

_____⁹⁰⁷_____ deliver heat and _____⁹⁰⁸_____, Korea experiences hot and

_____⁹⁰⁹_____ summers.

지리학에서 7개의 **대륙**과 5개의 대양은 지구 표면의 주요한 **구분**이다. 한국은 태평양**과 인접해 있으며**, 아시아 대륙의 일부이다. 한국의 **지리학적 위치**는 기후에 **상당히** 영향을 끼친다. 태평양 **해류**가 열기와 **습도**를 전달해 한국은 덥고 **습한** 여름을 겪는다.

극지방 911 » 920

The __911__ __912__ are the coldest areas on Earth. They are located at the ends of the __913__, known as the North and South __914__. The __915__ polar region is called the __917__, and the __916__ polar region is called the continent of __918__. As their __919__ are very high, the polar regions have polar nights, where __920__ lasts for more than 24 hours.

극지방은 지구에서 가장 추운 지역이다. 그곳은 **지구**의 양쪽 끝에 위치하는데, 북극과 남극이라고 알려져 있다. **북쪽에 위치한** 극지방은 **북극**이라고 불리고, **남쪽에 위치한** 극지방은 **남극** 대륙이라고 불린다. 극지방의 **위도**가 매우 높기 때문에 극지방에는 극야 현상이 있는데, 그곳에서는 24시간 이상 **암흑**이 지속된다.

날씨 921 » 930

The Earth's climate varies by __921__ __922__. When we enjoy the flower __923__, people in __924__ areas are experiencing extreme heat. __929__, the weather can be __925__ different in each location. While some people __926__ in warm sunlight, people __930__ the Earth __927__ in __928__.

세계 기후는 **지리적 구역**에 따라 다르다. 우리가 **꽃이 피는** 것을 즐길 때, **열대** 지역의 사람들은 극심한 더위를 겪고 있다. **게다가**, 날씨는 각 위치에 따라 **완전히** 다를 수도 있다. 어떤 사람들이 따뜻한 햇볕 아래에서 **일광욕을 하는** 반면, 지구 **반대편** 사람들은 **눈보라** 속에서 **떨고 있다**.

★ **스토리 받아쓰기** MP3파일을 듣고,
빈칸에 알맞은 단어를 써 스토리를 완성하세요.

MP3

931	fermented	941	pop	951	heritage
932	cuisine	942	worldwide	952	intangible
933	spice	943	cosmetics	953	convey
934	vary	944	originate	954	patriotic
935	relative	945	globally	955	martial
936	pickle	946	especially	956	legacy
937	preserve	947	mainstream	957	characteristic
938	preservation	948	addictive	958	symbolize
939	fermentation	949	western	959	acknowledge
940	hand down	950	distinctive	960	pride

김치 931 » 940

Gimchi is a ___(931)___ food that is an essential part of Korean ___(932)___. The ___(933)___ used to make gimchi ___(934)___ by region, and each recipe is ___(940)___ among Korean families. Every year, many Koreans share gimchi with their ___(935)___. They ___(936)___ cabbage to ___(937)___ gimchi for winter. Gimchi refrigerators are widely used for the ___(938)___ and ___(939)___ of food.

김치는 한국 **요리**에 필수적인 부분인 **발효** 음식이다. 김치를 만드는 데 사용되는 **양념**은 지역마다 **다르고**, 각 조리법은 한국 가정마다 **전해져 내려온다**. 매년 많은 한국 사람들은 그들의 **친척**과 김치를 나눈다. 그들은 겨울 동안 김치를 **저장하기** 위해 배추를 **절인다**. 김치냉장고는 음식의 **저장**과 **발효**를 위해 널리 사용된다.

Korean ___[941]___ culture has become popular ___[942]___. Music, ___[943]___, and foods that ___[944]___ in Korea are spreading ___[945]___. This stands out, ___[946]___ in the music industry. Korean popular music, also known as K-pop, has become ___[947]___ music. Its ___[948]___ melodies and perfect group dance routines, which are ___[950]___ features of K-pop, are the reason for its popularity in ___[949]___ countries.

한국의 **대중**문화는 **세계적으로** 인기를 얻었다. 한국에서 **유래된** 음악, **화장품**, 음식은 **세계적으로** 퍼지고 있다. 이것은 **특히** 음악 산업에서 두드러진다. 케이팝(K-pop)이라고도 알려진 한국 대중음악은 **주류** 음악이 되었다. **중독성 있는** 멜로디와 완벽한 군무는 케이팝의 **독특한** 특징으로, **서양** 국가에서 인기가 있는 이유이다.

___[952]___ cultural ___[951]___ is ___[953]___ from generation to generation. ___[954]___ folk songs and ___[955]___ arts are examples of our intangible ___[956]___. Our heritage ___[958]___ the ___[957]___ of Korea. When we ___[959]___ the value of our heritage, we can take ___[960]___ in being Korean.

무형 문화**유산**은 대대로 **전해진다**. **애국적인** 민요와 **무술**은 우리의 무형 **유산**의 예이다. 우리의 유산은 한국의 **특징**을 **상징한다**. 우리가 우리 유산의 가치를 **인정할** 때, 우리는 한국인으로서의 **자부심**을 가질 수 있다.

★ **스토리 받아쓰기** MP3파일을 듣고, 빈칸에 알맞은 단어를 써 스토리를 완성하세요.

MP3

961 pointy	971 frequent	981 temple
962 roof	972 architect	982 reflect
963 rainfall	973 resistance	983 historic
964 angle	974 reinforce	984 construction
965 prevention	975 frame	985 assemble
966 typical	976 construct	986 marble
967 interior	977 flexible	987 remains
968 ceiling	978 force	988 column
969 attic	979 endure	989 foundation
970 dwell	980 vibration	990 symbolic

네덜란드 961 » 970

Dutch buildings have _____(961)_____ _____(962)_____ because the Netherlands often has heavy _____(963)_____. The high-_____(964)_____ roofs are useful for the _____(965)_____ of damage from heavy rain. This _____(966)_____ style of Dutch roof influences the _____(967)_____ design as well. Most buildings have high _____(968)_____ and small _____(969)_____ at the top. This shows that the climate influences the type of homes people _____(970)_____ in.

네덜란드의 건물들은 **뾰족한 지붕**을 가지고 있는데, 네덜란드는 자주 높은 **강우량**을 보이기 때문이다. 높은 **기울기**의 지붕들은 폭우로부터의 피해 **예방**에 유용하다. 이러한 **전형적인** 양식의 네덜란드 지붕은 **인테리어** 디자인에도 영향을 준다. 대부분의 건물이 높은 **천장**과, 꼭대기에 있는 작은 **다락방**을 가지고 있다. 이것은 기후가 사람들이 **사는** 집의 종류에 영향을 준다는 것을 보여준다.

In Japan, earthquakes are ___971___ , so ___972___ design buildings to have ___973___ against shaking. They ___974___ the structures with solid ___975___ . And the buildings are ___976___ with ___977___ materials that absorb shock and transfer the ___978___ of an earthquake. These designs help the buildings ___979___ strong ___980___ .

일본에서는 지진이 **빈번해서**, **건축가**들은 건물들이 흔들림에 **저항력**을 갖도록 설계한다. 그들은 견고한 **틀**로 구조를 **보강한다**. 그리고 그 건물들은 충격을 흡수하고 지진의 **힘**을 옮기는 **유연한** 재료로 **건설된다**. 이러한 디자인은 건물이 강한 **진동**을 **견딜** 수 있도록 도와준다.

The Parthenon is a ___981___ that ___982___ the history and culture of ancient Greece. This ___983___ building was built without modern ___984___ equipment. Altogether it took nine years to ___985___ the white ___986___ temple. Although the temple has been damaged, the ___987___ still have a solid structure. And the ___988___ built upon the ___989___ are ___990___ of ancient Greek culture.

파르테논은 고대 그리스의 역사와 문화를 **반영하는 신전**이다. 이 **역사적인** 건축물은 현대 **건축** 장비 없이 지어졌다. 이 하얀 **대리석** 신전을 **조립하는** 데 총 9년이 걸렸다. 비록 신전은 훼손되었지만, 그 **유적**은 여전히 견고한 구조를 가지고 있다. 그리고 그 **토대** 위에 세워진 **기둥들**은 고대 그리스 문화를 **상징한**다.

★ 스토리 받아쓰기 MP3파일을 듣고,
빈칸에 알맞은 단어를 써 스토리를 완성하세요.

MP3

991 resume	1001 workplace	1011 cooperative
992 suit	1002 contract	1012 collaborate
993 occupation	1003 negotiate	1013 objective
994 browse	1004 commute	1014 diversity
995 option	1005 employ	1015 complement
996 profession	1006 employer	1016 assign
997 eliminate	1007 dismiss	1017 determine
998 seek out	1008 supervise	1018 fit into
999 narrow down	1009 keen	1019 put together
1000 in accordance with	1010 in-depth	1020 associate with

구직 991 » 1000

I'm writing a ﹍﹍﹍﹍﹍﹍[991] to get a job. However, I'm unsure whether I can ﹍﹍﹍﹍﹍﹍[998] a position that ﹍﹍﹍﹍﹍﹍[992] me. What ﹍﹍﹍﹍﹍﹍[993] can I apply for? I ﹍﹍﹍﹍﹍﹍[994] the job listings and ﹍﹍﹍﹍﹍﹍[999] my job ﹍﹍﹍﹍﹍﹍[995]. Then I ﹍﹍﹍﹍﹍﹍[997] the list of ﹍﹍﹍﹍﹍﹍[996] that aren't ﹍﹍﹍﹍﹍﹍[1000] my abilities.

나는 취직을 위해 **이력서를** 쓰고 있다. 하지만 나**에게 맞는** 자리를 **찾아낼** 수 있을지 모르겠다. 나는 어떤 **직업**에 지원할 수 있을까? 나는 직업 목록을 **살펴보고** 직업 **선택지를 좁힌다**. 그런 다음 나는 나의 능력**에 맞지** 않는 **전문직** 목록을 **없앤다**.

Companies hire people through _____[1010] interviews. When a company finds a suitable candidate, it signs a _____[1002] with them and _____[1003] their salary. And they provide a _____[1001] where employees can _____[1004] to. _____[1006] can _____[1005] people and also _____[1007] them. Employers _____[1008] their employees to see how _____[1009] they are with their work.

기업은 **심층** 면접을 통해 사람을 뽑는다. 적합한 지원자를 찾으면, 기업은 그들과 **계약**하고 연봉을 **협상한다**. 그리고, 그들은 직원들이 **통근할** 수 있는 **일터**를 제공한다. **고용주**는 사람들을 **고용할** 수도 있고, **해고할** 수도 있다. 고용주들은 얼마나 직원들이 일에 **열정적**인지 보기 위해 그들을 **감독한다**.

Most companies consider _____[1011] work important. Different people are _____[1019] in a team to _____[1012] and achieve a common _____[1013]. The _____[1014] of the team members makes them _____[1015] each other. The company _____[1016] a task to the team. The members _____[1020] each other and _____[1017] how to work together. This allows them to _____[1018] their new teams.

대부분의 기업은 **협력** 작업을 중요하게 생각한다. 서로 다른 사람들이 **협력하고** 공통의 **목표**를 달성하기 위해 한 팀으로 **모인다**. 팀 구성원의 **다양성**은 이들이 서로를 **보완하도록** 만든다. 기업은 팀에게 업무를 **부여한다**. 구성원들은 서로 **어울리며** 어떻게 함께 일할 것인가를 **결정한다**. 이것이 그들을 그들의 새로운 팀에 **적응할** 수 있게 한다.

1021	robotic	1031	intelligence	1041	virtual
1022	rapid	1032	enable	1042	continuously
1023	technological	1033	perceive	1043	progress
1024	ongoing	1034	manual	1044	remote
1025	replace	1035	interaction	1045	illusion
1026	labor	1036	frequently	1046	graphic
1027	manufacture	1037	analysis	1047	limitless
1028	automatically	1038	function	1048	emerge
1029	hazard	1039	preference	1049	innovative
1030	generate	1040	prediction	1050	be similar to

로봇 1021 » 1030

We are experiencing ____(1022)____ ____(1023)____ change. With the ____(1024)____ development, ____(1021)____ machines are now ____(1025)____ human ____(1026)____ in ____(1027)____. They help factories run ____(1028)____. This may seem like a ____(1029)____ since robots are taking away people's jobs. But this change can also ____(1030)____ new jobs.

우리는 **급격한 기술** 변화를 경험하고 있다. **계속되는** 개발로, **로봇식** 기계는 이제 **제조업에서** 인간의 **노동력**을 **대체하고** 있다. 그것들은 공장이 **자동으로** 작동하도록 돕는다. 이것은 **위험** 요소처럼 보일 수도 있는데, 로봇이 사람들의 직업을 빼앗고 있기 때문이다. 하지만 이 변화는 또한 새로운 직업들도 **창출해 낼** 수 있다.

Artificial _____[1031] (AI) makes machines smarter. AI technology _____[1032] machines to _____[1033] the environment and make decisions. AI doesn't operate by a fixed _____[1034]. Instead, it develops through _____[1035] with humans. AI is _____[1036] used in our daily lives. For example, AI data _____[1037] tools _____[1038] in online stores. They analyze customer _____[1039] and recommend products based on _____[1040].

인공 **지능**은 기계를 더 똑똑하게 만든다. AI 기술은 기계가 환경을 **인지하고** 결정을 내릴 **수 있게 한다**. AI는 정해진 **설명서**대로 작동하지 않는다. 대신에 그것은 사람과의 **상호 작용**을 통해 발달한다. AI는 우리의 일상에서 **빈번하게** 사용된다. 예를 들어, AI 데이터 **분석** 도구는 온라인 상점에서 **작동한다**. 그것들은 고객의 **선호도**를 분석하고, **예측**에 기반해 상품을 추천한다.

Computer technology for _____[1041] reality(VR) is making _____[1043]. The artificial environments created in VR can _____[1050] very _____ reality. VR can allow us to experience _____[1044] areas. Through VR, we also can experience a visual _____[1045] made of _____[1046]. The possibilities are _____[1047]. Thus, VR has _____[1048] as an important _____[1049] technology for video games.

가상 현실에 대한 컴퓨터 기술은 **계속해서 진척**을 보이고 있다. VR에 만들어진 가상 환경은 현실**과** 매우 **유사할** 수 있다. VR은 우리가 **멀리 떨어진** 지역을 경험하게 해줄 수 있다. VR을 통해서 우리는 또한 **그래픽**으로 만들어진 시각적 **환상**을 경험할 수 있다. 가능성은 **무한하다**. 그래서 VR은 비디오 게임에 있어 중요한 **혁신적인** 기술로 **부상했다**.

1051	chart	1056	moreover	1061	rank
1052	usage	1057	multiply	1062	entirely
1053	steadily	1058	gap	1063	in turn
1054	peak	1059	decline	1064	in particular
1055	rapidly	1060	tendency	1065	compared to

인터넷 사용 시간 1051 » 1065

This ¹⁰⁵¹_____ shows the Korean youth's average Internet ¹⁰⁵²_____ time from 2016 to 2020. Over this period, Internet usage time ¹⁰⁵³_____ increased and, ¹⁰⁶³_____, reached its ¹⁰⁵⁴_____ in 2020. ¹⁰⁶⁴_____, it ¹⁰⁵⁵_____ rose between 2019 and 2020. ¹⁰⁵⁶_____, teens' Internet usage time in 2020 has ¹⁰⁵⁷_____ ¹⁰⁶⁵_____ 2016. The usage time ¹⁰⁵⁸_____ between the two age groups ¹⁰⁵⁹_____ in 2020 compared to 2016. However, the usage time for youths in their 20s ¹⁰⁶¹_____ higher than for teens, and this ¹⁰⁶⁰_____ has not ¹⁰⁶²_____ changed.

이 **차트**는 2016년부터 2020년까지 한국 청소년들의 평균 인터넷 **사용** 시간을 보여준다. 이 기간 동안, 인터넷 사용 시간은 **꾸준히** 증가했고, **결과적으로** 2020년에 **최고조**에 달했다. **특히**, 이것은 2019년에서 2020년 사이에 **급증했다**. **게다가** 2020년 십 대의 인터넷 사용 시간은 2016년**에 비해 크게 증가했다**. 두 연령 그룹의 인터넷 사용 시간 **차이**는 2016년도와 비교할 때 2020년에 **감소했다**. 그러나 20대의 사용 시간은 십 대보다 높은 **순위를 차지했으며**, 이러한 **경향**은 **완전히** 변하지는 않았다.

1066	graph	1071	overall	1076	except for
1067	least	1072	above	1077	when it comes to
1068	among	1073	the number of	1078	followed by
1069	twice	1074	according to	1079	the same as
1070	exactly	1075	in total	1080	in terms of

메달 1066 » 1080

The _____(1066)_____ shows _____(1073)_____ medals won by the top five countries at the 2022 International Winter Games. _____(1074)_____ the graph, Norway won the most medals _____(1075)_____ _____(1076)_____. _____ Norway, no other country won more than 15 gold medals. _____(1077)_____ silver medals, Russia topped the medal count at 12, _____(1078)_____ Germany and the USA with 10. Russia won 14 bronze medals, _____(1079)_____ Canada. Canada won the _____(1067)_____ _____(1068)_____ the five countries _____(1080)_____ gold medals. Norway won _____(1070)_____ _____(1069)_____ as many gold medals as the USA. _____(1071)_____, each of the five countries won _____(1072)_____ 20 medals.

이 **그래프**는 2022년 동계 세계 대회에서 상위 5개국이 획득한 메달 **수**를 보여준다. 그래프**에 따르면** 노르웨이는 **전체적으로** 가장 많은 메달을 획득했다. 노르웨이**를 제외하고** 15개 이상의 금메달을 딴 국가는 없었다. 은메달**의 경우**, 러시아가 12개의 메달로 가장 높은 순위를 차지했고, 독일과 미국이 10개로 **뒤를 따랐다**. 러시아는 캐나다와 **마찬가지로** 14개의 동메달을 땄다. 캐나다는 금메달**에 관해서는** 5개국 **중에 가장 적은** 메달을 획득했다. 노르웨이는 미국보다 **정확히 두 배** 많은 금메달을 땄다. **전체적으로** 각 5개 국가는 20개 **이상의** 메달을 획득했다.